Kanban

L'approche en flux pour l'entreprise agile

Laurent Morisseau • Pablo Pernot

Kanban

L'approche en flux pour l'entreprise agile

2e édition

DUNOD

Édition : Matthieu Daniel et Aleksandra Czarnecka
Direction et conception graphiques de la couverture :
Nicolas Wiel – Florie Bauduin

Mise en page : PCA

NOUS NOUS ENGAGEONS EN FAVEUR DE L'ENVIRONNEMENT :

Nos livres sont imprimés sur des papiers certifiés pour réduire notre impact sur l'environnement.

Le format de nos ouvrages est pensé afin d'optimiser l'utilisation du papier.

Depuis plus de 30 ans, nous imprimons 70 % de nos livres en France et 25 % en Europe et nous mettons tout en œuvre pour augmenter cet engagement auprès des imprimeurs français.

Nous limitons l'utilisation du plastique sur nos ouvrages (film sur les couvertures et les livres).

11 rue Paul Bert, 92240 Malakoff
www.dunod.com
ISBN 978-2-10-086621-2

PRÉFACE

Le magasin en ligne Hermes.com est né en 2002. En 2015, ce magasin charme encore ses clients, mais doit être modernisé et rénové puisqu'il n'a pas été conçu pour le mobile, et doit pouvoir soutenir une forte augmentation du trafic et des ventes.

Le défi est immense ! De nombreux groupes de travail sont mis en place avec des équipes très motivées autour de ce grand projet et rapidement, tout est défini, spécifié dans les moindres détails dans un cahier des charges de 186 pages, axées principalement autour l'expérience client et du service.

Cependant, après quelques mois de projet peu concluants – et des développements confiés à un partenaire – il a fallu se rendre à l'évidence : le site ne fonctionnait pas et le budget initialement alloué avait été consommé.

Dans un sursaut salvateur, pour ce nouveau magasin en ligne, nous décidons de partir vers cette nouvelle forme de développement qu'on appelle l'agile, pour reconstruire pas à pas, brique par brique, en itérant pour permettre un feedback constant de nos clients et utilisateurs internes.

C'est le début d'une nouvelle approche itérative et incrémentale, révolutionnaire pour l'équipe à l'époque. À cœur agile, rien d'impossible !

Un nouvel objectif est ainsi fixé, avec une réduction de périmètre de 80 % par rapport au cahier des charges initial. Et nous avons divisé l'énorme tâche restant à accomplir en de nombreux éléments de petite taille appelés des *user stories* conçus pour pouvoir être testés de manière autonome et pour permettre une approche incrémentale et flexible.

Nous mettons en place des cycles de développements courts, qu'on appelle des sprints, au cours desquels les équipes planifient, exécutent et révisent régulièrement leur travail en fonction des retours et des priorités évolutives. Quelle transformation incroyable !

En effet, il y a une multitude d'*user stories* : certaines grandes, d'autres petites, et toutes avec une valeur variable. Désormais, l'équipe met toujours en avant les *user stories* les plus importantes, celles qui offrent le plus de valeur ajoutée pour le client tout en demandant le moins d'effort à l'équipe. Et cela lui permettra de faire face à toutes les demandes avec une méthode imparable de priorisation.

Et progressivement, nous avons constitué de petites équipes, appelées *feature team* avec des profils fonctionnels et techniques qui s'engagent ensemble, lors d'une journée de PI Planning (*Programme Increment Planning*), à mener à bien ces développements.

Chaque *feature team* est autonome, c'est-à-dire qu'elle définit, en prenant en compte la technique dès la conception, ce qu'elle peut réaliser sur la période donnée. Pourquoi est-ce important ? Parce que ça leur permet d'aller plus vite et de prendre des décisions rapidement tout en permettant un alignement. Et c'est très motivant !

Bien des années plus tard, nous finissons le 27e PI planning, nous avons mis en place un flux de livraison permanent de magasin digitaux partout dans le monde avec des centaines de nouveaux services mis en ligne chaque année, nous améliorons les parcours en permanence, et nous gérons en continu les évolutions technologiques.

Aujourd'hui, l'e-commerce est tellement stratégique chez Hermès que nous avons décidé d'en maîtriser l'ensemble des expertises. Nous avons internalisé le savoir-faire du développement et avons mis en place de nouvelles équipes d'artisans, les artisans du code.

Les artisans du code ont de nombreux points communs avec nos artisans des métiers : une exigence de qualité, un désir d'associer savoir-faire et esthétique, une capacité à gérer un produit de bout à bout. L'importance de la responsabilisation et de l'autonomie de la personne. Ils ne sont pas dans une approche tayloriste de découpe mécanique, d'un geste qui passe à un autre geste, dans l'anonymat, et où tout s'assemble à la fin.

Les artisans du code sont responsables de bout en bout du processus de fabrication de la fonctionnalité. Ce qu'ils aiment, c'est livrer en continu, plusieurs fois par jour, pour obtenir un feedback rapide des clients.

La matière qu'ils manipulent tient plus du flux que du produit. Et ce flux constant de petits morceaux priorisés par valeur s'est accompagné d'une automatisation de toute la chaîne de production.

Ce flux, c'est le même que celui de nos artisans des métiers, ce kanban japonais, avec le rythme et la vitesse de transformation du digital.

Tous les jours, on limite les risques techniques et on augmente la qualité en testant tout automatiquement : le temps de chargement, le nombre d'utilisateurs simultanés, la sécurité, la bonne intégration des dernières demandes. Le développement et le déploiement se font en continu.

On suit également les indicateurs de performance de nos fonctionnalités pour apprendre, nous adapter en permanence au changement et faire face à l'imprévu.

Avec l'agile, le développement en flux continu, nous avons gagné une réactivité sans égal, qui nous permet de livrer en production des dizaines de fois par jour.

Nous avons également gagné une capacité à faire pivoter plus d'une centaine de personnes organisées en équipes responsables et autonomes du jour au lendemain, si les enjeux l'exigent.

La maîtrise de Kanban nous a donné un avantage concurrentiel majeur, celui d'aller plus vite, d'être plus léger, plus rapide, plus résilient dans un monde complexe.

Elle a également forgé une culture d'équipe particulière. Une culture entrepreneuriale, qui s'est construite au fil des années, autour de valeurs de la maison de collaboration, de transparence, de qualité et leadership, et qui fédère une équipe engagée, enthousiaste, pleine d'énergie et prête à relever de nouveaux défis.

Dans cette nouvelle édition, Pablo Pernot, qui nous a accompagné tout au long de cette transformation en tant que coach agile, propose avec Laurent Morisseau une approche et des outils concrets pour intégrer l'agilité dans une organisation et démontre qu'il y a peu d'alternatives pour rester performant dans un monde complexe, où tout change en permanence.

Hinde Pagani,
Directrice générale Hermès Digital Ventes et Services

SOMMAIRE

Premiers pas avec Kanban

La boîte à outils Kanban

Kanban : déploiement et amélioration continue

Kanban, scénarios d'entreprises

AVANT-PROPOS

Quand l'aventure autour de cet ouvrage a démarré, il s'agissait d'une course en solitaire avec Laurent seul à la barre. Puis, il a été rejoint par Pablo, et la première mouture officielle a été proposée en 2019. Depuis, une pandémie a parcouru la planète rendant l'inenvisageable tout à fait possible en quelques semaines : tout le monde a travaillé de chez soi. Et depuis le monde se heurte à de nombreuses menaces, des guerres un peu partout, l'ombre bien réelle d'un effondrement écologique plane, des turbulences politiques et économiques partout. Plus prosaïquement, la dynamique des approches agiles dont Kanban est un pan s'est un peu perdue dans son succès. Que les approches agiles soient essentielles, nous n'en doutons pas un instant. Ce qui se dissimule derrière le mot agile aujourd'hui dans la tête de beaucoup de personnes reste cependant une énigme.

Pour Kanban tout a changé et rien n'a changé. Naturellement, maintenant la question du travail à distance ou en colocation se pose constamment, avec ses avantages et ses inconvénients. Concernant les approches agiles, il en a toujours été l'outsider, avec son nom d'origine Lean, et n'étant jamais mainstream, à la mode, il en est toujours le secret le mieux gardé dans un sens. C'est peut-être son moment.

Sa non-intrusion, sa non-imposition de comportements spécifiques, pas de recette clef en main, en font une approche qui a su rester pertinente et acceptée, acceptable, par beaucoup. Mais justement son refus de donner des injonctions sur le mode opératoire en font aussi un outil, une façon de penser, qui nécessite des efforts. Le moins de principes et de cadre il y a, le plus ils demandent de la discipline et de la compréhension de leur sens.

L'objectif de cette édition est de vous faire parcourir Kanban, de ses systèmes kanban des plus évidents (du management visuel), au plus avancés ; des premiers pas avec Kanban jusqu'à des scénarios avancés selon la nature, la culture de votre entreprise, de votre organisation.

Premiers pas (partie 1), boîte à outils (partie 2), amélioration continue et expertise (partie 3), pour aller jusqu'à des scénarios autour de la culture et de la maturité de votre organisation, entreprise (partie 4), voilà notre ambition. Nous essayons en quelque sorte de monter notre niveau de jeu et nous espérons que cela vous convient.

Vous trouverez de nouveaux chapitres sur les valeurs de Kanban, les boucles de feedback, l'orientation service, et les questions de maturité d'entreprise avec le modèle KMM (Kanban Maturity Model). Nous nous sommes axés sur la vision de l'entreprise pour lui donner les clefs pour monter en puissance.

Pour nous, la première édition était un assemblage entre deux auteurs. Avec cette deuxième édition, nous sommes heureux de pouvoir proposer deux auteurs pour un seul ouvrage.

Pablo & Laurent

PARTIE 1

Premiers pas avec Kanban

Kanban est une approche qui propose un jeu de pratiques et de principes compact, essentiel. La liberté qu'il propose en représentant un modèle de votre réalité, en ne vous imposant rien, est un atout considérable, mais aussi une invitation à avoir une vraie rigueur, une vraie discipline. Rien ne vous oblige, vous devez donc vraiment avoir envie.

1 C’est quoi ce tableau ?

Chez LaNouvelleOrganisation, un mur a été recouvert depuis quelques semaines d’un grand tableau avec des étiquettes et des informations sur celles-ci. Philippe, responsable de la communication, et Nicole, chargée des événements se retrouvent en fin de journée et s’interrogent.

« Nicole, tu comprends quelque chose à ce tableau qu’ils ont affiché au mur ? »

« Non rien du tout. Je vois seulement les 3 projets sur lesquels je bosse. Et... Je vois aussi qu’on a filé le plus gros budget à Jocelyne... Comme d’habitude quoi ! »

1. UN MOIS PLUS TÔT

Un mois plus tôt, à la suite d’une longue conversation à la fin d’un repas, Didier, à la direction de l’équipe des ressources humaines de LaNouvelleOrganisation, s’est décidé à appliquer à son équipe les principes de Kanban, une drôle d’approche qui date de l’après-guerre et des usines Toyota, et qui, après une vraie refonte, s’est diffusée dans les nouveaux mouvements organisationnels modernes. La conversation est fructueuse. On décide que Johanna, une « coach agile », viendra dès le lundi accompagner la réalisation d’un premier « système kanban », ou « Kanban » comme elle l’évoque. Et le lundi, Johanna est là.

Déployer un Kanban, c’est d’abord s’octroyer une grande surface plane, trouver un mur adéquat en quelque sorte, bien visible, bien accessible, bien central pour l’équipe qui va graviter autour (ou le simuler avec un outil digital). Toute l’équipe s’affaire autour. Johanna leur demande simplement : « Indiquez sur les morceaux de papier que je vous donne toutes les activités liées à la création de valeur, une par morceau de papier. »

La création de valeur ? Tout ce qui apporte de la valeur en lien avec la raison d’être de l’équipe RH de Didier : entretiens de recrutement, coaching des employés, travaux sur la marque employeur, actions de fidélisation, juridique, etc. Tout ce qui est utile ou qui fait apprendre des choses, etc. « Ainsi encore une fois, je répète, insiste Johanna, tout ce qui est utile et apporte de la valeur en accord avec la raison d’être de votre équipe, et sur lequel vous avez travaillé récemment, sur lequel vous travaillez actuellement, ou sur lequel vous allez travailler prochainement. »

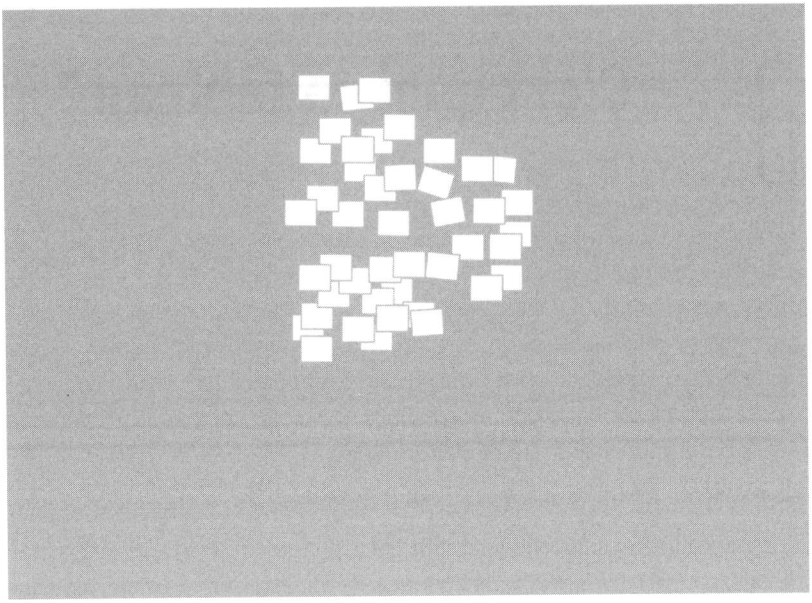

Figure 1.1 – On pose les étiquettes.

Une paire d'heures passe. C'est assez simple, tout le monde a son activité en tête. Certains ronchonnent, ils n'aiment pas s'afficher. Johanna les rassure en expliquant bien à tout le monde que ce n'est pas eux que l'on observe, mais l'activité, et la création de valeur. Certains, on le voit rapidement se sentent obligés d'ajouter plein de choses pour montrer qu'ils font, qu'ils agissent, qu'ils existent, que leur présence est justifiée ! Certains y vont gaiement, d'autres ne sont pas tracassés par le peu d'étiquettes qu'ils placent, ils estiment peut-être qu'il s'agit des plus importantes. Peu importe, vraiment, « il n'y a pas de mauvaise posture », insiste Johanna, car tout le monde s'observe et observe le mur. On touche, on parle, on gratte du papier, on voit, on avance, on s'interroge, on change.

2. COMMENCER LÀ OÙ ON EN EST

« On commence là où on en est », nous interpelle Johanna. Le premier principe de kanban propose de commencer là où on en est. Ne pas se projeter sur ce que l'on aimerait être, comment on aimerait fonctionner. À vouloir imaginer, on n'avance pas sur la réalité présente, on rend caduques les conversations, qui perdent leur ancrage dans le réel. Trop de changements rapides provoque aussi du stress et de la résistance. Ne pas changer l'existant au démarrage d'une démarche d'amélioration est moins perturbant pour les membres de l'équipe. Et la simple observation peut se révéler déjà suffisamment riche.

« Ainsi donc, vous mettez sur le mur ces papiers, ces étiquettes, et ils portent chacun un intitulé d'activité porteuse de valeur. Je parle de votre activité actuelle, pas celle future ni celle passée, ou alors très proche futur ou très proche passé. »

Le mur se couvre d'un tas informe de papiers. À première vue Didier est dubitatif, mais très vite il réalise déjà des choses : il voit clairement apparaître les activités de son équipe comme il ne les avait jamais vues. Et surtout il note qu'entre les membres de son équipe les choses sont loin d'être aussi claires. L'envie reprend vite le dessus, à plusieurs ils regroupent les « papiers » par thématiques sous le regard amusé de Johanna.

3. VISUALISER

Maintenant que tous les papiers sont au mur, Johanna demande à ce que l'on représente, colonne par colonne, les étapes entre l'apparition de notre ticket, de notre papier, jusqu'à son étape finale. Pour nous rendre les choses plus concrètes, elle dessine trois colonnes sur le mur pour délimiter nos tickets : « à faire », « en cours », « fini ». C'est un point de départ assez commun.

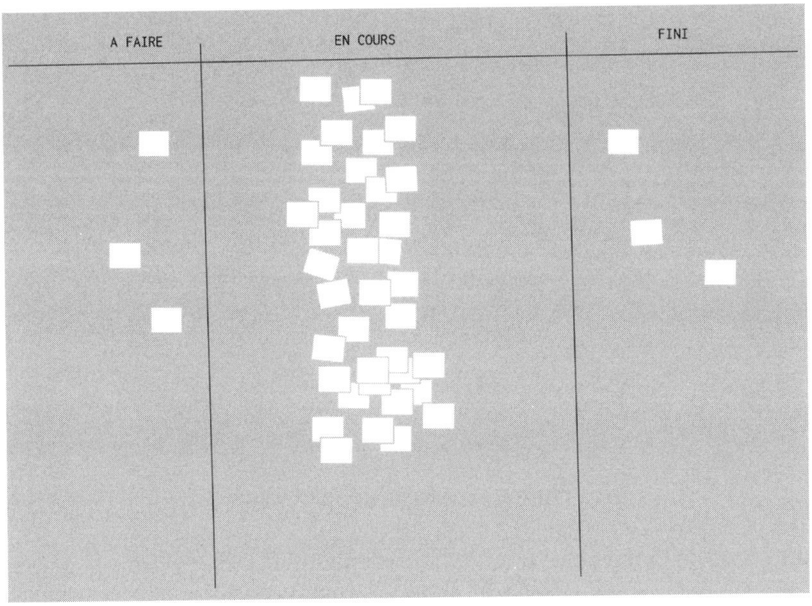

Figure 1.2 – À faire/en cours/fini.

Cette première initiative nous pousse à rapidement répartir nos tickets dans ces différentes colonnes. Et c'est un peu piteusement que l'équipe réalise que la très grande majorité de son travail est… « en cours », avec très peu de « à faire » ou « fini ». Comme si elle avançait à la façon d'un cheval avec des œillères, sur l'instant, sans perspective. Est-ce normal d'avoir autant d'en cours ? Pour Didier, cela provoque encore un moment « ah ah », une épiphanie : intérieurement il se met à jubiler.

Et puis dans les conversations de nouvelles questions naissent, déjà des synergies inexploitées apparaissent, des choses oubliées resurgissent. Certains sont gênés devant le nombre des étiquettes, en comparaison de la taille de l'équipe. Et au contraire cela rend certains fiers comme un Artaban.

Johanna leur rappelle que ce « tableau », ce « kanban », modélise la réalité. Ils ne doivent donc pas le projeter tel qu'ils aimeraient qu'il soit, mais telle que la réalité pourrait être modélisée. Très vite l'équipe reprend la main, elle change le nom des colonnes et en ajoute : « Demandes » au lieu de « À faire », « Réalisation » au lieu de « En cours », elle ajoute « Étude/préparation » avant « Réalisation ». Mais surtout, comme elle l'avait pressenti, Johanna utilise les regroupements thématiques qu'elle avait observés pour tracer des lignes horizontales : « Recrutement », « Marque employeur », « Formation », « Juridique ».

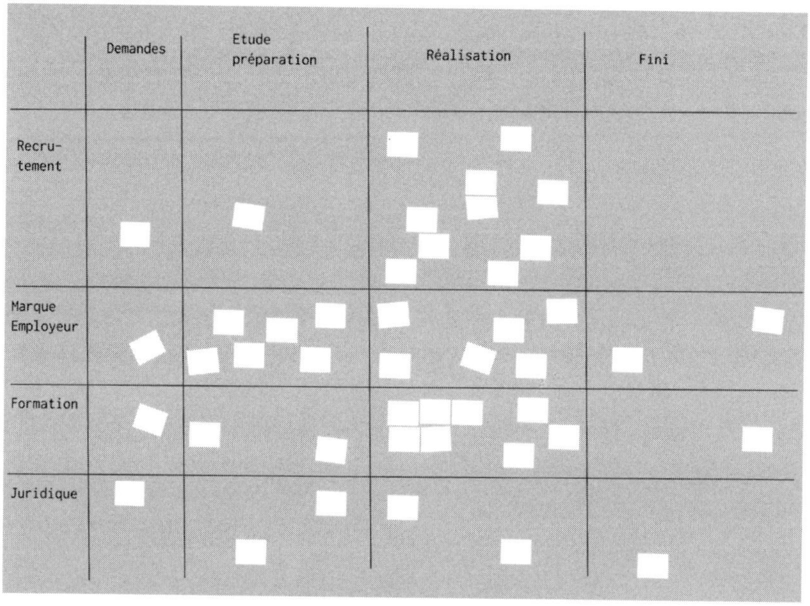

Figure 1.3 – Management visuel.

Tout prend désormais plus de sens, plus d'épaisseur. Didier et son équipe voient un véritable outil de travail collectif émerger, et l'activité de leur département RH comme ils ne l'avaient jamais vue… ou touchée. On répond aux besoins et aux attentes autant des gens dont l'inclination est de fonctionner avec du visuel, que de ceux qui sont plus auditifs, ou enfin de ceux qui sont plus kinesthésiques (tactiles). En effet, depuis le début ce n'est pas que du management visuel, on parle devant, on touche (ça, c'est plus dur avec les outils digitaux, mais il y a d'autres avantages, comme avoir de la place).

« Vous voyez, explique Johanna, c'est une pratique simple qui consiste à visualiser le flux de travail et le processus, c'est-à-dire le tableau et les cartes kanban. Elle fait prendre conscience à l'équipe du travail qu'elle a à réaliser et de la manière dont elle le réalise. Le management visuel renforce cette prise de conscience collective. »

« hum hum » murmure Didier, surpris par les différentes densités, par les absences, autant que par les goulots.

4. RENDRE EXPLICITES LES RÈGLES DE GESTION DU PROCESSUS

Le passage suivant de Johanna ne ressemble en rien au premier. Toute l'équipe se jette sur elle : « Qui peut bouger quoi, et quand ? Est-ce que j'ai le droit de revenir en arrière ? Est-ce que l'on peut se permettre d'ajouter des colonnes ? »

Johanna décide de reprendre les choses dans l'ordre. Elle explique que la première pratique de kanban est de *visualiser* le flux de création de valeur. Il y en a cinq autres. Les deux autres auxquelles fait désormais appel l'équipe de Didier sont *rendre explicites les règles de gestion du processus* et *implémenter des boucles de feedback* (ou de rétroaction, d'autorégulation).

Pour libérer les initiatives et l'engagement, rien de mieux que de clarifier les règles de fonctionnement. En d'autres termes, il faut connaître les règles du jeu pour jouer.

Dans kanban, cela pourra prendre plusieurs formes : la première est souvent d'éclaircir qui est le propriétaire de certaines colonnes. Qui par exemple peut injecter une nouvelle demande dans la colonne « demandes ». Seulement Didier ? Tout le monde ? Les membres d'un comité ? « Peu importe, répond Johanna, mais vous devez l'éclaircir si cela vous freine, en l'affichant au-dessus de la colonne, et si cela ne vous dérange pas, il n'est pas nécessaire de préciser cette règle… » « Cela peut être un groupe ou une personne, l'important est que cela soit représentatif de la réalité, de la vraie vie comme vous me le dites si souvent », ajoute-t-elle, le sourire aux lèvres.

« Une autre façon de clarifier les processus, enchaîne Johanna, c'est de définir les règles qui autorisent le passage d'une colonne à une autre, par exemple telle demande a été vue lors du comité lambda, elle peut basculer de Demandes à Étude/préparation, avant cela elle ne respecte pas le processus, elle ne le peut pas. Mais encore une fois, représentez la réalité, ou si vous décidez d'introduire cette nouvelle règle, introduisez-la simultanément dans le système kanban et dans votre activité quotidienne. »

Cette pratique consiste à rendre explicites ces règles. Cela contribue à avoir une compréhension partagée du travail, des problèmes à résoudre et des points à améliorer par l'équipe. Mais attention, avoir trop de règles étouffe l'engagement. Cependant, si votre système est ainsi conçu, avec trop de règles, c'est le moment de le rendre visible, palpable.

Ces principes (*commencer là où on en est; respecter le processus, les rôles et les responsabilités*) permettent de construire le changement dans le respect de l'organisation, notamment des rôles et responsabilités, et des personnes en tant qu'individus. S'ils ne changent pas initialement, ils vont naturellement évoluer après la mise en place d'un système kanban.

5. IMPLÉMENTER DES BOUCLES DE FEEDBACK

«Vos autres points : ajouter des colonnes, détailler les tickets» sont tous pertinents. «Il n'existe pas d'approche empirique robuste sans boucle de feedback permettant de s'évaluer et s'adapter,» appuie-t-elle. «Le kanban n'échappe pas à cette règle. Mieux : le management visuel vous y pousse. Ça vous gratte», j'oserai dire. «Nous allons mettre en place ces retours au niveau du processus et de l'organisation.»

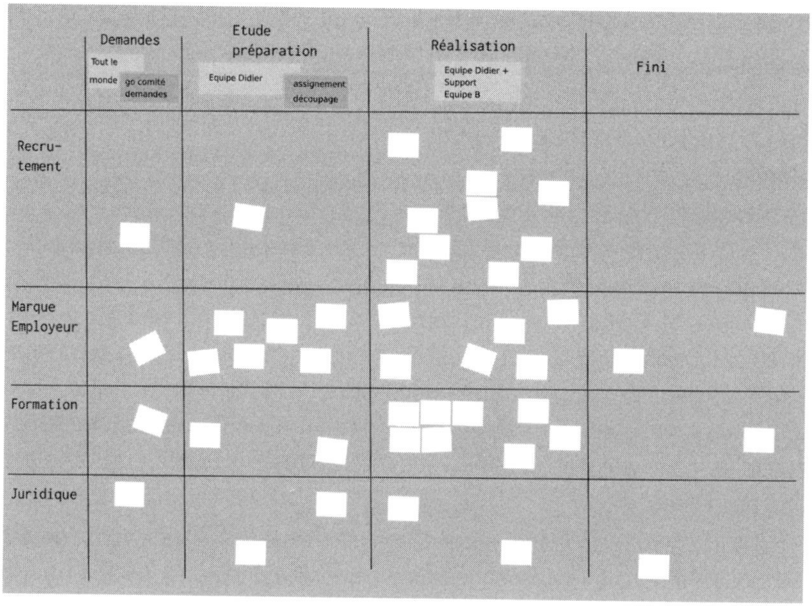

Figure 1.4 – Le système kanban émerge.

Pour débuter, Johanna recommande trois revues régulières :

- ✓ une tous les lundis (ou le jour qui convient à l'équipe, mais la régularité est importante) qui va durer une vingtaine de minutes. Elle servira à Didier pour faire passer les messages clefs de l'activité de la semaine à venir. Sa stratégie à une semaine en quelque sorte ;
- ✓ une tous les jours (à la même heure tous les jours sinon les agendas vont devenir fous et on passera plus de temps à l'organiser qu'à la réaliser, et elle se déroule devant le kanban) de 5 à 15 minutes pour l'équipe, ou par sous-groupe

si une partie du groupe travaille sur Étude/préparation et l'autre sur Réalisation. C'est l'équipe qui décide ;

✓ une mensuelle de deux ou trois heures pour réfléchir à des aménagements plus structurants du processus (et donc du kanban). Cela sera le lieu de l'amélioration continue.

6. S'AMÉLIORER DE MANIÈRE COLLABORATIVE

... en utilisant des modèles et une méthode scientifique

Ce lieu de l'amélioration continue, c'est un moment très important. Mais vous pouvez vous améliorer à tout moment. L'équipe décide de faire la première séance d'amélioration continue cette fin de semaine et de se lancer dans les autres revues immédiatement. Johanna leur suggère un format simple. Cette séance d'amélioration continue est une pratique à elle toute seule. Et elle est très importante. On l'appelle souvent la *rétrospective*. Il s'agit de s'interroger généralement sur ce qui se déroule bien, se déroule mal et sur ce que l'on pourrait changer. Pour être sûr d'être efficace, on essaye de se focaliser sur peu de points, les plus importants. Il peut s'agir de changer quelque chose qui ne fonctionne pas, comme de diffuser plus quelque chose qui fonctionne.

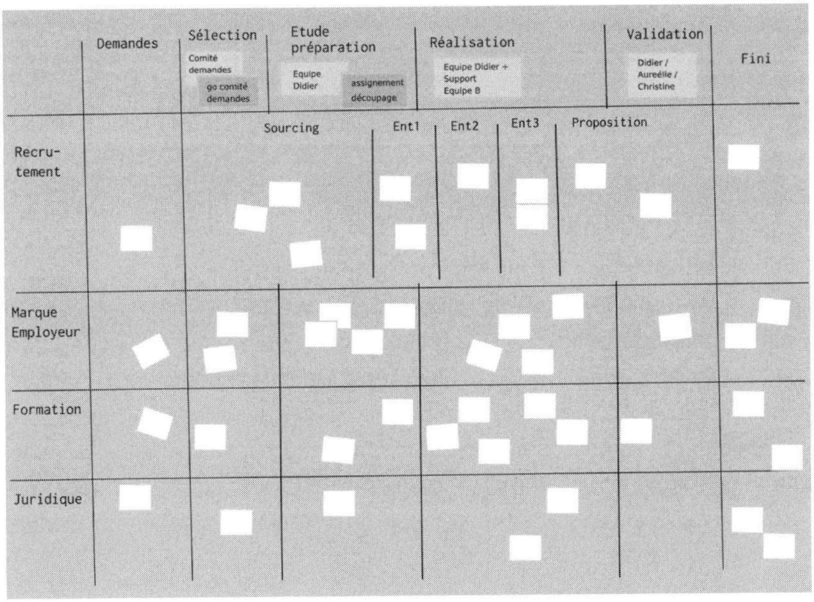

Figure 1.5 – Une modélisation de la réalité.

La semaine suivante, quand Johanna passe, des changements ont eu lieu ! Des sous-colonnes, dans la ligne « Recrutement », sont apparues. « C'est bien plus conforme à la réalité et cela nous permet de voir où cela bloque », lui indique l'équipe. Johanna n'en attendait pas moins. Et deux nouvelles colonnes sont apparues : « Sélection » et « Validation ». L'équipe pense en avoir besoin pour mesurer plus clairement les passages entre les demandes, la préparation, la réalisation et l'aboutissement. Johanna indique que, si l'équipe ressent le besoin d'essayer, autant essayer, mais que si les changements apparaissent dans le kanban, ils doivent aussi exister dans la réalité, sinon les conversations et les améliorations deviendront factices.

Enfin et non des moindres, les tickets, les étiquettes, se sont étoffés : ils indiquent, désormais, des données comme la date prévue pour finir l'activité, les points clefs du ticket, qui travaille dessus. Un petit personnage connu, un avatar, représente chacun des membres de l'équipe, c'est rigolo.

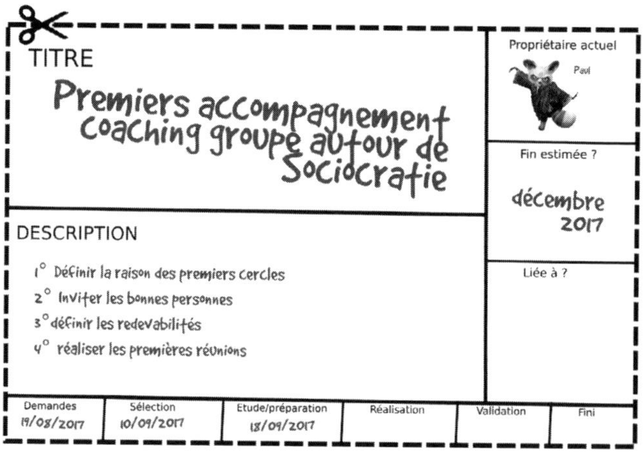

Figure 1.6 – Une carte kanban.

Johanna est attentive : il ne faut pas trop d'éléments sur ces fiches. Cela doit rester synthétique pour être bien appréhendé par le management visuel. Elle insiste pour que le titre soit écrit en gros, visible de loin (les gens pourront se rapprocher pour en lire un peu plus), et visible facilement sur un écran, un outil digital. Elle a aussi en tête le moment où ces estimations (temps) seront potentiellement confrontées à la réalité mise à nue par le kanban, où beaucoup d'estimations apparaîtront comme des illusions. Ces anticipations sont dues à son expérience, mais aussi la constatation de nombreuses années d'études sur nos « projets » depuis la construction de la tour Eiffel à la réalisation de votre dernier album de famille.

Ce n'est pas une pratique appréciée par tous, mais Johanna suggère d'ajouter un marqueur qui permette de savoir quand le ticket est entré dans chaque colonne : c'est une première mesure. Et puis là aussi un ticket dont la date d'entrée devient de plus en plus vieille va irriter. C'est plus un marqueur émotionnel qu'elle introduit qu'un traceur véritable.

Naturellement, il y a deux types d'étiquettes, de tickets, car il en faut aussi pour les recrutements qui ont des informations particulières. Didier comprend vite : cette transparence engendrée par le management visuel du kanban a du bon, mais n'est pas si facile. Elle demande rigueur et discipline. Son équipe est ravie : il va devoir clarifier ce qu'il demande (et idéalement donner du sens). Difficile désormais de faire apparaître un nouveau ticket subitement au milieu du tableau. Tout le monde a bien perçu qu'il s'agissait d'un flux de gauche à droite. Il ne peut plus changer tous les matins sans explication. Pour lui et son équipe, c'est mieux, plus structurant, plus clair, mais cela demande plus de discipline.

Et ainsi, pour son équipe, c'est la même chose : Didier semblait demander tout et n'importe quoi n'importe quand, on pouvait choisir, s'arranger avec cette réalité si entremêlée. Désormais, les choses sont plus claires. C'est mieux, mais en même temps, ce ticket dont personne ne voulait, qui « pue » comme se plaisaient à le dire certains, mais pourtant important pour le groupe, eh bien il faut l'assumer et le porter au bout ou expliquer pourquoi on ne peut, ou ne veut pas le faire et statuer sans tergiverser. Les petites actions personnelles que l'on trouvait pertinentes trouvent toujours leur place, mais elles sont visibles et doivent s'expliquer, se mesurer. Encore une fois, cette transparence apporte clarté et discipline.

Johanna explique tout cela patiemment. Aussi qu'il est inutile de bloquer la première colonne « Demandes ». Maintenant que l'équipe a créé une colonne « Sélection », autant la laisser vivre comme un déversoir. Quelqu'un qui s'amuse à faire plein de demandes va juste les voir s'entasser et comprendra l'inanité de sa démarche. Sur un écran, c'est plus dur, il faut y être attentif. Un écran semble être une fenêtre personnelle, on peut vite perdre le côté commun, partagé et unique du système kanban. Commencez par un écran simple qui simule un tableau réel avant de vous lancer avec un outil avancé, facilement malléable, efficace sur le suivi des indicateurs, mais qui peut nous faire oublier le rôle central d'une vision en commun, partagée.

C'est à ce moment que Philippe et Nicole, dubitatifs, mais interpellés par la lecture du flux de création de valeur de l'équipe de Didier, conversent autour du kanban. D'autres équipes, tout aussi curieuses, souhaitent également s'emparer d'un tel outil dont elles perçoivent vite la puissance et pourtant l'apparente facilité avec laquelle on peut se l'approprier, d'autant qu'il respecte la nature de chacune des équipes, des processus.

Didier, pas peu fier d'avoir amené du changement et un vent de modernité dans l'organisation, se tourne vers Johanna. Celle-ci lui rappelle qu'il ne faut pas aller trop vite. On doit observer comment les choses fonctionnent, que des changements simultanés en trop grand nombre deviennent illisibles et difficiles à appréhender pour les équipes. Elle lui dit, également, que l'élément le plus important est que l'équipe se soit emparée elle-même des améliorations à réaliser sous l'égide de Didier. Mais oui, avant qu'il ne s'agisse d'un véritable kanban, il y a encore deux pratiques à appliquer.

7. GÉRER ET MESURER LE FLUX DE TRAVAIL

Johanna revient régulièrement. Un nouveau mois est passé. Voilà deux mois que le département fonctionne avec cette approche. Les choses ont évolué. On avait déjà bien amélioré et en quelque sorte *géré* le flux de création de valeur en ajoutant les colonnes « Sélection », « Validation ». Depuis, un travail a été réalisé sur la taille des tickets ; les gros ne bougeaient pas assez, ils stressaient tout le monde par leur aspect statique. Le sous-groupe Étude/préparation a fait un effort pour apprendre à les scinder en plus petits éléments, et si possible autonomes, sans dépendance. Malgré quelques difficultés qui persistent, ce changement est perçu comme une amélioration ; il donne du dynamisme et de la souplesse au système kanban.

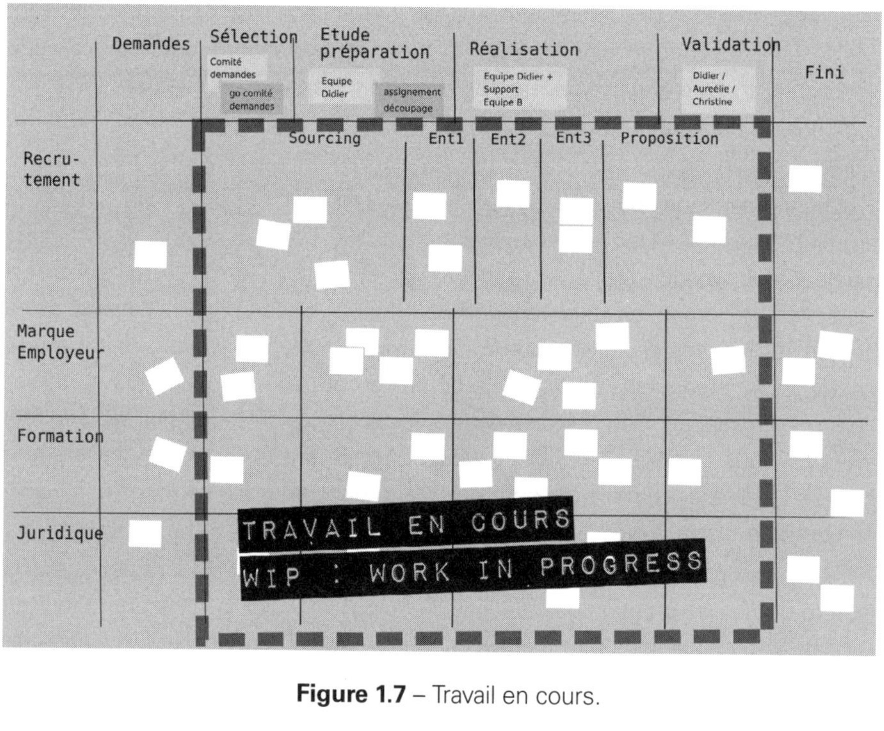

Figure 1.7 – Travail en cours.

Johanna décrit son expérience : « J'ai pu observer qu'un système kanban acceptait *a minima* autour d'une trentaine d'éléments (ce n'est pas une règle précise, juste une mesure empirique), en dessous, les éléments ne vont pas avoir assez de dynamique et donc l'équipe n'aura pas assez le sentiment de progrès pour se sentir impliquée par ce management visuel. C'est probablement le moment de penser à un découpage plus fin des éléments, comme vous l'avez fait, mais encore une fois seulement si cela correspond à une réalité. Si vous modifiez quelque chose sur le système kanban vous devriez immédiatement le modifier dans la réalité (donc plutôt une chose à la fois…). Si vous avez moins d'environ 20-30 éléments et que la lenteur de l'évolution du kanban vous démotive, ce n'est probablement que le reflet de ce qui se passe en réalité. Les choses n'avancent pas assez, vous travaillez probablement par trop gros blocs. Un maximum d'éléments ? Tout dépend de la taille de votre mur, mais j'ai observé qu'au-delà de 150-200 éléments cela commençait à devenir beaucoup, genre sapin de Noël baroque, surtout si vous jouez avec trop de couleurs (attention à ces facilités sur les outils digitaux, on peut vite cacher beaucoup trop d'éléments sans s'en rendre compte). Il suffit de regarder : 200 éléments pour une équipe de 10 personnes, cela fait 20 éléments par personne, c'est démesuré ! On sait qu'au-delà de deux tâches en simultané la productivité en pâtit, si le système kanban est surchargé ou trop vide c'est un premier signal d'un besoin de réorganisation. »

Depuis, on a aussi *mesuré* des éléments de cette création de valeur. Johanna a indiqué plusieurs indicateurs qui pourraient se révéler intéressants : le nombre d'éléments dans le système kanban (dans le tableau), c'est le travail en cours en quelque sorte. « 78 !, s'exclame Geoffroy, mais dois-je compter la première et la dernière colonne, ce que tu appelais déversoir ? » « Je dirais non, opte Johanna, le travail en cours, comme son nom l'indique c'est en cours, on va considérer que la première et la dernière colonne, dans votre cas, sont vraiment des entrées ou des sorties. »

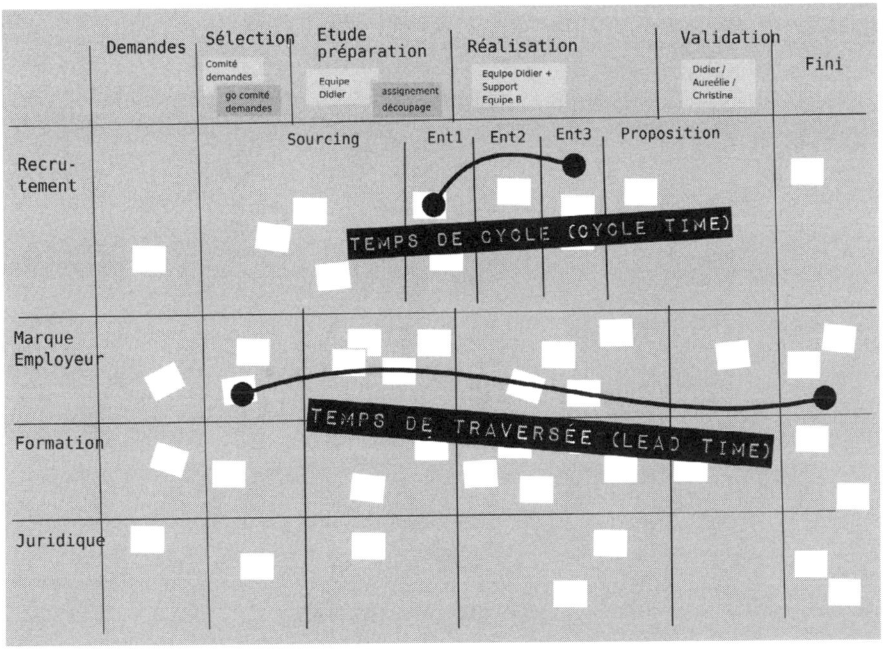

Figure 1.8 – Temps de traversée.

« Vous pouvez aussi mesurer ce que l'on appelle le *temps de traversée*, le temps qu'il faut (en moyenne) à un ticket pour traverser le système kanban (toutes les colonnes). Ainsi, non seulement, le système kanban, vous donne un management visuel très opérationnel sur ce qui se produit dans votre chaîne de création de valeur, mais il vous donne des indicateurs pour être plus prédictifs. »

« Enfin, vous pourriez mesurer le *temps de cycle*; par exemple, dans votre ligne Recrutement entre entretien 1 et entretien 3, quel est le temps de traversée ramené à ce cycle ? Quelle est la durée moyenne ? Votre système kanban est une grande matrice : ceux qui veulent en tirer des chiffres peuvent s'en donner à cœur joie, selon les colonnes, les types de tickets, etc. Le cerveau gauche, plus analytique, en raffole, mais n'en faites pas trop ! Les mesures que je viens de vous proposer sont les plus classiques : *travail en cours, temps de traversée, temps de cycle*. Elles suffisent souvent largement. »

8. LE FLUX TIRÉ

Didier est toujours ravi, mais son œil s'aiguise, voir ce qui se passe ne lui suffit plus, ni à lui ni à son équipe. Ils ont compris comment s'organiser régulièrement pour s'améliorer collectivement au travers de ces revues que l'on appelle rétrospectives. Le problème qui chagrine Didier, quand Johanna entre dans le bureau ce jour-là, c'est le tas de tickets sur la case « Étude/préparation » de la ligne « Marque employeur » (figure 1.9).

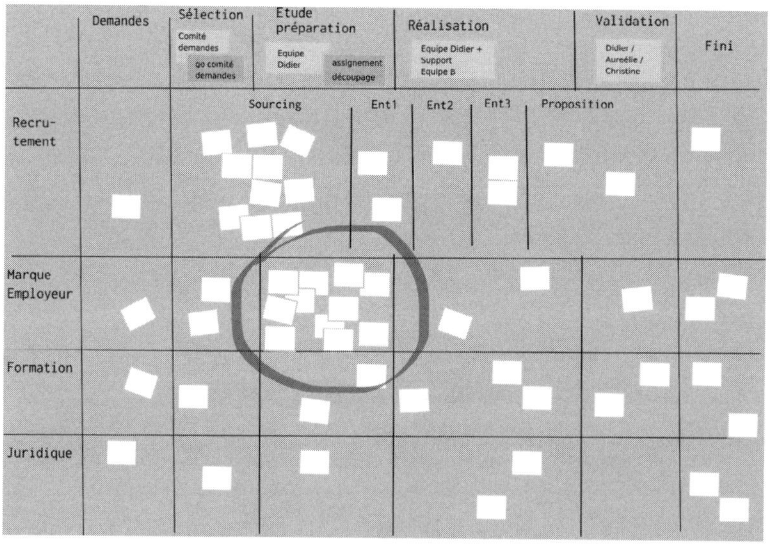

Figure 1.9 – Flux tiré (1/2).

Difficile à lire, mais c'est clair que cela sature. Didier n'a pas eu le temps de l'évoquer avec l'équipe, et les horaires décalés qu'il a en ce moment, plus ses déplacements, lui interdisent une vraie conversation. Il voit juste les tickets s'accumuler sur cette case. Est-ce donc la partie « Étude/préparation » qui ne sait pas finir ce qu'elle a commencé ? Et, par facilité, démarre de nouvelles choses ? Est-ce donc le comité de sélection qui a plein d'idées et qui sature la phase d'étude et de préparation ? Cela irrite Didier de voir la partie réalisation de la ligne « Marque employeur » si désertée. À tort, il fait confiance à son équipe, mais il aimerait bien que Johanna lui indique comment y voir plus clair, plus juste, visuellement.

« Les hypothèses de Didier sont toutes possibles », confirme Johanna, qui propose alors d'introduire un système de *flux tiré*. « Il aura plusieurs bénéfices, pas uniquement celui de clarifier cette situation. »

« On va créer deux sous-colonnes dans la partie Étude/préparation de la ligne Marque employeur (figure 1.10). La première sous-colonne s'appelle *en cours*, et l'autre *fini*. Quand un ticket est estimé fini dans cette case, il n'est plus poussé dans la colonne suivante, il est *poussé* dans la sous-colonne *fini*. Il est, ainsi, mis à disposition des propriétaires de la colonne suivante, ils pourront venir le *tirer* quand cela sera plus judicieux pour eux. »

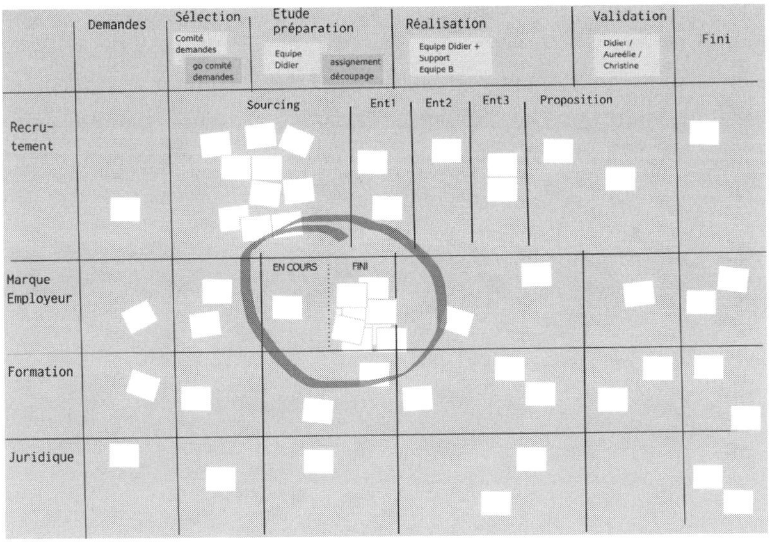

Figure 1.10 – Flux tiré (2/2).

Ainsi, on voit si on travaille effectivement ou si les tickets sont en attente. Où se trouve l'effort en cours est plus visible. Où se trouvent les goulots d'attente, les accumulations aussi. Mais, pour Didier, c'est la déception ; il semble constater qu'effectivement l'équipe ne travaille pas sur grand-chose, et que le gros tas de tickets ainsi réparti dévoile un effort faible. Mais quand il regarde plus attentivement, il découvre qu'un autre tas de tickets est en concurrence dans la ligne « Recrutement », c'est là que l'effort est concentré. Il va voir, enfin, l'équipe qui lui confirme cela : oui, ils ne peuvent pas assez avancer sur la *marque employeur* car ils sont très chargés par l'effort de *recrutement*. Tout s'éclaire : c'est désormais bien plus visible. Mais cela ne résout qu'en partie la problématique de Didier, qui voudrait une répartition plus stratégique, mieux pensée, de l'effort.

Avec le temps, ce flux tiré va révéler d'autres bénéfices, dont celui d'avoir une dynamique plus souple dans le déclenchement du travail : on vient *tirer* le ticket dès que cela fait sens. On n'affecte plus le ticket à une personne particulière, maintenant, celle qui pense pouvoir s'en saisir vient le *tirer*. Elle s'en saisit au moment le plus adéquat : quand elle peut et veut s'en saisir (ou qu'ils peuvent s'en saisir, car il n'y a pas de règle indiquant qu'un ticket est nécessairement l'apanage d'une seule personne).

Mais, alors, comment résoudre la problématique de Didier ?

9. LIMITER LE TRAVAIL EN COURS

« Limiter le travail ? Quoi ? », s'étrangle Didier (qui attache encore trop d'importance au *travail* et pas assez à la *valeur*). « Non, le rassure Johanna, goguenarde : limiter le travail... en cours... Tous ces tickets qui stagnent, c'est autant de travail réalisé trop tôt qui périclite en attendant d'avancer, qui perd de la valeur, qui gagne en obsolescence. Vous avez réalisé des choses trop tôt, qui arriveront ainsi forcément trop tard, vous avez utilisé de l'énergie pour rien. Pour optimiser votre création de valeur, il vaut mieux rechercher un équilibre entre votre capacité et la demande : avoir une meilleure qualité de flux. »

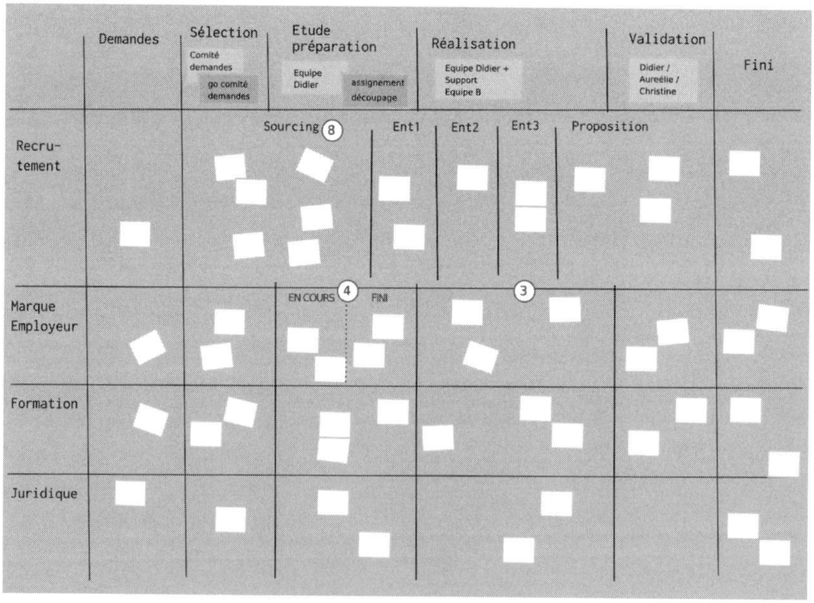

Figure 1.11 – Des limites.

« Pensez à une autoroute. Imaginez que vos tickets soient les voitures : pas assez de voitures, c'est dommage d'avoir construit une si belle autoroute, on a la capacité pour plus. Trop de voitures… cela bouchonne, et cela ne sert à rien d'avoir construit une si belle autoroute. C'est quand il y a assez mais pas trop de voitures que celles-ci roulent au mieux (mais cela serait dommage qu'il y en ait trop peu). Autre image, une rivière : si on réduit son lit, son débit s'accélère. La quantité d'eau qui traverse reste au final la même : sur un espace donné, il y en a eu moins mais son débit a été plus rapide. Pour nous, c'est la même chose, on voudrait réduire le travail en cours pour s'assurer qu'il avance bien (comme les voitures), et en le réduisant il y a de fortes chances de l'accélérer (comme l'eau), d'où une meilleure réactivité, une meilleure capacité d'adaptation (moins d'éléments qui traversent mais plus vite). Mais, s'il y a en trop (au-delà de notre capacité) cela va probablement générer des bouchons », conclut Johanna qui regarde Didier avec insistance. « Allons parler de tout cela avec l'équipe. »

On pose une limite sur le travail en cours (en plaçant un nombre sur une case ou une colonne, ou une ligne) pour adapter la demande à la capacité. La limite contraint le nombre d'éléments maximum sur lesquels on travaille. Toute contrainte amène aussi potentiellement de la prédictibilité comme on le verra plus tard. En plaçant plusieurs limites, on peut aussi définir une stratégie qui assure de répartir la capacité selon sa stratégie. La règle implicite : interdit d'avoir plus de tickets dans la case, la colonne, ou la ligne, que le nombre indiqué par la limite.

Si on atteint la limite, on doit donc finir les tickets en cours avant d'en commencer d'autres. *Commencer à finir, arrêter de commencer* est l'un des adages de kanban. Si on est en flux tiré cela va probablement générer une dynamique entre les personnes des différentes colonnes (si elles sont différentes) pour assurer le flux et la libération d'espace de travail (contraints par la limite).

« Quel chiffre mettre ? » est souvent la question qui suit. Il n'y a pas de réponse simple, leur expliquera Johanna, il faut laisser du temps, observer, démarrer par ce qui émerge de ces observations, ou s'appuyer sur des formules simples : trois personnes travaillent dans cette colonne, on mettra « 6 » (3 x 2, deux tickets par personne étant une bonne mesure « habituellement »). Il faudra creuser ce point plus tard. Mais, quand on met des limites, on se doit d'être très attentif, on peut casser le système kanban. Le remède ne doit pas être pire que le mal. Prenez votre temps, inspectez, adaptez.

« Il y a bien d'autres stratégies sur les limites, ajoute Johanna, et les *gurus* du kanban vous diront qu'il n'y a pas de système kanban sans limite, qu'avant c'est *seulement* du management visuel. » « Et comment va-t-on faire quand une urgence de Didier va tomber, Johanna ? Tu sais, il y en a pas mal des urgences inattendues et… urgentes… Doit-on respecter la limite ? », demande Geoffroy, intrigué, voire inquiet.

« La façon de faire qui s'est démocratisée à ce sujet c'est l'ajout d'une ligne Urgences (que l'on appelle souvent *expedites* en kanban) en haut du tableau, bien visible. Mais, devine ce qui va se passer si tu crées seulement une ligne Urgences…, complète Johanna : tout va devenir une urgence, tout sera détourné dans cette ligne, cela deviendra presque comique. »

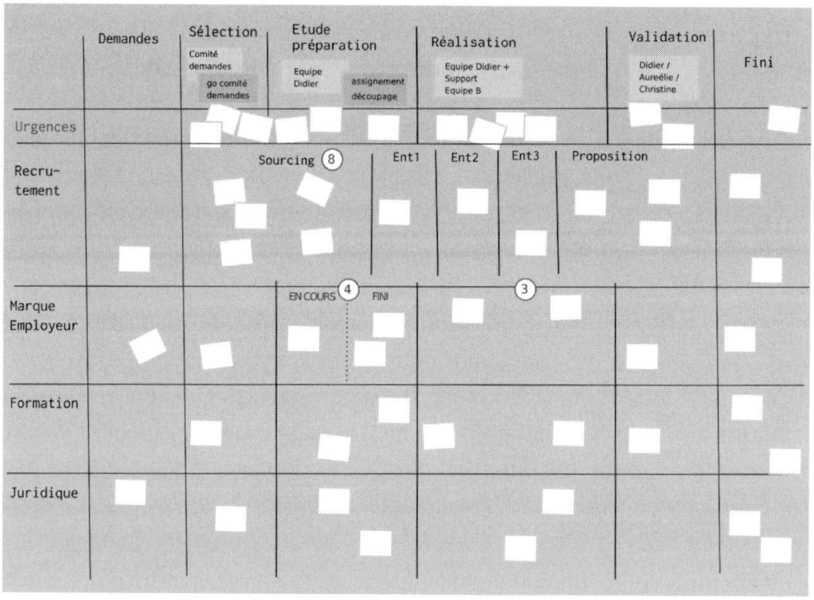

Figure 1.12 – Urgences sans limite.

« Pour pallier cela, on revient aux limites, poursuit Johanna : on en ajoute une sur la ligne Urgences, en mettant 2 par exemple. Cela paraît convenable pour démarrer, non ? »

Dans LaNouvelleOrganisation, la vie continue. Philippe et Nicole comprennent bien mieux ce qui se déroule dans l'organisation : de vrais leviers sont apparus, une compréhension plus affûtée des notions de valeur, de capacité, de flux a changé leur expérience du « travail ». Tous sont devenus accros de l'amélioration continue collective. Et Johanna sourit.

Derrière le sourire de Johanna, c'est cette première rencontre, souvent disruptive, épatante par sa simplicité, avec kanban qui nous fait signe. Revoyons un peu les premiers points constituant cette approche organisationnelle : les éléments principaux de son vocabulaire, les principes et pratiques qui ont pu être entraperçus et que nous approfondirons plus tard.

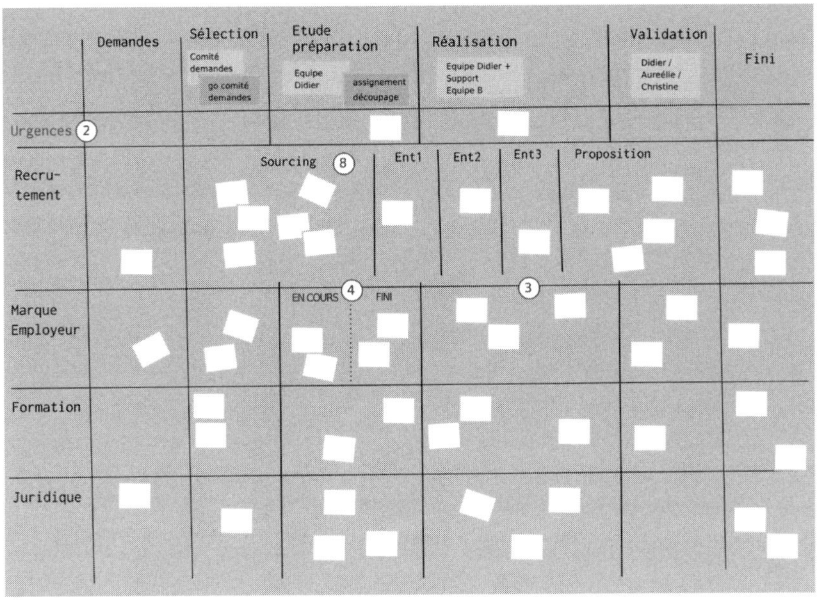

Figure 1.13 – Urgences avec limite.

Commençons par quelques histoires qui nous font comprendre la raison de l'application de ces principes.

2 Origines de Kanban

Trois petites fables pour continuer à illustrer et mieux s'approprier kanban avant de se plonger dans un peu d'histoire.

1. LE PARC

L'histoire de Kanban pourrait démarrer dans un vieux parc de Tokyo que les Japonais veulent préserver. Et pour cela, limiter son accès car au-delà de 200 visiteurs le parc souffre. Kanban signifie « étiquette » en japonais : il suffit d'imprimer 200 tickets (ou étiquettes). Quand quelqu'un entre dans le parc, il prend un ticket. Quand tous les tickets sont pris, il n'est plus possible d'entrer. Quand quelqu'un sort, il libère un ticket. La capacité est adaptée au parc. Le flux des visiteurs est adapté à sa préservation.

2. LE FLUX TIRÉ

Années cinquante, le montage de portière de voiture chez Toyota. Je suis quelqu'un qui monte des portières de voiture, j'ai un tas de dix portières devant moi. J'en place une, puis deux, trois, quatre, cinq, sur la sixième se trouve une petite étiquette (un kanban, une étiquette historiquement) qui m'indique que je devrais demander dix nouvelles portières. Très bien je le fais. Puis je place la sixième, la septième, etc. jusqu'à la dixième. Les choses sont bien faites, j'ai demandé dix portières au bon moment, dix nouvelles portières arrivent alors. Variante du scénario : alors que je place ma troisième portière, Jean-Luc m'interrompt et me demande de l'aide, que j'ai plaisir à lui fournir pendant quelques heures.

Quand je reviens, deux options : soit j'utilise un flux tiré (« pull ») avec une étiquette sur la sixième portière qui me suggérera de demander dix portières de plus, et donc mon tas de portières n'a pas changé ; soit je n'utilise pas de kanban et j'ai un classique flux poussé (« push »), c'est-à-dire que l'on m'amène régulièrement des portières et pas quand je le demande (« pull »), et dans ce cas il se peut que plusieurs tas de dix portières m'attendent. C'est dommage : c'est du stock inutile, coûteux (utilisation de la matière première), et risqué (si on découvre une anomalie, elle s'étend à bien plus d'éléments, si on décide de changer d'avis, tous ces éléments sont obsolètes).

3. LA CARTE KANBAN DANS L'INDUSTRIE

Kanban voudrait ainsi dire étiquette (vous savez que le japonais est une langue difficile à traduire, paraît-il). Une sorte de management visuel et tactile, cognitif. Dans les usines qui se sont emparées de kanban, ces étiquettes sont parfois devenues des tableaux, ou des cartes que l'on se passait étape par étape. C'est le kanban de l'industrie et de la manufacture. La mécanique kanban de l'industrie repose sur les cartes kanban. Chaque carte porte un ordre de réapprovisionnement d'un certain volume fixe de marchandises. La consommation et la production d'éléments sont exactement égales à la quantité écrite sur les cartes kanban.

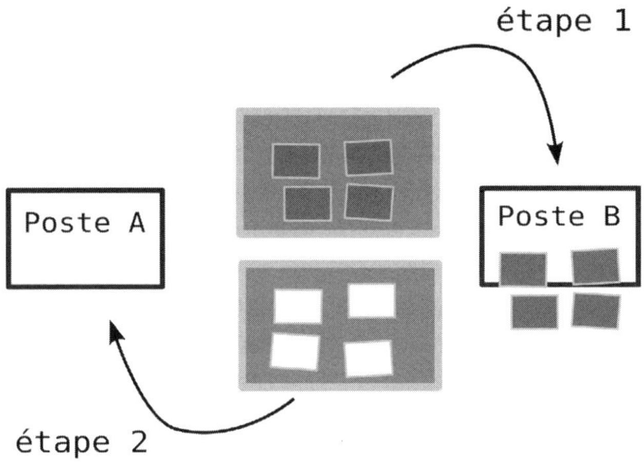

Figure 2.1 – Carte dans l'industrie.

Sur la figure 2.1, le poste B consomme un lot produit par le poste A lors de l'étape 1 une fois que le poste B a consommé les 4 éléments de ce lot, la carte kanban est remontée au poste A lors de l'étape 2. Cela déclenche l'ordre au poste A de produire un nouveau lot de 4 éléments. Le poste A ne travaille qu'à la demande du poste B. Le travail est tiré du processus aval vers le processus amont.

Ce système peut être découplé en deux mécaniques :

- ✓ une *première mécanique* est mise en place par des *limites hautes*. Elles permettent de réguler le flux tiré. Dans l'exemple précédent, le poste A s'arrête de produire lorsque le stock d'éléments en attente est égal à 4 ;
- ✓ une *seconde mécanique* est mise en place par des *limites basses*. Elles permettent de planifier le travail juste à temps. Dans l'exemple précédent, c'est la carte kanban vide arrivant au poste A qui déclenche le réapprovisionnement du stock. Cette limite est un signal indiquant que le niveau de stock arrive à un minimum à partir duquel le poste B n'est plus assuré d'avoir du travail.

4. UN PEU D'HISTOIRE

Le kanban dont nous vous parlons est celui qui est apparu historiquement pour le domaine informatique. Lui-même s'inspire d'un kanban plus ancien dédié aux industries et à la manufacture. Dès 2001 dans leur description du *Lean Software Development*, Mary et Tom Poppendieck[1] ont évoqué les premiers systèmes kanban pour le développement logiciel.

Les systèmes kanban ont été expérimentés en 2004[2] et les premiers retours d'expérience datent de 2007. L'approche a été formalisée par David Anderson en 2007[3]. D'autres leaders ont contribué à son développement : Corey Ladas[4] avec un essai sur le *ScrumBan* en 2009 et Donald Reinertsen[5] avec le développement de produit en flux, pour ne citer que les principaux.

En 2009, deux instances se sont constituées pour soutenir, à leurs niveaux, le développement du kanban : la Limited WIP Society[6], communauté en charge de la promotion du kanban, et le Lean Software and Systems Consortium[7], plus professionnel.

L'instance de référence du kanban est maintenant la Kanban University[8] qui propose un cursus de certifications pour le coaching et la formation kanban, et des cycles de conférences pour sa diffusion.

En France, les premiers retours d'expérience et conférences sur le sujet sont apparus en 2009. En 2012 est créée l'association Lean kanban France ayant pour vocation la diffusion du kanban en France. Elle organise notamment les conférences *Lean kanban France*[9], qui deviennent en 2018 la FlowCon.

5. LA CARTE KANBAN DANS L'IT

La mécanique kanban dans les technologies de l'information (IT) n'est pas celle de l'industrie. La carte kanban n'est pas une carte de réapprovisionnement d'éléments de travail. Elle est l'élément de travail. C'est celle-ci que nous décrivons dans cet ouvrage. Le déclencheur pour se réapprovisionner en cartes kanban est donné par la différence entre le nombre d'éléments présents dans une colonne

1. Mary and Tom Poppendieck, *Leading Lean Software Development*, Addison Wesley, 2010.
2. Lire l'étude de cas « XIT Microsoft case study » sur : http://www.slideshare.net/deimos/david-anderson-kanban-at-q-con
3. David Anderson, *Kanban, successful evolutionary change for your technology business*, Blue Hole Press, 2010.
4. Corey Ladas, *Scrumban, Essays on Kanban Systems for Lean Software Development*, Modus Cooperandi Lean Series, 2009.
5. Donald G. Reinertsen, *The principles of product development Flow, Second generation Lean Product Development*, Celeritas publishing, 2009.
6. http://www.limitedwipsociety.org
7. http://www.leanssc.org
8. https://kanban.university
9. http://www.leankanban.fr

et la limite de cette colonne. Cette utilisation réalisée par le domaine informatique est celle qui peut se généraliser à tous les domaines.

6. KANBAN, UNE NOUVELLE APPROCHE AGILE ?

Ce qu'observent Philippe et Nicole avec surprise, ce qu'accompagne Johanna avec le sourire, c'est un système kanban. On place souvent kanban dans l'écosystème des approches agiles (mais aussi dans celui du Lean d'où il provient historiquement). Ce n'est pas une nouvelle approche agile mais elle en partage les valeurs, principes et pratiques avec des points de vue différents. Et pour ne citer que les principaux :

- ✓ le kanban est orienté « performance du processus » ;
- ✓ le kanban est orienté « développement en flux ».

Dans un contexte agile, les organisations cherchent à aller plus loin dans l'amélioration et la fluidité du travail avec le kanban. Elles cherchent à répondre à certains enjeux auxquels l'agilité répond difficilement tels que :

- ✓ travailler sur plusieurs projets en parallèle avec un pool de ressources ;
- ✓ travailler avec plusieurs équipes spécialisées ;
- ✓ travailler avec des interruptions fréquentes, support ou urgence à gérer ;
- ✓ travailler en agile lorsque les itérations sont peu adaptées : maintenance applicative, flux de travail ;
- ✓ passer au déploiement continu, à la livraison continue ;
- ✓ accompagner votre mise en œuvre de DevOps[10].

L'agilité a joué un rôle d'accélérateur en permettant une prise de conscience et un changement de mentalité en passant d'une approche prédictive à une approche empirique. L'agilité a également permis de dépasser le stade de maîtrise de la réalisation pour envisager le stade de l'amélioration en mettant l'accent sur des cycles courts et la culture de l'expérimentation.

10. https://fr.wikipedia.org/wiki/Devops

3 Mais alors pourquoi Kanban ?

Les quatre principes fondateurs et les six pratiques sont les seuls éléments constitutifs du cadre Kanban. Ce n'est pas une approche prescriptive, les pratiques ne sont pas obligatoires. C'est avant tout une question de contexte et de maturité de l'organisation.

Les pratiques listées précédemment vont des plus simples aux plus évoluées. De la mise en œuvre et de la profondeur d'implémentation de ces pratiques dépendent les bénéfices que l'on peut attendre de la démarche.

1. LES OBJECTIFS INITIAUX DU KANBAN

Êtes-vous dans un contexte où les demandes arrivent au fil de l'eau ? Rencontrez-vous aussi bien des demandes d'évolutions, des corrections d'anomalies, des tâches techniques, des incidents de production… ? Avec des criticités également très fluctuantes de l'une à l'autre : réagir dans la journée pour certaines, dans la semaine pour d'autres ou encore dans les prochains mois ? Vos équipes sont-elles quelquefois en surcapacité par rapport à la demande et d'autres fois en sous-capacité ?

Cette diversité de types, de services attendus, ces fluctuations sont au cœur du kanban. L'intention initiale de David Anderson, fondateur de ce kanban moderne, est de pouvoir réguler des situations de surcharge de travail ou de flux de demandes très variables afin d'équilibrer la capacité du système à la demande et d'en réduire les variations. Équilibrer la demande à la capacité consiste à :

- ✓ trouver la bonne dose de demandes internes ou externes ;
- ✓ répondre dans une bonne mesure aux besoins à court terme, moyen et long termes ;
- ✓ poursuivre à la fois l'objectif stratégique de la société et les opportunités tactiques du projet ou des affaires ;
- ✓ équilibrer le travail planifié et le travail non planifié ;
- ✓ trouver les bonnes priorités entre le travail piloté par les dates, les urgences ou les tâches de fond.

En première approche, un système kanban cherche à améliorer à la fois l'agilité pour gérer la demande et la prédictibilité du processus qui y répond.

2. LES ENJEUX DU KANBAN POUR LES ORGANISATIONS

Les organisations ont de fortes attentes d'évolutions concernant leur (éco) système, leurs façons de s'organiser (justement), leurs façons de produire et plus particulièrement l'amélioration de la satisfaction client (des délais perçus, qualité de service...). L'amélioration des délais cible d'abord le *Time To Market*, c'est-à-dire la réduction du temps de mise sur le marché d'un produit ou d'un service. Cela permet d'être présent sur un marché avant les concurrents, d'offrir plus rapidement de nouvelles offres, d'avoir plus rapidement des retours sur la solution proposée, qu'ils soient financiers ou sur l'usage du produit. La liste des bénéfices est longue.

L'amélioration des délais vise ensuite à pouvoir planifier en *juste à temps*, pour avancer sans avoir toutes les bonnes informations, sans attendre. Le juste à temps permet de repousser le moment où nous devons prendre des décisions, pour avoir les meilleures informations pour prendre de meilleures décisions. Avec ces attentes fortes, nous sommes au cœur de l'agilité métier nécessaire aux organisations.

3. AMÉLIORER LES DÉLAIS ENSEMBLE

Le premier problème majeur rencontré est de faire travailler tous les acteurs de la chaîne de production ensemble, surtout lorsqu'il s'agit d'équipes spécialisées et distinctes. L'agilité répond à cette difficulté par une équipe pluridisciplinaire ayant la capacité de prendre une demande cliente et de l'emmener jusqu'en production de manière autonome. Il n'est pas toujours possible de construire une telle équipe. Elle se résume souvent à l'équipe de réalisation. Les délais de réalisation s'améliorent, mais les temps d'attente, en amont et en aval de la réalisation, diluent cette amélioration. Malgré les efforts de l'équipe, les délais perçus par les utilisateurs et les clients ne changent pas de manière significative.

4. OPTIMISER GLOBALEMENT PLUTÔT QUE LOCALEMENT

La deuxième difficulté rencontrée est d'arriver à améliorer la performance globale plutôt que localement l'efficience de chaque équipe. Les équipes spécialisées sont souvent rattachées à différents services, avec chacun ses propres objectifs de productivité ou d'efficacité, ses propres priorités et contraintes. Chaque équipe optimise son travail en conséquence, souvent dans une logique d'économie d'échelle, en travaillant par lots. Ce choix permet d'augmenter l'efficacité des individus ou des équipes avec le secret espoir que si chacun travaille le plus efficacement possible, alors le système sera globalement plus efficace. C'est vrai du point de vue des charges, ce ne l'est plus lorsque l'on souhaite améliorer les délais. L'efficacité individuelle et celle du flux de création de valeur n'ont pas les mêmes optimums.

La première, en travaillant par lot, crée des files d'attente entre les équipes, ce qui augmente le délai. La seconde peut nous amener à faire le choix d'être personnellement moins efficace temporairement : un métier peut aller aider les testeurs, par exemple, pour faire mieux avancer le projet. Un flux de valeur est à l'image d'une course de relais où le témoin est la demande elle-même et où l'important n'est pas le chrono individuel, mais le chrono total. Dans un relais, le passage de témoin entre coureurs est souvent le moment clef pour la réussite de la course. Plutôt que de forcer tout le monde à travailler de la même manière, nous allons chercher à travailler ensemble, au même rythme, chacun à sa manière, avec son propre processus correspondant à son activité.

Pour réduire les délais, il nous faut être meilleurs ensemble, et non meilleurs individuellement ou localement. C'est un enjeu car ce changement de point de vue n'est pas toujours compris et accepté par les individus et les managers.

5. SIMPLIFIER LA COMPLEXITÉ

Notre expérience nous apprend que la complexité est une barrière à l'adoption de l'agilité, qu'il s'agisse de la complexité du projet lui-même, de son écosystème ou de l'organisation qui porte le projet. Cette complexité est mal appréhendée par les équipes. C'est une vraie difficulté si nous cherchons à optimiser globalement le système. L'enjeu est de prendre en compte cette complexité en concevant des systèmes kanban simples par une approche empirique. Notre environnement étant complexe et incertain, ces systèmes doivent être robustes et pouvoir s'adapter aux changements et réagir aux événements.

6. S'ADRESSER AU SYSTÈME

Résultat : une demande reste en moyenne énormément plus de son temps en attente dans la chaîne de production qu'elle n'est réellement transformée en une solution. Les délais, non la charge, sont plus influencés par des facteurs environnementaux que par la productivité des équipes. Cette attente existe au sein d'une activité, car chaque demande fait partie d'un lot de demandes et attend son tour pour être transformée. Elle existe également entre deux activités, en attendant que l'activité suivante ait la capacité de traiter une nouvelle demande.

Pour diminuer les délais, le point de vue du kanban est alors de s'adresser au système : c'est-à-dire aux processus, aux interactions et aux règles qui régissent le flux de travail. Pour les équipes, cela se traduit par une approche boîte blanche de leur processus : montrer comment l'équipe travaille et en toute transparence !

Pour le management, cela demande de créer l'environnement pour permettre aux équipes de s'approprier le système et le faire évoluer par consensus.

7. PASSER À UNE APPROCHE EN FLUX

S'adresser au processus n'est pas suffisant pour maîtriser et diminuer les délais. Il faut s'intéresser également à la fluidité du travail et à l'avancement des demandes dans le processus. Cela consiste à prendre des décisions au quotidien pour faire avancer ou finir telle ou telle demande, en accord avec la stratégie générale et influencées par les opportunités que l'on rencontre. L'enjeu opérationnel est de développer la capacité des équipes à répondre localement à des événements non prévus, qui optimisent globalement le flux.

8. PASSER À UNE ORIENTATION SERVICE

Travailler ensemble de la manière la plus fluide possible dans une organisation complexe et morcelée nécessite d'avoir ou de reprendre confiance dans le travail des uns et des autres. La prédictibilité et la robustesse du système vont rapidement devenir un enjeu important pour y arriver. Bien que l'on s'intéresse au processus, l'ADN du kanban est orienté service avec une notion d'engagements de service entre équipes.

9. VERS PLUS DE COLLABORATION ET DE LEADERSHIP

Le kanban permet de développer au sein des équipes plus de collaboration et d'autonomie. Les rapports au sein des équipes et entre équipes évoluent au quotidien pour pouvoir prendre des décisions locales concernant le flux de travail. Les managers vont déléguer ces prises de décision aux équipes. Leur posture managériale va évoluer pour aller vers plus de leadership, c'est-à-dire inspirer, guider des groupes qui seront plus auto-organisés, plus impliqués, plus autonomes, mais ne plus micromanager, commander. Ils chercheront, dorénavant, plus à changer le système que les individus et à mettre en place le cadre qui permet cela.

10. UN CHANGEMENT EN DOUCEUR

Kanban propose une conduite douce pour accompagner ces changements qui peuvent être structurants pour une organisation. Il ne vient pas avec un processus clefs en main, ce qui serait perturbant, mais permet de faire évoluer de manière continue et empirique le processus existant. Cette approche va permettre de catalyser l'évolution d'une organisation autour de l'utilisation de systèmes kanban et de tableaux visuels. Ces outils simples et pragmatiques, liés aux équipes, réduisent les freins aux changements.

PARTIE 2

La boîte à outils Kanban

Cette deuxième partie a pour but d'expliquer comment s'organiser de façon plus avancée avec kanban, de définir de façon plus approfondie les éléments clefs d'un système kanban, sa boîte à outils essentiels. Au-delà de l'aspect disruptif du management visuel qui s'immisce soudain au sein des équipes, comment penser, comment organiser son système kanban ?

4 Parcourir les éléments du Kanban

Parcourons un peu schématiquement toutes les notions que nous avons abordées.

1. DÉFINIR LE VOCABULAIRE DU KANBAN

Quels sont les éléments clefs du vocabulaire Kanban tel que nous l'avons découvert ?

1.1 Carte kanban

À l'origine, la *carte kanban* est un signal visuel. Elle représente, physiquement ou virtuellement, un élément de travail. C'est ce que nous avons appelé aussi étiquette ou ticket.

1.2 Système kanban

Un *système* kanban s'appuie sur le processus de réalisation existant et est constitué d'un ensemble de cartes kanban en circulation. Il vise à fournir en continu de la valeur par un flux « tiré » de cartes kanban.

1.3 Limite kanban

Le nombre de cartes est limité dans un système, pour mettre en place le flux « tiré ». Cette *limite* kanban est définie pour chaque activité du processus.

1.4 Tableau kanban

Un *tableau* kanban est la visualisation d'un système kanban, qu'elle soit physique par du management visuel, ou virtuel avec des outils numériques. C'est à la fois la représentation du processus, de la photo du travail en cours et des limites, et plus généralement des règles qui régissent le flux de travail. Les tableaux ne sont pas nécessaires pour créer des systèmes kanban. Mais ils favorisent, grâce au management visuel, l'émergence de comportements collaboratifs au sein des équipes. Le tableau physique (et pas celui électronique) fournit un motif visuel qui interpelle aussi votre cerveau droit, voire reptilien, avec des signaux non verbalisés.

Alors ? Management visuel physique ou virtuel avec des outils électroniques ?

Il ne faut pas les opposer ni les comparer. Ils se complètent ; un peu comme un passionné de football qui joue sur un terrain et sur une console de jeux vidéo. Des plaisirs très différents même si on parle du même jeu. Physique ou électronique ? Les deux amènent des facilités et des dynamiques très différentes et toutes nécessaires. Répétons-le encore : les deux se complètent. Quand Johanna accompagne, on lui répond habituellement : « Oh là là, c'est long de maintenir les deux. » Mais c'est juste une fausse intuition. Combien de cartes kanban vont changer de colonne par jour... 5, 10, 20 ? Accordons-nous sur un extraordinaire 20. 20 cartes à bouger par jour. 5 minutes ? Doubler l'information dans l'outil. 5 minutes de plus. Le tout moins de 10 minutes par jour.

1.5 Cadre Kanban

Le *cadre Kanban* est une approche de conduite du changement qui utilise un système kanban et s'appuie sur une démarche d'amélioration continue. Le « Kanban » et « le cadre Kanban » ont le même sens dans cet ouvrage.

2. DÉFINIR LES MÉTRIQUES DU KANBAN

La cible d'un système kanban est d'équilibrer la demande à la capacité, autrement dit le flux entrant et le flux sortant. Le pilotage à la fois du flux et de l'amélioration du système se fait par rapport à cette capacité et non celle des individus. La capacité d'un système est constituée de plusieurs paramètres : le débit, le temps de traversée, la performance à la date d'échéance et la qualité. Nous les avons entraperçus dans cette appropriation par l'équipe qu'accompagne Johanna. À ce vocabulaire nous allons ainsi ajouter ces notions liées à la capacité d'un système kanban.

2.1 Le débit du système

Le débit du système est le nombre moyen d'éléments produits et finis par unité de temps. Cette unité est déterminée pour chaque projet. C'est typiquement une cadence de livraison d'une semaine ou d'un mois. C'est ce qui sort régulièrement de votre système, ce que vous amenez au bout. Dans bien des contextes, on réalise que l'on amène peu de choses au bout, et donc que l'on travaille beaucoup sans valeur, car celle-ci n'est exploitable que quand les choses sont vraiment finies.

2.2 Le temps de traversée

Le temps de traversée d'un élément est le temps moyen qu'un élément passe dans le processus de réalisation, de la demande cliente à la livraison. Il n'est pas étonnant de retrouver un tel paramètre compte tenu de l'importance du délai pour le kanban. On va pouvoir planifier si on connaît le nombre d'éléments que l'on sait traiter, et leur temps de traversée moyen. Pas la peine d'estimer pour cela, il suffira d'observer. Les estimations sont souvent fausses, les observations ne sont plus des hypothèses mais une réalité.

2.3 La performance à la date d'échéance

La performance à la date d'échéance (*due date performance* en anglais, ou DDP) représente le pourcentage d'éléments livrés à la date de sortie cible par rapport au nombre total d'éléments. C'est l'indice de confiance du système.

2.4 La qualité

On retrouvera des indicateurs plus classiques de qualité pour décrire la capacité du système : nombre d'anomalies, taux de retours... Ces indicateurs ne sont pas spécifiques au kanban mais contribuent à la qualité du flux de travail et influent sur les autres paramètres. Le délai étant un enjeu fort, il est important de rappeler qu'il ne faut pas faire de raccourcis de qualité sous prétexte d'aller plus vite !

La capacité d'un système va porter plus particulièrement sur l'un ou l'autre de ces indicateurs :

- ✓ le débit, pour des projets ayant un grand volume d'éléments à réaliser. Par exemple, pour une équipe qui réalise un produit, il sert à piloter le contenu d'une version par le nombre de fonctionnalités ;
- ✓ le temps de traversée, lorsque la priorité est le temps de mise sur le marché ou la réduction des risques au plus tôt. Cet indicateur est utilisé lorsque le flux de travail est plus important que la notion de version ;
- ✓ la DDP (*due date performance*) lorsqu'il y a des enjeux de contractualisation, des contraintes fortes sur les dates par exemple, ou qu'il est nécessaire de construire une relation de confiance avec des clients par la fiabilité du processus de réalisation.

3. LES QUATRE PRINCIPES DU KANBAN

Le cadre repose sur quatre principes fondateurs que nous avons découverts pas à pas avec l'équipe de Didier et l'accompagnement de Johanna. Rappelons-les de façon plus synthétique.

3.1 Commencer là où on en est

Le premier principe propose de commencer là où on en est, qu'il s'agisse du processus ou de sa mise en œuvre. Le cadre ne se suffit pas à lui-même et s'applique au processus existant. Trop de changements rapides provoque du stress et de la résistance. Ne pas changer l'existant au démarrage d'une démarche d'amélioration est moins perturbant pour les membres de l'équipe. En contrepartie, la démarche peut être moins porteuse d'innovation immédiate.

3.2 Respecter le processus actuel, les rôles et les responsabilités

Le deuxième principe permet de construire le changement dans le respect de l'organisation, notamment des rôles et responsabilités, et des personnes en tant qu'individus. S'ils ne changent pas initialement, ils vont naturellement évoluer après la mise en place d'un système kanban.

3.3 S'engager à changer de manière incrémentale et évolutive

Le point de vue du kanban est une évolution par petits pas plutôt qu'un changement radical, même si les deux peuvent être compatibles. Cette évolution va porter sur le système de manière incrémentale. À chaque étape de son évolution, le système kanban sera opérationnel : les équipes pourront transformer des demandes en solutions utilisables par des utilisateurs.

L'objectif est de développer une culture de l'amélioration continue et d'expérimentation, avec le droit à l'erreur. Kanban fait évoluer un existant : on n'évolue pas vers du kanban mais avec le kanban.

3.4 Avec des actes de leadership à tous les niveaux

Cette évolution du système va être menée par des actes de leadership ! Pour engager l'organisation, le management et les équipes dans cette transformation, il faut encourager des actes de leadership à tous les niveaux, au travers de contributions individuelles ou collectives.

Ces contributions peuvent aller du simple mode de visualisation du travail défini par l'équipe, à une nouvelle règle de priorisation stratégique définie par un décideur ; ou encore, de la part des managers, aller voir sur le terrain et engager des discussions avec l'équipe autour de leur management visuel. Cette notion de leadership est développée plus tard dans cet ouvrage.

4. UN RYTHME SOUTENABLE POUR L'ÉVOLUTION

Il ne faut pas s'attendre à un changement radical avec le kanban, plutôt à des changements s'inscrivant dans le temps. Les règles qui définissent un système kanban vont évoluer, les pratiques utilisées par l'équipe vont s'agrandir, les comportements vont émerger. Les fondations du kanban assurent un rythme soutenable aux personnes impliquées dans cette démarche. Même si le début du management visuel peut générer rapidement des épiphanies.

5. CE QUE N'EST PAS LE KANBAN

Le kanban ne consiste pas, de la part du management, à imposer le kanban aux équipes. Ce sont aux équipes qui vont concevoir le système puis le mettre en œuvre de se l'approprier. La démarche se fait avec les équipes qui vont utiliser cette approche ; elles peuvent être aidées, mais on ne doit pas se substituer à elles.

6. LES SIX PRATIQUES DU KANBAN

Nous avons vu, au travers des premières pages, les principes fondateurs du kanban qui cadrent l'approche évolutive du changement. Nous avons aussi commencé à observer les six pratiques qui constituent le cœur de cette approche. Ces pratiques ont été relevées au cours du temps dans les implémentations réussies du cadre kanban. Elles constituent le noyau des pratiques kanban.

6.1 Visualiser

C'est une pratique simple qui consiste à visualiser le flux de travail et le processus, c'est-à-dire le tableau et les cartes kanban. Elle fait prendre conscience à l'équipe du travail qu'elle a à réaliser et la manière dont elle le réalise. Le management visuel renforce cette prise de conscience collective. Les outils électroniques ne savent pas encore bien répondre à cet enjeu clef et ne savent pas amener ce bénéfice.

6.2 Limiter le travail en cours

Techniquement, le changement s'opère en passant d'un système de réalisation poussé vers un système en flux tiré grâce aux limites posées sur le travail en cours[1]. Le nombre d'éléments de travail pour chaque activité du processus est limité à la capacité des équipes. Ces limites doivent être équilibrées le long du processus de réalisation afin de lisser le flux de travail. On ne va pas plus vite, on va mieux et on réduit les délais. On délivre, donc, plus vite (mais on ne travaille pas plus ou on ne va pas plus vite intrinsèquement).

6.3 Gérer et mesurer le flux de travail

Dans une approche en flux, il faut savoir gérer le mouvement des éléments tout au long des activités, malgré leurs différences de nature ou de priorité, les contraintes de date pour les uns et d'urgence pour les autres. Le pilotage ne se fait ni par le périmètre ni par le temps, mais avec les indicateurs de capacité du système.

1. *Work in process, work in progress*, ou WIP, en anglais.

6.4 Rendre explicites les règles de gestion des processus

Le processus est régi par un ensemble de règles et de caractéristiques. La valeur des limites kanban fait partie de cet ensemble. Cette pratique consiste à rendre explicites ces règles. Cela contribue à avoir une compréhension partagée du travail, des problèmes à résoudre et des points à améliorer par l'équipe. S'il n'y a pas assez de règles, de contraintes, on perd en prédictibilité, s'il y en a trop on perd en engagement, on étouffe le travail. Le curseur ne cesse de bouger à l'image du monde qui nous entoure. L'adaptation et l'amélioration continue sont donc clef.

6.5 Implémenter des boucles de feedback

Il n'existe pas d'approche empirique robuste sans boucle de feedback permettant de s'évaluer et s'adapter. Le kanban n'échappe pas à cette règle. Nous allons mettre en place ces retours au niveau du processus et de l'organisation. Ce sont les revues opérationnelles, les revues de capacité et les réunions quotidiennes.

6.6 S'améliorer de manière collaborative

■ ... en utilisant des modèles et une méthode scientifique

Les blocages du système apportés par les limites stimulent les discussions entre les membres de l'équipe. C'est le point de départ de la démarche d'amélioration. Kanban n'est pas un modèle d'amélioration en soi ; c'est un catalyseur qui s'appuie sur des modèles externes pour identifier et évaluer les améliorations à apporter au système : théorie des contraintes, Lean, théorie des files d'attente ou maîtrise statistique des processus. Ces modèles et leur utilisation dans le contexte kanban sont décrits dans les chapitres ultérieurs.

Un partage de ces modèles avec l'équipe facilite le consensus sur le choix des actions d'amélioration à mener.

5 Définir le cadre du système kanban

« Qu'est-ce qui s'est finalement constitué semaine après semaine sur ce mur ? »[1] se demandent, perplexes, Philippe et Nicole. La réponse est un système kanban, un système qui transpose des concepts de flux tiré en une réalité opérationnelle. On a su au fil de l'eau modéliser les activités, les flux de valeur, et ainsi on a pu travailler dessus, s'améliorer.

A posteriori qu'est-ce qui a guidé Johanna dans son accompagnement ? Elle a aidé Didier et ses équipes à définir le cadre du système : *sa portée et ses objectifs*. Où est-ce qu'il commence, où est-ce qu'il finit ? À quoi sert-il, quelle est sa raison d'être.

Elle a poussé l'équipe à se baser sur une *représentation visuelle*, du *management visuel* (tableau et cartes kanban).

Auprès de l'équipe, elle s'est assurée que la représentation visuelle « modélisait » bien la réalité, et que les *caractéristiques des processus* et de ses éléments étaient bien représentées. On s'est donc interrogé sur les processus, sur ses éléments constitutifs. Est-ce les bons ? Ont-ils la bonne taille ?

Enfin elle a pu proposer ou expliquer comment intégrer des notions de *flux tiré* et de *juste à temps* simplement par des limites sur les activités.

Plongeons ensemble dans ces notions.

1. LA PORTÉE DU SYSTÈME KANBAN

La portée cible idéale d'un système kanban est l'ensemble du processus, du tout début à la toute fin. On ne cessera pas de rappeler qu'il faut voir le tout. Que tout est lié (« que tout est connecté » comme le rappelle souvent Dirk Gently[2]). Cette cible est cependant rarement réaliste au démarrage d'une démarche kanban. Le système kanban initial commence et s'arrête là où les équipes peuvent être propriétaires du processus à modéliser. C'est la portée du système. Pour l'équipe de Didier, cela s'est bâti intuitivement autour de la sphère d'activité de celle-ci.

Cette limitation n'est pas un mal en soi, surtout au début, elle permet une autorisation implicite de prendre en main son système kanban. Le management

1. Voir le précédent chapitre.
2. Série télévisée *Dirk Gently* basée sur les romans de Douglas Adams.

doit signifier clairement que l'équipe devient un acteur fort, idéalement le propriétaire de son système kanban. Les individus, généralement, ne pensent pas avoir ce pouvoir de changer les règles. C'est nécessaire pour que l'équipe s'approprie son système kanban et le fasse évoluer. Un sentiment de contrôle de son outil de travail (autonomie, responsabilité) est un élément clef de l'implication des personnes. La clarification des règles est une nécessité pour permettre cette appropriation.

2. INTERFACES D'ENTRÉE ET DE SORTIE

Dans l'exemple de LaNouvelleOrganisation et de l'équipe RH de Didier, les interfaces d'entrée et de sortie sont apparues naturellement. L'entrée c'est quand l'équipe peut prendre en main les demandes concernant son périmètre d'action, et la sortie quand l'équipe les estime finies. Mais on pourrait très bien aller bien plus en aval par le coaching et le suivi des RH des personnes (mais il a été décidé que le kanban se limitait au recrutement), ou même en amont on aurait pu intégrer des éléments ou des cartes kanban relatives à des réflexions ou des actions qui vont conditionner les expérimentations sur le recrutement par exemple.

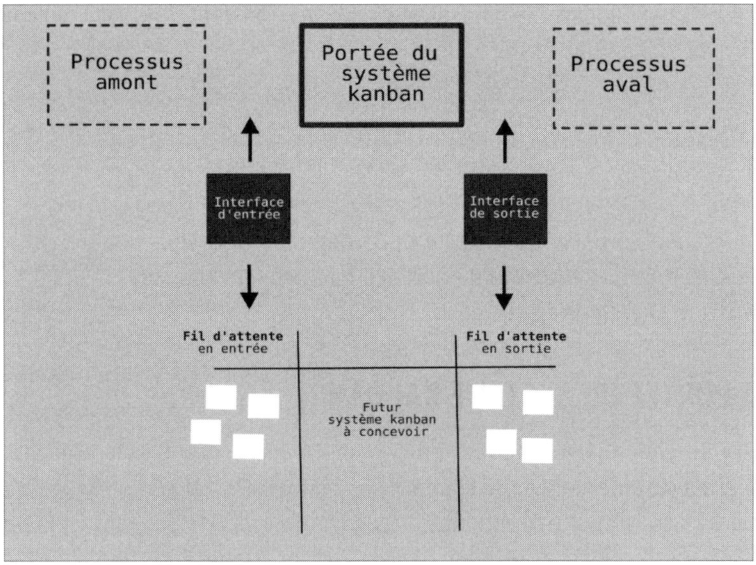

Figure 5.1 – Les interfaces du système kanban.

Question de vocabulaire

Ces colonnes d'entrée sont quelquefois appelées (plus particulièrement dans les outils numériques kanban) *inbox* en référence aux boîtes e-mail, ou *backlog* en référence à *Scrum* (une approche agile), et la colonne de sortie *outbox*. Nous aimons bien les appeler « déversoirs » même si c'est moins poétique : dans l'idée qu'ils ne doivent pas être freinés ni contraints, c'est l'entrée et la sortie des systèmes kanban.

3. LES OBJECTIFS DU SYSTÈME KANBAN

Entamer une démarche d'amélioration continue n'est pas anodin pour une équipe et une organisation. Il faut se définir un objectif d'amélioration pour lui donner un sens et lancer la dynamique. En l'absence de sens, difficile d'engager les gens. Avec du sens, de nombreuses décisions couleront beaucoup plus de sources. Avec du sens, en travaillant pour quelque chose qui nous dépasse, l'implication sera meilleure, et ainsi l'auto-organisation, et ainsi les résultats.

L'objectif « technique », « opérationnel », général d'un système kanban a été défini au premier chapitre : équilibrer la demande à la capacité (pour servir le sens de son action).

Les objectifs spécifiques que le système cherche à atteindre devraient maintenant être explicités. L'analyse des sources d'insatisfactions internes ou externes permet d'identifier ces objectifs. Typiquement, les insatisfactions concernent des problèmes :

- ✓ d'incertitude sur le planning ou les délais : « Quand est-ce que j'aurai cela ? » ;
- ✓ des tâches non prévues qui perturbent le travail et les engagements pris : « Comment gère-t-on les inattendus ? » ;
- ✓ une mauvaise priorisation du travail ou pas de priorisation du tout : « Par quoi faut-il commencer ? Et pourquoi ? » ;
- ✓ des séances de planification trop longues, etc. : « Pourquoi ces phases durent si longtemps ? ».

Cette analyse donne des objectifs d'amélioration opérationnels auxquels le nouveau système en flux doit répondre, typiquement :

- ✓ réduire le multitâche ou le travail en cours (pour faire avancer significativement ce qui est en cours) ;
- ✓ définir une meilleure priorité du travail (pour générer plus de valeur) ;
- ✓ mieux collaborer entre les équipes, supprimer les silos entre départements (pour réduire les délais, engager plus les équipes en leur permettant de plus s'auto-organiser).

On peut démarrer par du management visuel, une clarification des processus et des éléments, puis laisser les rétrospectives, ces espaces de réflexions sur l'amélioration, apporter du sens, des objectifs qui émergeront de l'observation et de l'utilisation, désormais différente avec kanban, du quotidien.

Didier et son équipe ont rendu visuel leur flux de création de valeur, puis ils ont clarifié leurs processus. En voyant les choses sur le mur, ce qui se déroulait est devenu plus clair, ainsi ils se sont alignés, ils ont harmonisé leur compréhension. Enfin, au travers de rétrospectives, ils ont adapté et amélioré peu à peu leur quotidien.

6 Définir les éléments de travail

Au moment de la réalisation de ce premier système kanban, Johanna a simplement demandé aux membres de l'équipe de mettre sur des cartes leurs activités de valeur sans mettre de contraintes. Entretien de recrutement, préparation d'événement de coaching, rédaction d'un article pour le site web, etc. Dans d'autres équipes, cela sera d'autres choses. Dans un processus, il y a de nombreux types d'éléments différents à gérer.

L'émergence naturelle proposée par Johanna est très efficace, mais probablement une réflexion plus avancée aura lieu dans un second temps pour mieux catégoriser et gérer ces différents types d'éléments. Mais pour commencer, inutile de trop réfléchir, au contraire, placez simplement au mur, au tableau, vos activités.

1. CATÉGORISER LES TYPES D'ÉLÉMENTS DE TRAVAIL

Dans un système kanban plus avancé, cela (suggestion) consiste à recueillir des données historiques sur le nombre, la fréquence, la saisonnalité, la granularité, la taille et la variation des éléments de travail qui ont été effectivement réalisés pour chaque type. Combien de « demandes » est-ce que je traite réellement ? Et finalement combien par mois ? Est-ce qu'il y a des pics d'activités explicables ? Est-ce que ces demandes « surprises » sont finalement régulières ? Quelle part prennent-elles dans le travail ?, etc.

Ces informations sont utilisées pour définir les règles du système kanban pour chaque type afin de concevoir un système robuste.

Un entretien de recrutement n'est pas traité de la même façon que la préparation d'une charte de bonne conduite pour l'équipe de Didier. Les délais de réalisation changent, la réactivité demandée est différente, le nombre de personnes qui travailleront sur l'activité est aussi probablement différent, le processus même change.

Mais la simple observation de ce qui a émergé de cette première représentation visuelle amène déjà habituellement de nombreuses réponses sur les éléments du système kanban.

2. DÉFINIR L'ÉLÉMENT DE TRAVAIL

Après avoir identifié les types, il faudra définir ce qu'un élément de travail représente. C'est un challenge de base lors d'un passage au kanban. Le point clef est de trouver un vecteur de communication qui transite bien d'activité en activité, et qui ait un sens pour chaque acteur. On se posera les questions suivantes :

- ✓ Est-ce que les éléments favorisent la communication entre les équipes ?
- ✓ Est-ce que les équipes, même spécialisées, vont parler un langage commun lors de la réunion quotidienne ?
- ✓ Est-ce que chacun peut apporter de la valeur ajoutée aux éléments ?

Rappelez-vous toujours cette citation d'Albert Einstein : « Si vous ne savez pas raconter à un enfant de huit ans ce que vous faites, c'est que vous ne savez pas ce que vous faites. »

3. DÉFINIR LA BONNE GRANULARITÉ DE L'ÉLÉMENT DE TRAVAIL

Réalisation de demandes, dossiers, entretiens, recherches, projets… quelle est la bonne granularité du travail qui va traverser le système ?

Se poser cette question, c'est se demander à quel niveau d'abstraction nous positionnons le système kanban. Dès que l'organisation atteint une certaine taille, assez rapidement, le flux peut être décrit et matérialisé à plusieurs niveaux de profondeur. À chaque niveau correspond une granularité adaptée des éléments de travail. On aura ainsi probablement plusieurs systèmes kanban imbriqués : un par exemple qui propose l'intégralité du travail par grands ensembles de chacun des départements de la société, puis un par département, puis potentiellement un par équipe. Pour chacun de ces systèmes kanban la granularité de l'élément change.

On croit aussi que l'on doit rechercher une granularité identique pour tous les éléments. C'est faux. N'oubliez pas : on commence comme on est. On modélise la réalité. Commencez comme vous êtes. Vous saurez bien ensuite si vous devez ramener ou pas les éléments à une granularité à peu près équivalente.

4. KANBAN PORTFOLIO

Pour la *gestion de portefeuille de produits*, de *gestion de programme*, ou de *gestion d'affaires*, la granularité est souvent celle de fonctionnalités ou d'activités qui sont assez grosses pour faire sens par elles-mêmes, mais assez petites pour être traitées assez rapidement. C'est tout le sens de ces MVP (*minimal viable product/produit viable minimum*) ou MMF (*minimal marketable feature*) que l'on retrouve dans les approches agiles (*Lean Startup*) et la réalisation de produits.

Il s'agit de produire quelque chose qui amène de la valeur et assez complet pour être confronté au marché, proposé à vos clients.

Cela amène une brique assez significative dans votre système, mais ces briques, fonctionnalités, activités ont su rester assez « frugales », assez réduites à l'essentiel pour se réaliser assez rapidement et garder une dynamique, offrir une bonne réactivité vis-à-vis du marché. Ce que par ailleurs certains expriment en disant : « Maximiser la valeur, minimiser le travail. »[1]

Le système kanban qui a émergé du travail de l'équipe de Didier n'est pas un kanban portfolio : un kanban portfolio serait plutôt une représentation visuelle des réalisations (donc en agrégeant des éléments de système kanban avec sens) de plusieurs équipes comme celle de Didier. Peut-être un kanban portfolio représentant le flux global de l'organisation incluant des éléments de l'équipe « RH », de l'équipe « Commerce », de l'équipe « Réalisation terrain », etc.

5. KANBAN PRODUIT

Au niveau *gestion d'une ligne produit*, ou d'une chaîne de valeur, la granularité est celle des fonctionnalités, des usages... La portée du processus est, comme au niveau portfolio, de la demande à l'utilisation. Le processus est spécifique à une ligne de produits, là où le portfolio sera plus générique pour pouvoir traiter différentes lignes de produits.

À ce niveau d'implémentation, on cherche à optimiser les interactions inter-équipes car sont sous-entendus le produit et son agrégation.

6. KANBAN ÉQUIPE

Le niveau suivant est celui de l'équipe de Didier. C'est le kanban appliqué à une unité organisationnelle, équipe ou service. Loin de la cible produit, nous sommes dans la gestion de l'équipe et du micromanagement. Pour s'organiser, les équipes visualisent leurs tâches dans le tableau kanban, bien qu'une tâche n'apporte pas de valeur à un utilisateur indépendamment d'une autre tâche.

Il existe deux types d'implémentations à ce niveau :

- ✓ le premier niveau est celui d'un kanban dont le flux de travail entrant n'est pas régulé (par des limites kanban). Il y a peu de changement à attendre si ce n'est une meilleure organisation de l'équipe grâce au management visuel et aux règles explicites. Ce niveau permet d'aller vers plus d'auto-organisation de l'équipe. Cependant, les entrants n'étant pas régulés, l'équipe doit gérer beaucoup de demandes prioritaires ou urgentes nécessitant des priorisations fréquentes ;

1. Jeff Patton, *User Story Mapping*, O'Reilly, 2014. Version française : Le *story mapping : visualisez vos user stories pour développer le bon produit*, Dunod, 2015.

- ✓ pour le deuxième niveau, le flux entrant est régulé dans une file d'attente qui permet d'équilibrer localement la demande à la capacité de l'équipe.

Une des forces principales de ce système kanban est de vraiment pouvoir organiser la capacité par rapport à la valeur créée. En s'adressant à une équipe, à une capacité et en modélisant son flux de création de valeur, on a tous les éléments en main pour l'organiser. Avec les systèmes kanban produit ou portfolio on a des jeux de dépendances, on n'a pas nécessairement la main sur l'intégralité de la capacité. Par exemple, peut-être que l'équipe ne travaille qu'en partie sur le produit, on ne comprend pas alors certains ralentissements ou accélérations. Les décisions, la visibilité sont un peu contrariées. Avec un système kanban équipe, on part de la capacité pour observer ce que l'on en fait.

7. KANBAN PERSONNEL

Enfin, le kanban personnel permet à tout un chacun d'organiser ses tâches. Le kanban personnel est cité à titre indicatif et ne fait pas partie de la cible de cet ouvrage. Il se focalise principalement sur la visualisation et la limitation du travail en cours.

8. TOUS CES SYSTÈMES KANBAN PEUVENT COEXISTER

Ces différentes granularités peuvent être gérées par plusieurs systèmes kanban existant en parallèle à des niveaux de profondeur différents. Cela permet de gérer des éléments dont les tailles sont de magnitudes différentes, par exemple :

- ✓ de quelques semaines à quelques mois sur un tableau kanban portfolio ;
- ✓ de quelques jours à quelques semaines pour vos fonctionnalités ou *histoires* (*stories* de *Scrum*) ;
- ✓ de quelques heures à quelques jours pour les tâches sur un tableau kanban équipe ou personnel.
- ✓ ou par exemple, un système kanban focalisé *produit* et un autre focalisé *équipe* pour un même périmètre.

Exemple

Peter, organisateur de concerts, possède un « kanban portfolio » pour gérer tous les concerts des tournées de ses musiciens. Pour chaque concert dans les trente jours glissants, il possède un « kanban produit » pour suivre la préparation et la réalisation des concerts. Mais il a aussi un « kanban équipe » pour les trois jours clefs de ses plus gros événements (installation, concert, désinstallation). Enfin un « kanban personnel » lui permet de suivre ses tâches personnelles plus orientées business. Ce mec est complètement fou de kanban.

9. DÉFINIR LA BONNE TAILLE DE L'ÉLÉMENT DE TRAVAIL

Nous souhaitons mettre en place un flux de travail. Les éléments constituant ce flux doivent être suffisamment petits pour que, tous les jours, il y ait des mouvements d'éléments, mais pas trop petits ni rapides non plus : l'idée n'est pas de passer la journée à bouger des étiquettes/cartes (là encore ce n'est pas l'intellect qui vous donne la réponse, mais l'émotionnel ou le corps : on bouge, ce que l'on fait ou voit nous interpelle sans encore avoir même pu le conceptualiser). Ils ne doivent pas non plus pour autant être trop gros, au risque d'avoir des problèmes de dépendances, ou une frustration liée à l'immobilité des cartes (frustration positive qui poussera à s'interroger sur cette taille justement).

Le cadre kanban ne précise rien au sujet de la taille des éléments. Nous nous intéressons plus à trouver la bonne granularité pour avoir un flux régulier, et avoir des éléments de tailles similaires par niveau de granularité.

La taille des éléments doit ainsi répondre à trois besoins :

- ✓ *lisser la demande* : la taille doit être suffisamment petite pour répondre aux différentes demandes de changement et de feedback sur ce qui est produit. Permettre de pouvoir réagir, s'adapter. Assez d'éléments et des éléments assez petits pour délivrer quelque chose assez régulièrement pour apprendre et bénéficier de votre travail (c'est aussi pour vous une question de gestion de risques, de sortir de l'hypothèse) : délivrer quelque chose de fini pour apprendre, savoir, bénéficier, l'adapter ;
- ✓ *avoir un débit suffisant* : un débit d'une dizaine de cartes a minima par semaine pour une équipe de quelques personnes permet d'avoir une répartition fluide du travail ; avoir un sentiment de progrès est indispensable à la bonne implication ;
- ✓ *fonctionner avec du management visuel* : le tableau kanban doit bien vivre à la fréquence de mise à jour de celui-ci, généralement quotidienne.

10. CAS AUX LIMITES DES TAILLES D'ÉLÉMENTS

10.1 Les éléments sont trop grands

Ils restent longtemps dans chaque activité, de quelques jours à quelques semaines, et bloquent rapidement les limites des colonnes. Les membres de l'équipe se retrouvent en attente de travail et le temps de traversée des éléments augmente. Cela devient un problème visible pour la performance et pour l'équipe. En se disciplinant sur les limites kanban, l'équipe diminue d'elle-même la taille de ces éléments. Normalement cela vous fatigue, vous frustre, de voir une étiquette qui n'avance pas : cela gratte (encore autre chose que du cérébral)…

Plusieurs options : vous apprenez à la découper en plusieurs petits morceaux qui font sens et dont certains pourront avancer plus facilement (savoir découper sans générer trop de dépendances) ; vous travaillez sur moins d'éléments pour pouvoir en faire avancer ; enfin vous supprimez le système kanban qui met trop en évidence les failles de l'organisation et vous espérez que sous le tapis la poussière va disparaître, malheureusement ce n'est jamais le cas.

Pour Didier et son équipe, nous pourrions imaginer que « campagne marketing recrutement école 2018 » est trop grand, n'avance pas, et pourtant plein de choses sont réalisées. C'est incompréhensible et frustrant. Suite à un point équipe on décide de le scinder en plusieurs éléments, par exemple : contacts écoles, réalisation flyers, etc. Tout devient plus clair, engageant, et plus flexible si une adaptation est nécessaire.

10.2 Les éléments sont trop petits

Plus un élément est petit, plus la fluidité du système augmente. Mais diminuer la taille des éléments tout en gardant une bonne qualité et un coût maîtrisé demande une certaine maturité. Le découpage ne doit pas engendrer un couplage fort entre les éléments. Si chaque élément a en fait besoin de la présence d'un ou plusieurs autres pour être vraiment porteur de sens, alors votre découpage est une illusion ou un mensonge. Les adhérences artificielles risquant d'être créées ont un impact négatif sur le flux de travail.

Il ne faut pas chercher à réduire la taille des éléments trop rapidement. Si les éléments sont trop petits ou trop nombreux, la question du management visuel (et du coup physique) se pose rapidement. Il est difficile de suivre au tableau des tâches de moins de deux heures. Le seuil pour passer à du management visuel est défini par l'équipe.

Pour les équipes de Didier, on imagine que cela deviendrait très vite fastidieux de placer sur le système kanban une étiquette pour tous les coups de téléphone de *sourcing* (trouver des candidats pour des recrutements).

7 Définir le flux de valeur, de travail

Une fois définis les éléments de travail, nous allons les suivre tout au long de la chaîne de réalisation pour identifier le flux de travail et modéliser le système, entre activités et files d'attente.

1. MODÉLISER LE FLUX DE CRÉATION DE VALEUR, DE TRAVAIL

Si on voulait parler de façon aride à la façon d'une norme ISO, on décrirait le processus comme « un ensemble d'activités corrélées ou interactives, qui transforme des éléments d'entrée en éléments de sortie ». Mais on préfère plutôt parler de création de valeur, d'apprendre, de sortir des hypothèses, de maximiser la valeur, minimiser l'effort, donner du sens.

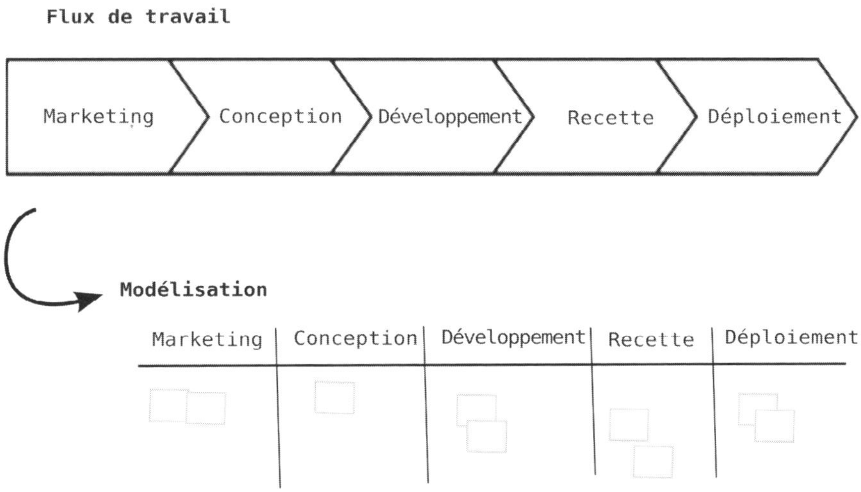

Figure 7.1 – Passer du flux de travail à sa modélisation.

Ce que nous appelons *flux de travail* est la séquence des activités dominantes du processus. Il représente plus les changements d'activité ou d'état dans le travail que les personnes qui le réalisent. Le flux est modélisé simplement par un tableau ayant pour colonnes (ou lignes) les activités identifiées.

Les flux peuvent être différents les uns des autres au sein d'un même domaine, encore plus quand les domaines ne sont pas les mêmes. Un *helpdesk* et le *marketing* n'ont pas les mêmes activités. D'un service marketing à un autre également, il n'existe surtout pas de processus universel.

Le flux est donc à construire en cartographiant le processus existant, avec différents outils (boîte noire, logigramme, cartographie du flux de valeur, ou *value stream mapping*, etc.), ou juste avec votre bon sens et votre sens de l'observation. Mais laissez-vous surprendre et allez interroger candidement tous les acteurs de la chaîne. L'objectif est de représenter le processus terrain (le seul vrai, c'est la différence entre la carte et le territoire).

C'est une photo à un instant donné de la réalité du travail, avec ses forces et ses dysfonctionnements. Le kanban reflète la manière dont l'équipe travaille de manière factuelle. Les conversations, les améliorations, les réflexions, les ressentis, n'auront de sens et de validité que si le système kanban modélise la réalité, s'il se base sur quelque chose de réel. Pas ce que les gens aimeraient avoir, mais ce qui est. Et si le système kanban évolue, cette évolution doit se répercuter dans la réalité.

On ne cherche pas à reproduire le processus théorique décrit dans le référentiel ou l'imaginaire de l'organisation, que l'équipe ne suit pas, ou ne connaît pas. Si c'est le cas, il y a de fortes chances que l'équipe ne s'approprie pas l'outil qu'elle est en train de concevoir.

2. PROCESSUS GÉNÉRIQUE *VS* PROCESSUS SPÉCIFIQUE

Le processus ainsi conçu est spécifique au projet et à l'équipe. Ce n'est pas un processus générique tel qu'il est décrit par une méthode ou une autre, il est le reflet de la réalité terrain.

Kanban est agnostique. C'est un élément important de sa capacité à bien promouvoir un réel changement.

3. CAS DES PROCESSUS TROP COMPLIQUÉS

Eh bien c'est qu'il est trop compliqué. Vous le réalisez peut-être juste. Mais c'est déjà énorme comme bénéfice. Comment appliquer quelque chose que l'on ne comprend pas ou que l'on ne maîtrise pas ? Jusqu'à maintenant vous vivez donc dans l'illusion qu'un processus s'applique, soit applicable.

Il arrive que la description du processus soit trop compliquée. Il a, dans ce cas, de grandes chances de n'être ni maîtrisé ni même compris par l'équipe. Il est alors recommandé de simplifier le processus, prérequis pour que l'équipe puisse l'améliorer.

C'est un même signal très important : si on ne peut pas représenter visuellement le processus, comment imaginer l'appliquer ?

Et pourquoi ne pas commencer par un processus générique dans ce cas ? C'est envisageable comme point de départ pour permettre de visualiser le processus spécifique au fur et à mesure que l'équipe comprend son système.

Lors des ateliers de conception du système kanban, les gens cherchent souvent à concevoir un système qui marche pour 100 % des cas. Cela conduit l'équipe à construire une usine à gaz pour savoir gérer une poignée de cas marginaux. Notre conseil est de commencer par une première version en ne prenant en compte que les cas simples, voire qu'une partie du flux de demandes, qui marche pour 80 % des cas.

Après avoir suffisamment mis en œuvre cette première version, il sera alors temps de la faire évoluer, pour prendre en compte plus de cas spécifiques ou plus de nouveaux flux de demandes. Cela ne conduit pas à une usine à gaz mais revient souvent à simplifier les cas compliqués pour qu'ils puissent entrer dans le système.

4. FILE D'ATTENTE

Les activités seules ne suffisent pas. Des files d'attente doivent également être modélisées dans le système kanban pour reproduire plus fidèlement la manière dont le flux de travail s'écoule. On cherche souvent à aller plus vite, mais c'est souvent ces temps d'attente, ces « zones dortoirs », ces « parkings », qui impactent les délais, pas la productivité des équipes. Aller plus vite, c'est souvent ne pas aller plus vite mais moins attendre.

Une file d'attente, c'est ce moment entre deux activités bien définies, ce moment d'attente, cet espace d'attente entre l'instant où on a fini une activité et la suivante qui n'a pas encore commencé, soit parce que vous n'êtes pas prêt, soit parce qu'il faut réfléchir avant d'aller plus loin.

Après avoir modélisé les activités, nous ajoutons au tableau des files d'attente partout où cela semble nécessaire (figure 7.2).

Certaines files d'attente représentent des décisions non immédiatement disponibles (provenant d'experts par exemple) ou des activités ayant une cadence cyclique (comme une séance d'arbitrage, de planification ou de validation), comme les deux files d'attente placées aux interfaces d'entrée et de sortie du système kanban.

Ce sont des temps d'attente officialisés en quelque sorte, des étapes rendues visibles. On a besoin d'une décision d'un groupe particulier. C'est ce que l'équipe de Didier a réalisé en proposant une colonne « Sélection », cette sélection est opérée tous les lundis par exemple.

D'autres files d'attente correspondent à des moments d'attente parce qu'on n'est pas encore prêt pour la suite. C'est souvent une autre personne ou une autre équipe qui reprend la suite. Mais il n'y a pas de décision, de réflexion particulière à avoir avant de reprendre.

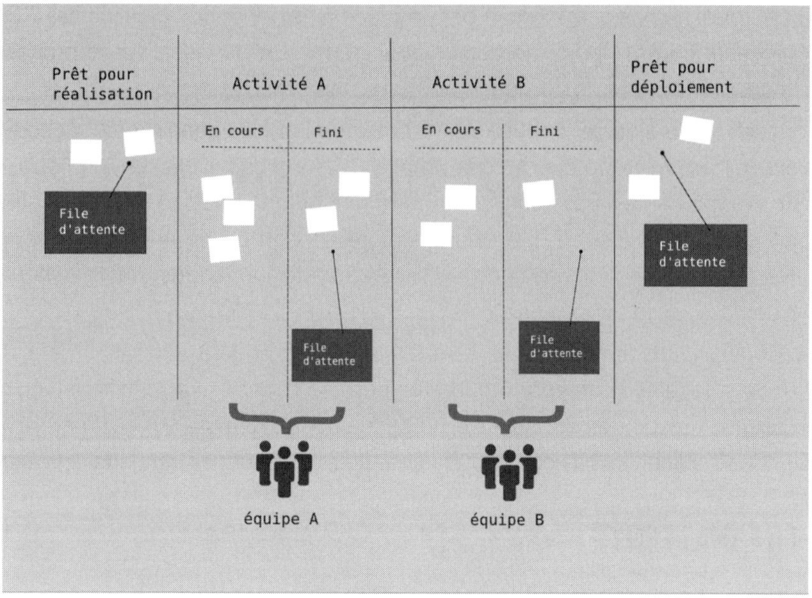

Figure 7.2 – Files d'attente.

Une telle file d'attente sépare les équipes spécialisées et leur permet de travailler de manière asynchrone. Généralement, ce type de colonne est labellisé « Fini » ou « Fait ». Elle contient des tâches prêtes à être tirées par l'équipe avale.

Les files d'attente montrent les éléments qui pourraient justement ne pas attendre si les gens qui travaillent sur la colonne pouvaient s'en emparer.

Pour l'équipe de Didier, cela pourrait être des sous-colonnes dans les colonnes « entretien 1 », « entretien 2 » et « entretien 3 », indiquant par là que dès que l'« entretien 1 » est fini, quelqu'un peut s'emparer de l'étiquette pour réaliser l'« entretien 2 ».

8 Définir les règles du système kanban

Le flux de travail étant défini, nous allons identifier les règles qui régulent le système kanban. C'est-à-dire le mouvement des éléments qui composent le flux.

Un incident de production, un entretien, une fonctionnalité à produire, une anomalie ou une tâche technique, ces éléments de travail n'ont pas tous la même valeur métier ni le même risque. Ils ne vont pas être régulés de la même manière une fois entrés dans le système kanban. Reste à définir ces règles de manière explicite, une des six pratiques du cadre kanban.

1. DÉFINIR LES RÈGLES AUX INTERFACES

Commençons par l'entrée et la sortie du système en cours. Lorsqu'elle va en définir les règles, l'équipe cherche à perturber le moins possible les processus amont et aval[1], ainsi que les personnes les utilisant. Leurs manières de travailler ne doivent pas changer. Seules les interactions que l'équipe a avec eux doivent devenir compatibles avec du travail en flux tiré. C'est vrai entre le métier et la réalisation, la réalisation et les opérations, et enfin les opérations avec le métier, les RH et le commerce, etc.

Pour chaque file d'attente, le système kanban décrit les règles précisant le mouvement des éléments de travail en entrée ou en sortie du système.

L'équipe, pour identifier ces règles, pose des questions aux limites et fait un « stress test » aux interfaces :

- ✓ Que se passe-t-il si le processus amont ne fournit plus de travail ?
- ✓ Ou seulement par à-coups ?
- ✓ Quelles conséquences pour l'équipe et comment les éviter ?
- ✓ Un élément a-t-il toujours le droit d'entrée ?
- ✓ Quelles conséquences si un élément ne suit pas les critères d'entrée ?

Ces questions complètent l'analyse de la nature de la demande faite précédemment. Vous pouvez naturellement en ajouter d'autres.

1. C'est pour cela que souvent on les appelle les déversoirs : ils ne possèdent aucune règle, ne veulent rien bloquer, mais rendre particulièrement visible la densité d'éléments.

2. DÉFINIR LES RÈGLES INTERNES

Après les règles aux interfaces, le système kanban doit clarifier les règles internes. On commence par les règles existantes, généralement définies par les différents niveaux de management.

Ces règles sont à étudier, le contexte qui les a créées a peut-être disparu ou changé. Certaines règles existantes sont supprimées, les autres sont rendues explicites. Quand Didier et son équipe commencent à mettre en œuvre le système kanban et s'interrogent sur les règles, on rigole : bien peu des processus officiels sont respectés dans la réalité. On s'amuse même à rappeler certaines demandes en narrant leurs absurdités. Mais, pour certaines règles, on regrette leur non-application.

Johanna, lors de son intervention, a bien veillé à ce que les règles affichées soient celles qui sont effectivement appliquées actuellement. Mais elle a noté celles qui ne le sont pas : soit pour montrer tout ce que l'on demandait d'inutile, soit pour se rappeler que l'on a peut-être oublié dans le quotidien quelque chose d'important. Cela nourrira les réflexions. Naturellement le management, les sponsors doivent soutenir cette clarification des règles. Si des non-dits persistent, c'est la porte ouverte aux incompréhensions, aux freins.

Ainsi toujours, on respecte la réalité et non pas la théorie ou l'idéal. Mettre cet écart à nu est parfois déjà un immense bénéfice apporté par kanban. Il faut s'y sentir autorisé (et donc protégé par les sponsors et le management).

3. LES RÈGLES D'ESCALADE

Il n'est plus acceptable, lorsque l'on travaille sur des cycles courts ou du flux, qu'une demande reste bloquée longtemps en réalisation. L'équipe n'a cependant pas toujours les éléments pour débloquer la situation. On met alors en place des *règles d'escalade* pour un élément de travail bloqué depuis plusieurs jours. Par exemple selon quels critères quels déclencheurs provoquent telles actions (escalade) ?

4. LES RÈGLES DE CHANGEMENT DE PRIORITÉ

Dans les contextes où la prédictibilité est importante, comme une équipe de production avec engagement de services, il s'avère utile de définir des *règles de changement de priorité* pour un élément de travail dont l'âge dépasse le temps de traversée. Par exemple, une carte change de priorité selon certains critères.

5. LES RÈGLES DE PURGE

Les *règles de purge* consistent à supprimer (ou archiver) des éléments des files d'attente. Elles concernent généralement des éléments de travail trop vieux par rapport au temps de traversée moyen. C'est souvent un bon point de départ pour alléger des files d'attente d'entrée et partir sur un bon pied. Par exemple quels sont les critères qui rendent obsolètes les cartes de type *sourcing* dans le système kanban de l'équipe de Didier, ou les entretiens de niveau 1 qui ne deviendront jamais des entretiens de niveau 2 ?

6. LES CRITÈRES DE SORTIE

Enfin, plus classiques, les *critères de sortie* définissent, pour chaque activité, les conditions pour qu'un élément de travail puisse passer d'une colonne à une autre. Les règles doivent permettre de gérer le mouvement des éléments (critères de sortie), le flux de travail (par des changements de priorité et des règles d'escalade) et d'anticiper des blocages dus aux limites (par des règles de purge).

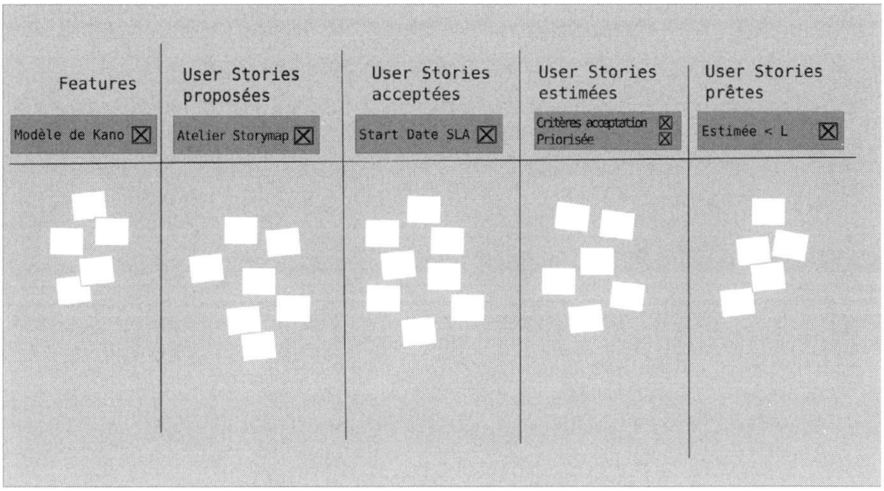

Figure 8.1 – Exemple de clarifications des règles pour le traitement d'un *backlog* de *user stories.*

Certaines règles sont communes à tout type d'élément, c'est le cas des critères de sortie, alors que d'autres sont définies par type d'éléments comme les règles d'escalade ou de purge.

Attention, trop de règles figent le système et trop peu ne lui donnent pas assez d'informations pour évoluer. *Inutile d'avoir nécessairement des règles de purge, ou d'escalade, des critères de sortie sur chaque colonne.* Vous débutez avec votre réalité et vous adaptez par morceau au fil de l'eau si et seulement si c'est nécessaire, mais vous vous posez régulièrement la question.

Dans l'équipe de Didier, on ne peut pas considérer comme finie une étiquette « entretien 1 » si la fiche du candidat n'est pas remplie. Pour tous, cela paraissait une évidence, et puis le système kanban a mis en évidence que non, certains candidats atteignaient l'entretien 2, sans avoir de fiche candidat. On a donc rappelé la règle en la mettant en évidence dans les critères de sortie de la colonne « entretien 1 ». Car dans ce scénario on a besoin de cette fiche candidat, cela a de la valeur, cela a du sens.

7. QUI APPLIQUE LES RÈGLES ET S'ASSURE DE LEUR SUIVI ?

L'équipe peut s'en occuper elle-même. Cela serait même la meilleure réponse. Les meilleurs résultats viennent d'équipes engagées, et il n'y a pas d'équipe engagée qui ne soit auto-organisée. Rendre explicites les règles permet cela et le favorise. Mais c'est aussi de la même façon probablement un élément à clarifier, et il n'est pas anodin. L'implication, l'engagement des équipes vient de la clarté de leur cadre, et de leur capacité à prendre des décisions. Comme ces règles sont explicites, il faut s'attendre à ce qu'elles soient négociées et remises en question par toutes les parties prenantes du système ! Les règles mises en place sont amenées à changer en même temps que le système kanban évolue.

Une des règles principales à partager est de définir qui a le droit de faire évoluer ces règles et quand et comment partager cette mise à jour avec les autres parties prenantes.

Les règles sont clairement explicitées et sont visibles directement sur le tableau ou juste à côté visuellement pour chaque activité.

9 Visualiser le système kanban

Les pratiques du cadre kanban sont claires : visualiser le processus et rendre explicites ses règles. L'objectif est de créer l'environnement pour permettre à l'équipe de s'approprier cet outil, voir ensemble pour comprendre collectivement (notamment les dysfonctionnements), et parvenir à un consensus sur ce qu'il faut faire (notamment son évolution). Pour cela, le management visuel du tableau et des cartes kanban va jouer un rôle primordial. C'est le catalyseur du changement. Le management visuel permet de concrétiser la conception du système kanban initial par des cartes et un tableau. Cela peut être suffisant pour démarrer une transition au kanban.

Le tableau doit être simple, défini par l'équipe, pour l'équipe et surtout évolutif, comme le système kanban qu'il reflète.

Voir le processus et avoir une meilleure compréhension du travail contribue à donner du sens et à aider l'équipe à passer aux pratiques suivantes du kanban : limiter le travail et gérer le flux.

1. LE MANAGEMENT VISUEL

C'est l'utilisation de techniques de visualisation d'informations pour gérer le travail, rendre visibles les problèmes et permettre à l'équipe de réagir. C'est un outil collaboratif pour l'équipe.

La condition pour utiliser cette technique est que le management permette à l'équipe de transformer son propre environnement de travail.

Le management visuel est important, qu'il s'agisse d'un management visuel physique sur les murs de vos bureaux, ou (et plutôt « et ») d'un outil digital. Un outil digital amènera des facilités mais aussi ses travers. Il n'y a pas de meilleur des deux mondes. Les deux se complètent, ils ne s'opposent pas ni ne se substituent. Ainsi que déjà dit, c'est comme une partie de football, qui peut se jouer sur un vrai terrain, comme sur une console de jeux vidéo. Les deux seront du football, mais chaque façon de faire amène ses plaisirs et ses inconvénients.

Le management visuel est aussi cognitif, il inclut plusieurs sens : le toucher, l'oralité devant le tableau. Il répond à ceux qui sont sensibles au visuel, mais aussi à ceux qui sont auditifs ou kinesthésiques (le toucher). En engageant plusieurs sens, il favorise la mémorisation. L'outil électronique permet lui un partage et un stockage bien plus aisé.

De notre expérience, dans un premier temps, si l'équipe n'est pas distribuée sur différents lieux géographiques, nous préconisons de démarrer par du management visuel cognitif (physique, tactile) avant, éventuellement, de basculer sur un outil électronique. Mais nous recommandons de garder les deux simultanément : ils ne se comparent pas, ils se complètent.

2. LES LEÇONS APPRISES DU MANAGEMENT VISUEL

- ✓ Il influence le comportement et l'attitude des individus et du groupe.
- ✓ Il aide à prendre les bonnes décisions.
- ✓ Il rend visible le gaspillage.
- ✓ Il constitue, en soi, un des moteurs de l'amélioration continue.
- ✓ L'objectif est que chacun puisse répondre aux questions suivantes :
  - Comment bien faire son travail sans qu'on lui dise quoi faire ?
  - Quelle est sa prochaine tâche ?
  - A-t-il tout ce qu'il faut pour la réaliser ?
  - Qu'est-ce qui le bloque ?
  - Comment son travail se situe-t-il par rapport à l'avancement, aux délais, à la qualité et plus généralement, par rapport à sa performance ?

Ces informations et contrôles visuels sont reportés sur le *radiateur d'information*[1]. Il existe quelques règles simples pour s'assurer de son bon usage, il doit :

- ✓ être compréhensible par tous sans explication ;
- ✓ respecter un certain nombre de codes visuels ;
- ✓ être lisible à quelques mètres de distance pour la réunion quotidienne ;
- ✓ être facile à manipuler par tous, c'est l'outil de l'équipe ;
- ✓ être facile à faire évoluer ;
- ✓ être facilement accessible, si possible dans le lieu où se trouve l'équipe.

Le management visuel est généralement réalisé sur un tableau blanc, un mur ou des fenêtres.

3. VISUALISER LES ÉLÉMENTS PAR DES CARTES KANBAN

Les cartes kanban représentent les éléments de travail. Elles doivent contenir juste assez d'informations pour permettre le travail en flux, soit au moins :

- ✓ la *date d'entrée* dans le système ;

1. Terme inventé par Alistair Cockburn pour désigner l'endroit public où sont réunies ces informations.

- ✓ la *date de sortie* réelle pour calculer *a posteriori*, avec la date d'entrée, le temps de traversée ;
- ✓ les *informations pour effectuer le travail* : résumé d'une fonctionnalité, libellé d'une activité… ;
- ✓ le *type de travail* pour identifier facilement les règles associées, notamment de sélection. Si le type de travail n'est pas identifié, alors sa priorité peut être reportée sur la carte ;
- ✓ l'*identifiant* de l'élément si un outil numérique est utilisé pour permettre sa traçabilité ;
- ✓ éventuellement, un lien vers l'élément de plus haut niveau auquel il appartient.

Le contenu de la carte kanban peut être enrichi d'informations complémentaires telles que la charge du travail à réaliser, les dépendances, les contraintes ou les risques. Une place peut être réservée sur la carte ou sur son verso pour diverses annotations. Mais il est plus important de bien communiquer que de tout communiquer : gardez des cartes pas trop saturées d'information.

Chaque équipe définit ses propres codes de taille, de couleur ou d'orientation de la carte pour représenter les informations.

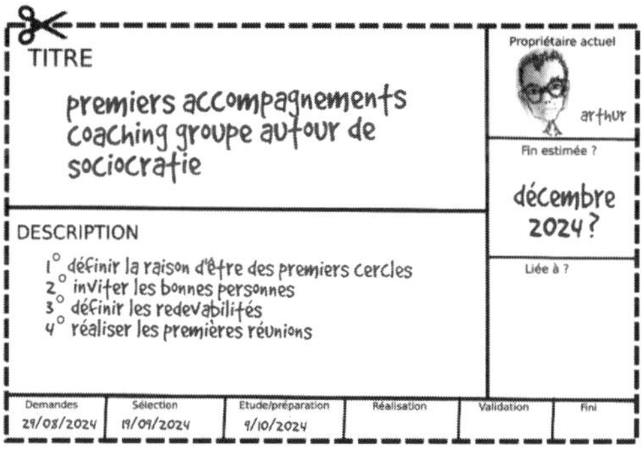

Figure 9.1 – Une carte kanban.

Le support physique est souvent une carte bristol sur un tableau aimanté ou un Post-it.

La carte parcourant tout le processus, plusieurs personnes peuvent travailler sur une carte les unes à la suite des autres. Là où les personnes travaillant sur la carte à un moment donné se signalent par une étiquette de nom ou des avatars les représentant.

4. VISUALISER LE FLUX DE TRAVAIL PAR UN TABLEAU KANBAN

4.1 Les colonnes

La conception du système a permis d'identifier les différentes activités du flux de travail. Chaque activité est représentée par une colonne. Elles sont reportées sur le tableau kanban.

Les tableaux kanban que l'on peut voir sont généralement séquentiels, à l'exemple de ceux présentés dans ce livre. Les colonnes s'enchaînent, à l'image des activités. Cela laisse penser que les processus que l'on traite avec un système kanban le sont systématiquement. Même si les tableaux séquentiels représentent la majorité des cas, on trouve également des représentations qui sortent de ces standards où les règles permettent aux cartes kanban d'avoir un mouvement non séquentiel[2].

Le tableau est construit avec les techniques de management visuel évoquées au début de ce chapitre. Les illustrations des tableaux kanban de cet ouvrage donnent une bonne idée de ce que l'on voit sur le terrain.

Le parti pris visuel de l'ouvrage est de représenter les activités d'un système kanban par des colonnes dans les tableaux. Cela aurait pu être des lignes.

4.2 Les lignes

Typiquement, les colonnes des tableaux représentent la séquence des activités, les lignes sont plutôt utilisées pour partitionner le contenu du travail par type, par équipe, par priorité, etc. Nous en verrons des exemples plus loin dans cet ouvrage.

Certaines équipes décident d'utiliser les lignes pour montrer l'activité de chaque équipier et savoir qui travaille sur quoi. Cette représentation ne met pas l'accent sur le travail collaboratif. Il est, par exemple, difficile de montrer qu'une tâche est réalisée par deux personnes à la fois. Mais elle peut s'avérer utile, au démarrage, pour montrer que trop d'éléments de travail sont affectés à chaque équipier. Il n'est pas rare de voir alors cinq à dix cartes par ligne. Une fois le problème partagé avec l'équipe et le management, *il est préférable de revenir à un management visuel orienté activités plutôt que personnes, de pousser vers une dynamique de groupe, une auto-organisation de l'équipe.*

5. LES CONTRÔLES VISUELS

5.1 Visualiser les règles

Les contrôles visuels doivent représenter les règles définies au chapitre précédent. L'exemple suivant montre les limites et les critères de sortie, en bas ou en haut de chaque colonne, d'un processus ayant quatre activités.

2. On trouve un bon exemple de ce cas de figure sur un tableau kanban d'une Lean Startup sur le blog d'Ash Maurya sur la page « How We Build Features ».

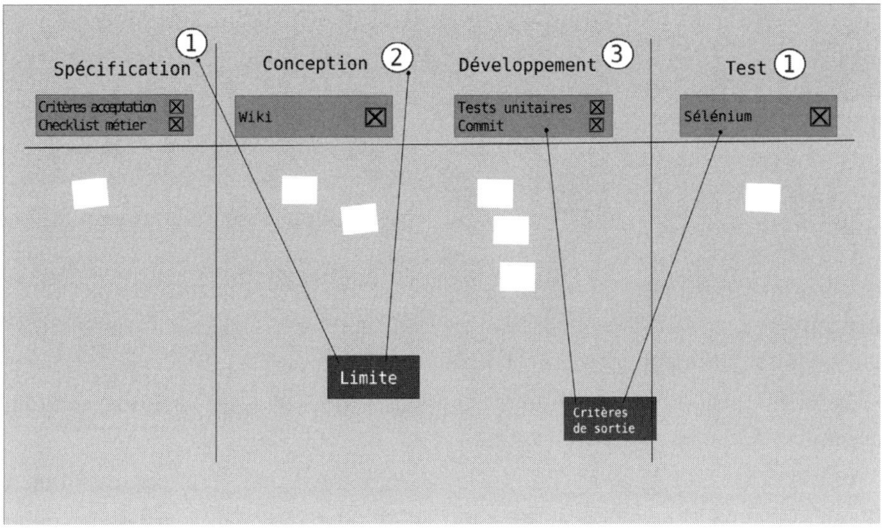

Figure 9.2 – Exemple de contrôles visuels permettant de voir les règles.

L'équipe doit trouver ses propres solutions de visualisation. Les illustrations et photos des retours d'expérience, livres ou blogs ne sont que des exemples. Ils répondent souvent à des exigences propres à leur contexte.

5.2 Visualiser les bloqueurs

Parmi les contrôles à mettre en place, il y en a certains qu'il ne faut surtout pas oublier : les bloqueurs !

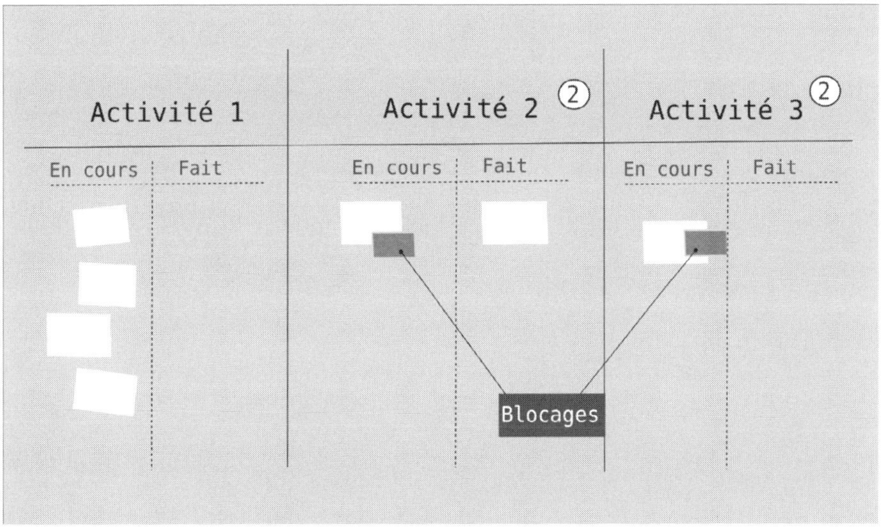

Figure 9.3 – Visualiser les bloqueurs.

Ils visualisent toutes les causes empêchant un élément d'avancer, hormis le travail lui-même, qu'elles puissent être réglées par l'équipe en interne ou qu'elles nécessitent une intervention externe. Ils perturbent le flux et doivent être rendus visibles.

6. FAIRE VIVRE LE TABLEAU KANBAN

Les cartes kanban sont posées sur le tableau kanban. Le tableau est persistant et contient toujours du travail. Le management visuel permet de concrétiser la conception du système kanban initial par des cartes et un tableau. Cela peut être suffisant pour démarrer une transition au kanban.

Le tableau doit être simple, défini par l'équipe, pour l'équipe et surtout évolutif, comme le système kanban qu'il reflète.

Voir le processus et avoir une meilleure compréhension du travail contribue à donner du sens et à aider l'équipe à passer aux pratiques suivantes du kanban : limiter le travail et gérer le flux.

10 Mettre en œuvre le système kanban

Il a été question jusque-là de processus et de flux. Cela présage un changement de paradigme pour le management consistant à ne pas gérer les individus mais leur travail. La phase suivante de mise en œuvre du système apporte la réponse opérationnelle à ce changement.

Le système conçu et implémenté, l'équipe va à présent l'utiliser au rythme des cadences du système. Et notamment lors des réunions quotidiennes, qui vont mettre l'accent sur les mouvements des éléments et de leur sélection. Les différentes tactiques pour gérer les blocages et les anomalies sont également discutées.

La mise en œuvre du système kanban consiste pour l'équipe à mettre en mouvement les éléments du flux lors des réunions quotidiennes. L'équipe suit les règles de sélection et gère elle-même ses blocages, selon plusieurs tactiques :

- ✓ affectation dynamique des ressources ;
- ✓ gestion de la demande ;
- ✓ gestion de la capacité ;
- ✓ ajustement des règles.

On peut avoir un *a priori* sur le cadre kanban pour son approche par les processus. Au contraire, cette mécanique met l'humain au cœur du dispositif, elle stimule la collaboration au quotidien, le consensus, la résolution de problèmes, la discipline et la performance. Le kanban permet à l'équipe d'avoir des opportunités fréquentes de maximiser le résultat de son travail. L'environnement mis en place l'aide à prendre de meilleures décisions décentralisées. La visibilité apportée par le management visuel réduit les risques liés à cette décentralisation. L'approche physique du management visuel rend aussi impossible d'avoir trop de processus, trop de complications.

1. LA RÉUNION QUOTIDIENNE

Tous les jours, l'équipe se réunit autour du tableau kanban. L'équipe se synchronise et s'organise au mieux pour la journée compte tenu de l'avancement des tâches, des engagements et des obstacles du moment. Le facilitateur de cette réunion pose les questions suivantes, orientées flux :

- ✓ Le tableau est-il à jour ?
- ✓ Les règles du système sont-elles suivies ?

- ✓ Qu'est-ce qui est le plus important à réaliser aujourd'hui ?
- ✓ Les priorités sont-elles claires pour tous ?
- ✓ Qui travaille sur quoi ?
- ✓ A-t-on des blocages ?
- ✓ Les visualise-t-on ?
- ✓ Comment les gère-t-on ?
- ✓ Où est-ce que ces blocages arrivent régulièrement, et pourquoi ?

Les discussions mettent le focus sur le flux de travail au travers des cartes kanban et de leur mouvement dans le tableau. L'accent est mis sur les problèmes. Si un élément de travail n'a pas de risque (sur son temps de traversée) ni de blocage, il n'est pas utile d'en parler.

En sortie de réunion, l'équipe doit savoir comment elle s'organise et chacun repart en sachant ce qu'il a à faire pour la journée. Des réunions plus techniques, plus précises, peuvent avoir lieu après de manière spontanée entre membres de l'équipe concernés suite à ce qui s'est échangé précédemment.

Le format de la réunion quotidienne

Tout le monde présent, debout devant le tableau, même endroit, même heure et rapide, en un quart d'heure. L'équipe parcourt le tableau kanban en remontant le flux de travail, des activités de droite vers les activités de gauche. Cet ordre s'explique par les limites : si les éléments en développement ont atteint leur limite, pour pouvoir déplacer un élément dans la colonne « Tests » et commencer une nouvelle tâche, il faut d'abord faire le point sur les éléments en tests.

La réunion est le moment privilégié pour mettre à jour les informations sur les cartes et le tableau kanban.

Il n'est pas nécessaire de faire de compte-rendu de cette réunion quotidienne basée sur le management visuel. C'est même recommandé de ne pas faire de compte-rendu : si vous en ressentez le besoin c'est que soit votre système kanban n'est pas au point (pas assez clair, pas réaliste, etc.), soit que vous poursuivez des buts qui n'ont rien à voir avec la création de valeur (tracer pour punir ?, se protéger en donnant des gages ?, etc.). Toutes les informations sont sur le tableau. S'il y a besoin de tracer les informations, alors une photo quotidienne du tableau en sortie de réunion peut généralement suffire.

2. GÉRER LE MOUVEMENT DES ÉLÉMENTS

2.1 La sélection d'un élément

Un membre de l'équipe sélectionne l'élément sur lequel il va travailler lors de la réunion quotidienne. Il déplace la carte correspondante pour la mettre dans son nouvel état et y place dessus son avatar ou son étiquette de nom. Si plusieurs membres de l'équipe travaillent sur un élément, c'est pareil.

2.2 Guide de sélection d'un élément

Mais si plusieurs éléments sont disponibles, lequel prendre en priorité ? Il n'y a pas de mécanisme de priorisation défini à l'avance mais des sélections d'éléments faites sur le moment. C'est de la priorisation « juste à temps ».

Pour aider l'équipe à faire les bons choix, les règles sont explicitées. Bien que ces règles soient contextuelles, il est possible d'en proposer un guide :

- ✓ d'abord définir les règles de priorité entre types d'éléments. Dans la file d'attente, un membre de l'équipe doit savoir s'il prend en priorité un élément de tel ou tel type (anomalie, recrutement, éditorial, etc.). C'est d'autant plus vrai si les éléments sont de durées homogènes. Il faut donc définir les types prioritaires ;
- ✓ ensuite, parmi des éléments d'un même type, la tactique habituelle est de prendre en premier celui qui se termine le plus vite, avec un choix basé sur le temps de réalisation ;
- ✓ enfin, on privilégie les temps de traversée courts par du *First In First Out* (FIFO) en se basant sur la date d'entrée. Le FIFO permet notamment de s'assurer qu'aucun élément ne stagne dans le système sans que personne ne le prenne.

Ce guide doit être modéré : les éléments qui lèvent le plus de risques et/ou apportent le plus d'informations sont à privilégier. Le filtre de décision pour constituer les règles de sélection est de considérer d'abord la valeur qu'un élément peut créer et ensuite de voir son impact sur le flux.

3. GÉRER L'AFFECTATION DES ÉLÉMENTS

3.1 L'affectation des éléments

L'affectation d'un élément aux membres de l'équipe se fait donc au dernier moment, lors de la réunion quotidienne, juste avant de le réaliser. Cela permet d'avoir le maximum d'informations pertinentes pour faire les bons choix et d'avoir une réponse collective adaptée.

Affecter trop tôt contribue à l'accumulation de travail, en créant artificiellement des files d'attente et des chemins critiques sur des membres de l'équipe. C'est ne pas reconnaître la variabilité naturelle de la plupart des systèmes. À vouloir affecter trop tôt, on ferme ses options, on produit de l'obsolescence.

3.2 L'affectation dynamique

L'affectation se fait au mieux pour le flux de travail. Elle peut se faire aux dépens de l'efficacité individuelle des membres de l'équipe. On vise l'optimisation globale du système et non des optimisations locales. Chacun doit pouvoir travailler, dans la mesure de ses compétences et de ses connaissances du moment, là où il faut pour faciliter la fluidité du système, quitte à être moins productif pendant une période courte.

Un recruteur peut relire une communication sur la marque employeur, un testeur peut valider des spécifications pendant une journée, éventuellement faire des spécifications si cela ne demande pas une expertise et s'il l'accepte. Un développeur peut aider à passer des tests, etc.

On comprend pourquoi le système est décrit par les activités et non par les personnes qui portent ces activités. Ce modèle est rendu possible en ayant des limites sur les activités ne reposant pas sur le nombre de personnes mais sur une capacité de réalisation.

3.3 Affectation dynamique et management

L'affectation dynamique demande aux managers de changer de paradigme sur l'optimisation de l'efficacité individuelle et d'aller vers des équipes pluridisciplinaires et autonomes (Agile, Lean).

Pour soutenir cela, le management doit sortir d'une logique de silos vers une organisation orientée famille de produits avec des ressources dédiées.

Cette affectation est dynamique et quotidienne. La réaction est rapide et nécessite que les membres de l'équipe soient opérationnels sur d'autres activités, sans attendre d'eux qu'ils soient des experts dans tous les domaines. Cela s'anticipe par de la formation et des pratiques telles que le binômage. L'objectif à plus long terme est la montée en compétences des collaborateurs et la croissance de la capacité du système.

Les systèmes kanban permettent de trouver un équilibre entre des équipes pluridisciplinaires auto-organisées et un flux de travail spécialisé. Le coût de cet équilibre est visualisé par les files d'attente du tableau.

4. GÉRER LE BLOCAGE DES ÉLÉMENTS

4.1 Qu'est-ce qu'un blocage ?

Malgré les règles de sélection et d'affectation dynamique, il arrive qu'il y ait des éléments bloqués dans le système kanban. C'est normal compte tenu des contraintes que l'on pose sur le système. C'est également recherché pour provoquer des discussions d'améliorations avec l'équipe.

Il ne faut pas laisser tomber une démarche kanban sous prétexte que « cela ne marche pas pour nous » lorsque des blocages apparaissent. Les blocages existent, que la démarche kanban ait lieu ou pas. Elle est justement là pour les rendre visibles et permettre de les résoudre. Ne cachez rien sous le tapis, cela ne disparaît pas. Quand le roi est nu, autant le dire.

Un blocage se définit par rapport au flux de travail et se situe au niveau des éléments de travail. Par exemple, une tâche technique bloquée d'un cas d'utilisation n'implique pas que celui-ci soit bloqué. Tant qu'il reste d'autres tâches à réaliser sur cet élément, il n'est pas bloqué.

Un blocage peut être purement mécanique lorsque la limite kanban d'une activité est atteinte alors que l'équipe a encore de la capacité de réalisation, comme le montre la figure 10.1.

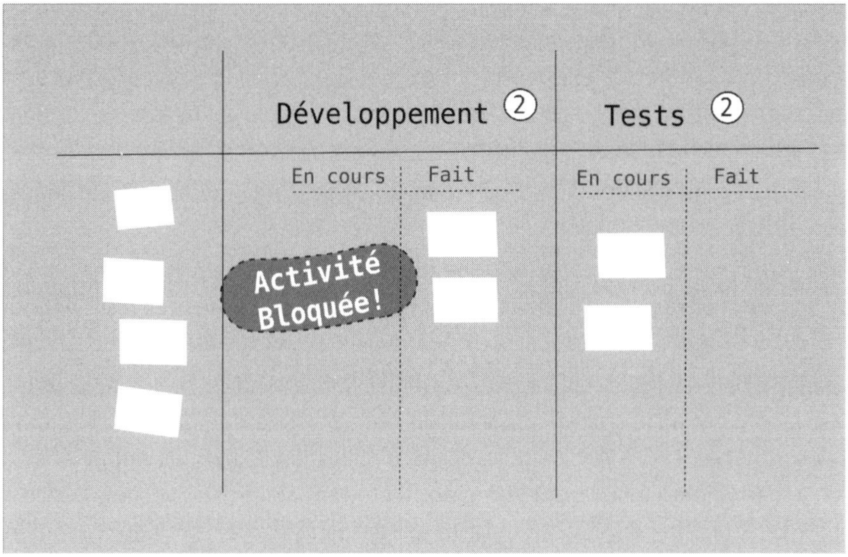

Figure 10.1 – Exemple de blocage des éléments de l'activité de développement.

Il serait dommage qu'un membre de l'équipe attende simplement que le système se débloque pour reprendre son travail. Il y a plusieurs réponses possibles pour gérer un blocage.

La première réponse repose sur la gestion de la demande dont voici quelques techniques :

- ✓ *ne pas commencer un travail* si on sait qu'il va être bloqué ;
- ✓ *repousser la file d'attente plus en amont*, voire en dehors du système kanban. C'est un choix économique, les coûts engendrés par la mise en attente sont moins élevés en amont, dans la mesure où moins d'investissements ont été réalisés. Rappelez-vous : en déclenchant trop tôt, vous limitez vos options, vous produisez de l'obsolescence, un coût. Cela ne change pas le problème du blocage mais réduit son impact économique ;

- ✓ *ne plus accepter d'autres demandes* tant que le blocage n'est pas résolu. C'est un peu extrême mais une file d'attente est longue à résorber dans un système chargé. Bien sûr, cela n'est pas toujours possible, surtout si la demande vient des utilisateurs ;
- ✓ *débloquer le système en travaillant juste assez* pour libérer l'incrément sur lequel l'équipe opère. Il s'agit de se demander quel est le minimum à réaliser pour que l'élément puisse avancer dans le processus.

4.2 Répondre à un blocage par la gestion de la capacité

Lorsqu'une personne est bloquée, elle doit prioritairement essayer de débloquer son travail ou demander l'aide de l'équipe. Si ce n'est pas possible, elle peut proposer son aide pour finir une tâche en aval (en amont, cela va allonger la file d'attente). Il est préférable de finir ce qui est commencé, plutôt que de commencer d'autres tâches.

Le mécanisme d'affectation dynamique est également une réponse de l'équipe pour débloquer une situation.

Par exemple, supposons qu'un élément soit bloqué parce qu'un membre de l'équipe est malade. Qui d'autre peut prendre la suite du travail et le finir ? Attendre qu'il revienne n'est recevable que s'il est le seul à pouvoir finir le travail (d'où l'évocation précédemment du binômage ou du tutorat concernant les équipes pluridisciplinaires).

La réponse peut être organisationnelle en ayant des personnes sur le projet qui ne sont pas à 100 % de leur capacité d'utilisation. C'est par exemple le cas d'un expert affecté à 60 % sur son cœur de métier et le reste sur des tâches de fond moins prioritaires. Sa particularité est de pouvoir intervenir rapidement sur des problèmes, évitant l'engorgement du système. Le point clef dans ce cas est d'avoir des personnes directement opérationnelles sur le projet, ce n'est donc pas quelqu'un que l'on sort ponctuellement d'un autre projet, d'un autre groupe.

Plus le système est variable, plus il est pertinent d'avoir des personnes pour amortir cette variabilité. Sinon la variabilité se traduit par des dépassements de délais qui ne sont pas plus acceptables.

4.3 Répondre à un blocage par l'ajustement des règles

Il se peut que ni la gestion de la demande ni celle de la capacité ne permettent de résoudre les blocages. Ils peuvent être simplement dus à des règles ou des limites non adaptées. Rappelons qu'elles sont empiriques.

Lorsque le flux de travail n'arrive pas à s'installer, que l'avancement se fait par à-coups, enchaînant blocages et déblocages, les limites (imposées sur le travail en cours) sont sûrement trop basses. L'équipe peut augmenter ces limites. Cela augmente le nombre d'éléments dans le système, mais c'est préférable plutôt que de ne pas avoir de flux. Il faut stabiliser le système avant de chercher à l'améliorer.

Lorsque le blocage est extérieur à l'équipe, la règle à actionner ou ajuster est celle de l'escalade.

4.4 Anticiper un blocage en amont du processus

Les blocages peuvent être dus au processus lui-même. Et certains peuvent être anticipés.

Prenons le cas de l'homologation, cette phase aride où l'on valide vos travaux en aval dans le monde du logiciel informatique. Un scénario d'homologation porte généralement sur un ensemble de fonctionnalités, le produit s'enrichit d'un certain nombre de fonctionnalités qu'il faut tester, probablement par paquets pour qu'il y ait assez de sens. En attendant de pouvoir dérouler le scénario d'homologation, les fonctionnalités finies vont s'accumuler. C'est un blocage naturel.

Il peut être minimisé en découpant les fonctionnalités et en concevant les scénarios d'homologation le plus indépendamment possible. À défaut, il faut ordonnancer les éléments de travail pour que cela minimise les blocages lors des séances de triage.

4.5 Synthèse des tactiques pour gérer les blocages

La réponse à un blocage n'est ni exhaustive ni unique, et peut être un mixte de différentes tactiques. Et surtout, l'équipe doit développer ses propres tactiques pour savoir répondre seule aux blocages.

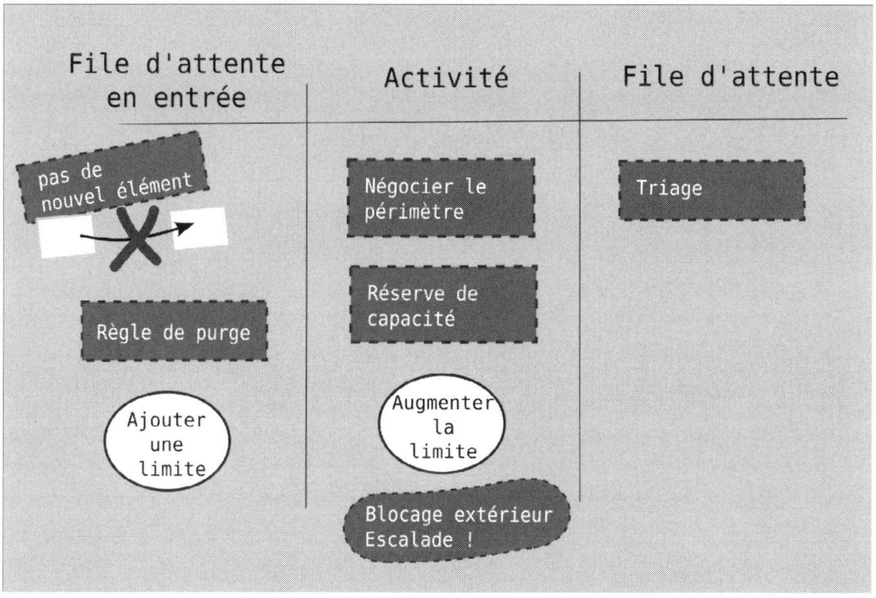

Figure 10.2 – Tactiques pour gérer des blocages selon le type de la colonne.

5. GÉRER DES ANOMALIES INTERNES AU SYSTÈME

Les anomalies, les erreurs sur les éléments de travail, génèrent également des blocages du système. Si une erreur est détectée *a posteriori*, si une anomalie est détectée lors des tests, la carte kanban doit-elle rester sur la colonne « Test » ou est-elle replacée dans la colonne précédente, par exemple « Réalisation » ?

Si cette colonne « Réalisation » a déjà atteint sa limite kanban, en déplaçant la carte dans cette colonne, on dépasse la limite. Est-ce un bon message envoyé à l'équipe qui cherche à se discipliner sur le suivi de ces limites ?

Le principe d'un système kanban est qu'un élément ne remonte pas le flux de travail « en arrière », « de droite à gauche », pour rester cohérent avec la mécanique des limites, comme un flux qui s'écoule toujours dans le même sens. Les cartes kanban sont théoriquement et métaphoriquement comme des flots d'eau (ils ne remontent pas le cours de la rivière), et pas des saumons qui se l'autorisent.

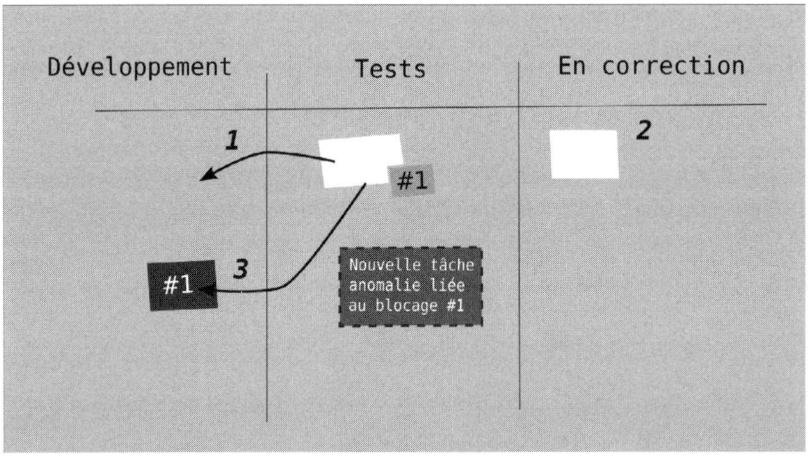

Figure 10.3 – Tactiques pour gérer une anomalie.

Pourtant ce point divise les praticiens :

- ✓ certains proposent de pouvoir faire revenir en arrière une carte pour permettre à l'équipe de détecter un problème et donc de s'améliorer. Les limites risquent d'être dépassées ;
- ✓ d'autres proposent d'ajouter une colonne « En correction » dans le processus. Ils cherchent à faire prendre conscience à l'équipe que la reprise de travail est une activité séparée du développement, de la réalisation. Cette réponse est particulièrement cohérente avec le fait de rendre explicites les règles du processus. C'est un pivot pour changer les comportements ;
- ✓ enfin, si l'équipe souhaite tracer la correction, elle crée un nouvel élément de travail de type « anomalie » dans le système. Elle injecte dans le flux un nouvel élément qui vient compléter/corriger le précédent.

Ces points de vue se comprennent. Les première et troisième solutions traitent les anomalies comme des exceptions au processus qu'il faut prendre en compte immédiatement. La deuxième solution traite les anomalies comme faisant partie intégrante du processus. Ils montrent qu'il n'y a pas une solution unique aux problèmes mais des solutions d'équipes.

On peut préconiser, dans un premier temps, de rester simple en bloquant l'élément là où il est et en visualisant ce blocage par un contrôle visuel (Post-it rouge par exemple). Il sera temps d'améliorer le système par la suite lorsque l'équipe aura expérimenté le développement en flux.

11 Définir les limites kanban

Plongeons au cœur du kanban avec sa pratique principale. Limiter le travail en cours pour : *Arrêter de commencer, commencer par finir !*

Fixer les limites sur les activités et les files d'attente du processus est à la base de la mécanique kanban pour passer à un système en flux tiré. Ce chapitre va expliquer comment définir ces limites et où les appliquer dans le système.

1. LIMITER LE TRAVAIL EN COURS

Deux options permettent d'augmenter la capacité d'un système kanban : réduire la taille des éléments de travail, ou limiter le nombre des éléments dans le système. Cette dernière affirmation contre-intuitive sera étayée dans la troisième partie (« S'améliorer avec kanban »).

C'est un changement de point de vue pour le management consistant à passer d'une gestion de planning basée sur des estimations de charge à une limite du travail en cours basée sur un nombre d'éléments. Le changement plus profond est de passer d'une optimisation des moyens à une optimisation du flux, les deux n'allant pas dans le même sens. Un des bénéfices attendus est de réduire mécaniquement le temps de traversée moyen d'un élément.

Prenons dix tâches à réaliser de 2 heures chacune. Une première option consiste à les réaliser toutes et à les livrer au bout de 20 heures. Je suis un pâtissier qui délivre ses dix gâteaux en une fois, au bout de 20 heures.

La seconde option consiste à limiter le travail en cours à une tâche et à la livrer dès qu'elle est finie. Je suis un pâtissier qui délivre ses gâteaux dès qu'ils sont réalisés, au fil de l'eau.

Sans changer le délai total de livraison, le temps moyen de traversée des tâches est passé de 20 heures dans le premier cas à 11 heures dans le second : la première tâche reste 2 heures dans le système, la seconde 4 heures, la troisième 6 heures, et ainsi de suite : (2 + 4 + 6 + 8 +… + 20)/10 = 11 heures. La capacité du système est améliorée de 9 heures.

Autrement dit, dans le premier cas, tous mes gâteaux ont attendu 20 heures pour être livrés. Le premier a été réalisé en 2 heures, mais a attendu les autres 18 heures. En tant que client tous les gâteaux ont mis 20 heures pour arriver. Soit

20h x 10/10 gâteaux soit 20 heures par gâteau. Dans le second cas, je n'attends pas 2 + 4 + 6 + 8 + 10 + 12... + 20 : pour le premier j'attends 2 heures, pour le deuxième 4 heures (les 2 heures du premier et les 2 heures de réalisation du suivant), etc. Ainsi 2 + 4 + 6 + 8 + 10 + 12 + 14 + 16 + 18 + 20 = 110 heures pour 10 gâteaux : en moyenne 110/10, soit 11 heures d'attente, de temps de traversée.

Cet exemple, trop simpliste, ne montre pas l'impact de la diminution du délai sur le débit. Prenons maintenant un exemple qui intègre un processus :

La figure 11.1 décrit un processus de réalisation de 2 heures, suivi d'une homologation de 3 heures et enfin une phase de mise en exploitation de 4 heures. Chaque activité ne prend qu'une tâche à la fois. Dans la figure présentée, nous avons au maximum quatre cartes en même temps dans le processus.

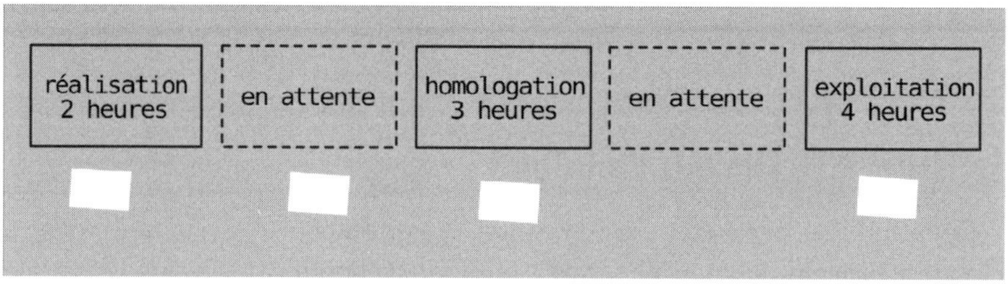

Figure 11.1 – Impact des limites sur le temps de traversée et le débit.

En limitant le système à une seule carte au maximum, le temps de traversée est de 9 heures (il n'y a pas d'attente) et le débit est d'une carte toutes les 9 heures.

En limitant le nombre de cartes à cinq, par le jeu des attentes, le temps de traversée moyen est de 20 heures pour un débit d'une carte toutes les 4 heures. Le temps de traversée est plus que doublé et le débit plus que divisé par deux.

Diminuer le temps de traversée a donc un impact sur le débit. La capacité du premier système est-elle préférable à celle du second ? Le choix dépend évidemment du contexte. En jouant avec les limites, nous pouvons trouver une performance optimale.

Avec une limite de deux, le meilleur compromis délai/débit est atteint avec un délai de 9 heures pour un débit d'une carte toutes les 4 heures et demie.

Je recommence. Je suis un potier, chaque céramique doit être tournée (2 heures), puis doit passer dans une première cuisson (que l'on appelle « biscuit » pour cuire la terre et évacuer toute trace d'air), celle-ci dure 3 heures, puis doit passer dans une seconde cuisson avec les émaux qui dure 4 heures. Si je réalise les céramiques une à une du début à la fin. J'ai un temps de traversée de 9 heures, (2 heures de tournage, 3 heures de cuisson « biscuit », 4 heures de cuisson « émaux »). Si je décide de faire cinq céramiques à la fois mais en laissant des zones d'attente (comme dans le schéma). Le temps de traversée fait plus que doubler, c'est-à-dire, pour la céramique entre le tournage et la sortie de la dernière cuisson, le temps passé dans le système est de 20 heures au lieu de 9 heures. Parce qu'elle a dû attendre, mêlée aux autres céramiques, la disponibilité des différentes phases. Par contre, grâce à cela on a pu travailler en même temps sur du tournage et de la cuisson et le débit du système est de délivrer une céramique toutes les 4,5 heures. C'est deux fois mieux que précédemment. L'application d'une limite (une céramique à la fois, ou cinq céramiques à la fois) a drastiquement changé les résultats. À vous de choisir, enfin surtout aussi à vous d'essayer, d'expérimenter.

2. LES ENJEUX DES LIMITES

Les limites permettent de prime abord d'agir directement sur :

- ✓ le *sur-engagement* d'une équipe par rapport à sa capacité de réalisation réelle : mieux vaut limiter l'entrée que prioriser en cours de réalisation ;
- ✓ le *multitâche*. C'est une bonne pratique dans une approche d'optimisation de l'utilisation des moyens ; elle ne l'est plus dans une optique de flux. Il masque des files d'attente ou des blocages non identifiés comme tels, et plus globalement, les inefficacités et les processus défectueux ;
- ✓ la *surproduction* d'une équipe par rapport à la capacité du système à livrer ;
- ✓ la dynamique d'*amélioration continue*, car les limites sont une contrainte permettant de mettre le système en tension et provoquer le changement.

3. LA MÉCANIQUE DES LIMITES HAUTES

Le principe est de fixer une limite haute d'éléments pour chaque colonne du processus. La mécanique de flux tiré se met en place comme illustré en figure 11.2.

3.1 Étape 1

La carte kanban dans la colonne « En attente » doit être déplacée dans la colonne suivante représentant l'activité N. La limite de 2 éléments de cette deuxième colonne étant déjà atteinte, il faut d'abord libérer une place.

3.2 Étape 2

Pour cela, il faut libérer une place de l'activité N+1, dont la limite de 2 est également atteinte. Un des éléments de l'activité N+1 est fini, une place se libère. En reformulant, l'équipe a maintenant la capacité d'aller tirer une nouvelle tâche à faire.

3.3 Étape 3

Cela permet de basculer une carte kanban de l'activité N à N+1, libérant une place pour l'activité N.

3.4 Étape 4

Et finalement, de proche en proche, la carte kanban en attente peut être déplacée vers l'activité N. Le signal remonte la chaîne.

La mécanique des limites hautes permet l'apparition d'un système en flux tiré de l'aval vers l'amont, là où les systèmes classiques sont poussés de l'amont vers l'aval. Cette mécanique est le moteur de l'amélioration continue du cadre kanban. Elle exige une discipline pour l'équipe sur le suivi de ces limites. Elle va générer des discussions au quotidien.

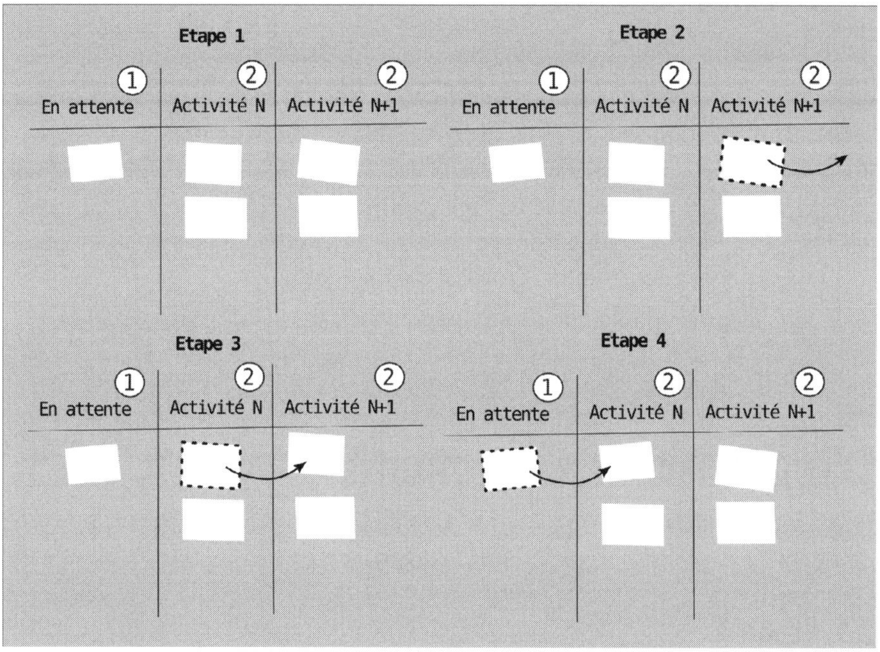

Figure 11.2 – Mécanique des limites hautes.

4. LA MÉCANIQUE DES LIMITES BASSES

La seconde mécanique se base sur des limites basses (figure 11.3).

4.1 Étape 1

Dans la colonne de l'activité N-1, le chiffre (2) représente la limite basse de cette colonne. Le chiffre 3 représente la limite haute de la colonne.

4.2 Étape 2

Une carte kanban passe de l'activité N-1 à l'activité N, ce qui libère une place de l'activité N-1.

4.3 Étape 3

Les deux cartes kanban de l'activité N-1 ont pu être déplacées vers le haut. Cela rend visible un contrôle visuel lié à la limite basse fixée à (2) pour cette activité.

4.4 Étape 4

Lorsqu'il n'y a plus que deux cartes kanban, l'équipe déclenche une séance de planification. Le nombre de cartes à planifier est égal à la limite haute moins le nombre de cartes présentes dans la colonne, ici 3–2 = 1 carte.

La séance de planification a ainsi été déclenchée au dernier moment. Cette mécanique permet une *planification juste à temps*. Les goulets d'étranglement sont un bon exemple d'utilisation de ces limites basses.

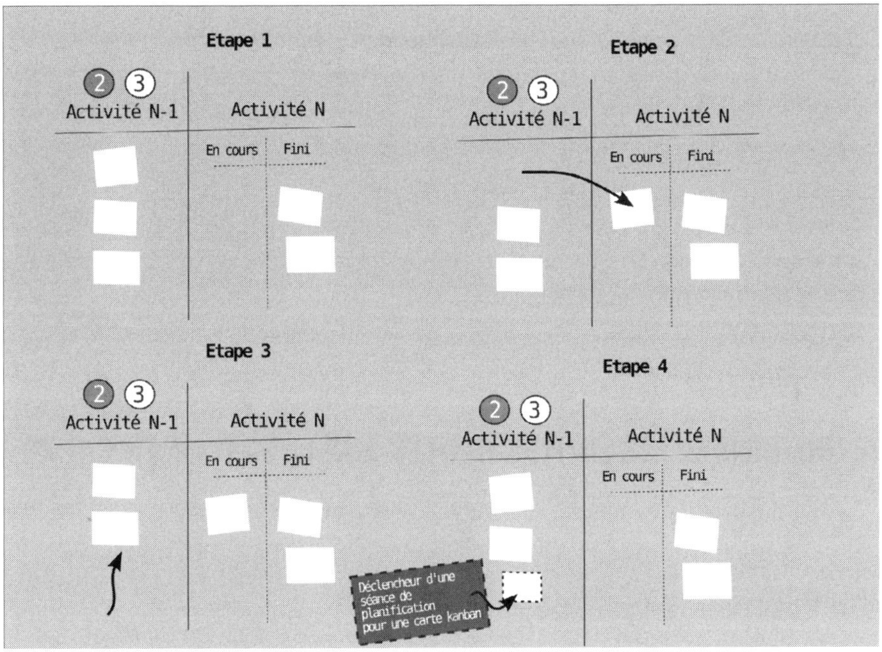

Figure 11.3 – Mécanique des limites basses.

5. OÙ METTRE LES LIMITES HAUTES ?

Du point de vue du flux tiré, toutes les activités du système doivent avoir des limites hautes. Mais poser des limites sur des colonnes est d'abord une question de contexte et une question de maturité de l'équipe. Certaines activités du processus peuvent rester sans limites dans un premier temps, si elles ne sont pas contraintes par la capacité de l'équipe ou si l'équipe n'en a pas le contrôle.

5.1 Définir les limites hautes

Il n'y a pas de formule mathématique pour définir la bonne limite. C'est une démarche empirique où le mieux est d'initialiser les limites et de les adapter selon les retours de la mise en œuvre du système.

5.2 Limites trop grandes

Des *limites trop grandes* ne mettent pas le système sous contrainte et ne génèrent pas de blocage. Ce qui peut sembler positif mais en réalité le moteur de l'amélioration continue n'est pas déclenché. Les blocages stimulent les discussions et les analyses qui permettent de mieux comprendre le système.

5.3 Limites trop petites

Des *limites trop petites* rendent chaotique le flux, le travail avançant par à-coups avec de fréquents blocages, ce qui affecte la performance du système. Cela requiert de la maturité et de la compétence en termes d'analyse et de résolution de problèmes. Le système est contraint en diminuant les limites, de manière empirique petit à petit.

Des limites bien définies doivent générer suffisamment de discussions, deux à trois par semaine, sans bloquer le flux de travail. Il faut voir cela comme des signaux d'amélioration pour l'équipe.

Idéalement, le système opère en dessous de ses limites hautes et au-dessus de ses limites basses.

6. INITIALISER LES LIMITES HAUTES SUR LE TRAVAIL EN COURS

Il existe plusieurs écoles et différentes stratégies pour initialiser les limites des activités.

6.1 Observer le système sans limites

Après sa conception, nous laissons vivre le système quelques semaines sans fixer de limite. On constate le nombre moyen de cartes kanban présentes pour chaque activité et on ajuste les limites, typiquement à deux fois la moyenne du nombre de cartes. C'est la stratégie la plus simple et la mieux acceptée par les équipes. Elle repousse simplement le passage au kanban à proprement parler de quelques semaines.

6.2 Initialiser des limites réalistes

Plutôt que d'attendre quelques semaines, nous pouvons commencer avec une limite réaliste, par exemple, si l'équipe ne binôme pas :

- ✓ au maximum = (le nombre de personnes x 2) – 1 ;
- ✓ au minimum = le nombre de personnes + 1 ;
- ✓ ce qui pourrait donner une limite haute entre 6 et 9 cartes kanban pour une équipe de 5 personnes.

6.3 Limiter le travail par personne

Une autre stratégie consiste à limiter, dans un premier temps, non pas le travail en cours directement, mais plutôt le travail par personne, typiquement deux à trois cartes par personne. Concrètement, c'est le nombre d'avatars, ou les étiquettes de nom, qui est limité en nombre.

De notre expérience la limite basée sur le travail d'une personne est un début tout à fait acceptable pour introduire la notion de limite à l'équipe. Cette approche est particulièrement intéressante lorsque l'équipe utilise beaucoup le multitâche ou lorsqu'il y a beaucoup de spécialités ou de compétences différentes dans l'équipe.

Il faut juste être conscient que cela ne favorise pas la collaboration entre ces personnes. Les limites portent uniquement sur les activités sans porter également sur les files d'attente. Bien qu'en partie limité, le nombre de cartes peut quand même augmenter globalement dans le système. Enfin, cela reste un système poussé plus qu'un système tiré.

6.4 Limiter l'ensemble des cartes

Une dernière stratégie consiste à appliquer une seule limite à l'ensemble des cartes du tableau, toujours en partant d'un nombre moyen de cartes constaté. Cette approche permet d'emblée d'avoir des discussions d'ensemble et de ne pas stigmatiser une activité par rapport à une autre.

Initialiser une limite pour une activité n'est pas compliqué, l'enjeu pour installer un flux de travail est de bien équilibrer ces limites sur tout le processus de réalisation.

6.5 Initialiser les limites hautes à l'interface d'entrée

Initialiser les limites aux interfaces ou sur le travail en cours est différent : comme la prise de commande de gâteaux, de céramiques, et leur livraison, qui sont les interfaces d'entrée et de sortie, et la réalisation elle-même qui est le cœur de votre système. Pour l'interface d'entrée, la limite dépend de la cadence de planification, du temps de traversée moyen et du débit, comme le montre l'exemple suivant d'une équipe.

Une équipe implémente en moyenne deux cartes tous les deux jours. Les séances de planification pour cette équipe ont lieu tous les quinze jours, soit dix jours ouvrés. La liste des demandes doit contenir au minimum dix éléments (figure 11.4).

C'est le stock nécessaire de travail pour l'équipe sur cette durée. La limite pourra être légèrement supérieure à dix pour absorber les perturbations pouvant éventuellement survenir entre deux séances de planification.

Initialiser les limites aux interfaces est un consensus à trouver avec les parties prenantes. Cela facilite l'évolution de ces limites par la suite, ce qui nécessairement va arriver.

Limiter cette colonne d'entrée permet de reporter le choix en amont du système. Augmenter la limite de cette colonne, c'est, au contraire, déléguer le choix à l'équipe, sous forme de priorisation.

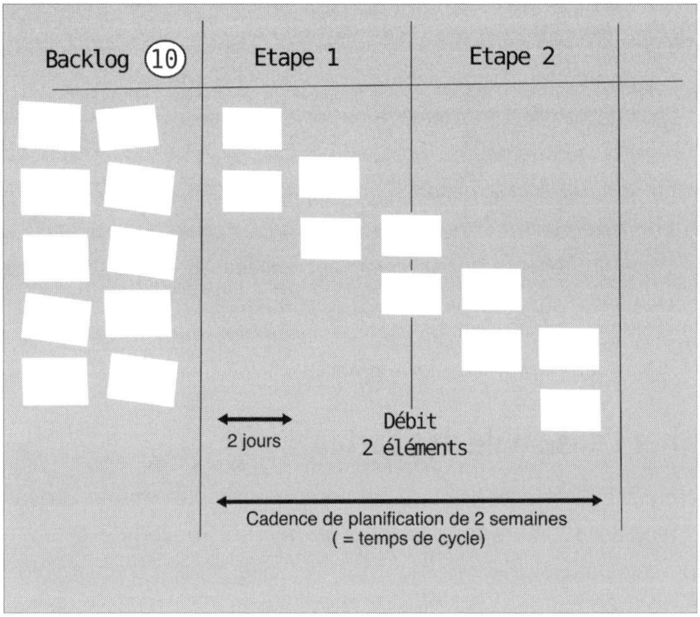

Figure 11.4 – Exemple de limite pour un *backlog* en entrée.

Dans le cas où les responsables de l'activité amont sont disponibles pour injecter des cartes dans le tableau à la demande, alors il n'y a plus besoin de limite à l'interface d'entrée. La modélisation et la visualisation de cette colonne peuvent être dans ce cas supprimées.

6.6 Initialiser les limites hautes à l'interface de sortie

Initialiser les limites en sortie n'est pas naturel. Pourtant, cela permet de limiter la surproduction. Réaliser sans livrer en production, ce n'est pas du flux (figure 11.5).

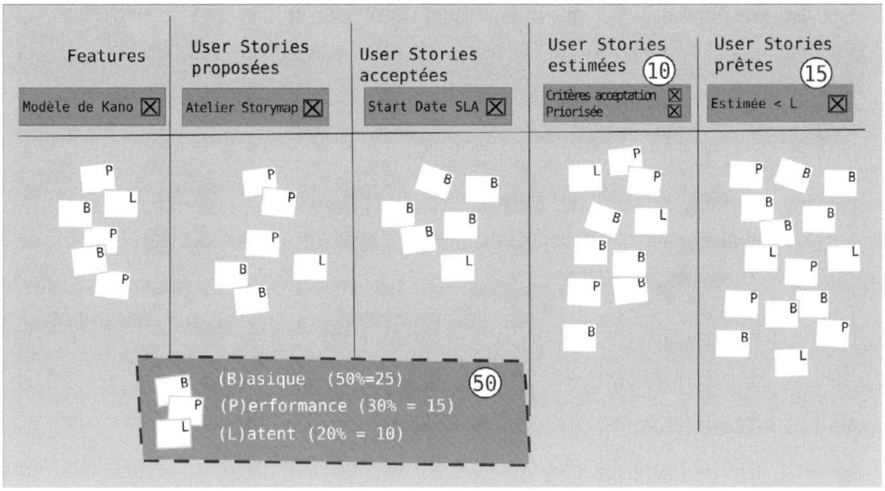

Figure 11.5 – Tableau kanban du *backlog* produit avec ses limites.

Mettre une limite permet d'avoir un seuil permettant de déclencher une mise en production d'un lot suffisant de nouvelles fonctionnalités ou de corrections. La limite peut être décidée sur la base de la valeur ajoutée créée qui justifie le coût d'une mise en production.

Mettre une limite sur cette interface de sortie nécessite une bonne organisation entre équipes de réalisation et de production. Souvent, pour débuter, la mise en place d'une cadence régulière de livraison est plus facile qu'un seuil de déclenchement.

6.7 Allouer de la capacité par type d'éléments

Les limites kanban sont définies par activité. Elles peuvent également porter sur le type d'éléments pour répartir l'effort de l'équipe : on peut utiliser les lignes si celles-ci correspondent à des domaines pour répartir ainsi les limites.

C'est une règle simple que tout le monde peut suivre au quotidien. Son suivi peut être facilement délégué à l'équipe. Cette allocation de capacité permet de s'assurer que tous les types de demandes sont réalisés.

7. LIMITER LES FILES D'ATTENTE : INSÉRER UNE FILE D'ATTENTE ENTRE DEUX ACTIVITÉS

Considérons un processus amont ayant un débit D1 et un processus aval ayant un débit D2. Si D2 est inférieur à D1 sur une période donnée, il va se créer et s'accumuler un stock. Inversement, le processus aval n'aura pas de travail à terme si D2 est supérieur à D1. Plus prosaïquement si je peux tourner plus de céramiques que je ne suis capable d'en cuire (la taille de mon four ?), elles s'accumulent (et représentent du travail pour rien : pas de valeur car elles ne sont pas finies, j'aurais pu consacrer ce temps à autre chose). À l'inverse cela serait dommage que mon four soit disponible mais n'ait pas de quoi se remplir car le tournage ne suit pas sa capacité.

Pour absorber ces variations de débits, une file d'attente est placée entre les deux processus. Les deux débits doivent tout de même être en moyenne identiques pour avoir un système équilibré.

Si le processus amont est représenté par l'équipe de développement et le processus aval par l'équipe de tests, la file d'attente « Fait » permet à ces deux équipes de travailler ensemble.

Une file d'attente est un outil simple et puissant pour rendre visibles les stocks du processus. Ce stock n'est habituellement pas connu de l'équipe (éléments renseignés dans un outil difficilement lisible, difficile à appréhender). Rendre visible ce stock lui donne l'opportunité de le réduire.

Mais en insérant une file d'attente dans un processus, on augmente également le nombre d'éléments en attente dans le système. C'est du gaspillage nécessaire pour la fluidité du travail. C'est aux personnes qui gèrent le système de décider ou non d'inclure ces files d'attente.

On peut commencer par mettre systématiquement des files d'attente entre des équipes spécialisées par activité, quitte à les supprimer par la suite lorsque les équipes commencent à collaborer.

Les systèmes kanban, sans favoriser la spécialisation, permettent à des équipes spécialisées de travailler ensemble grâce aux files d'attente et de le faire de manière asynchrone.

8. METTRE UNE LIMITE SUR UNE FILE D'ATTENTE

Pour contrôler le système et réduire ce gaspillage, on applique à ces files d'attente des limites kanban. La limite force le processus amont à adapter sa vitesse de travail à celle du processus aval.

Il y a deux options pour mettre une limite sur une file d'attente. La première, cas I de la figure 11.6, est de limiter directement la file d'attente « Fait », la colonne « En cours » ayant sa propre limite.

La seconde option est de faire porter la limite sur les deux colonnes liées du développement « En cours » et « Fait », cas II de la figure 11.6.

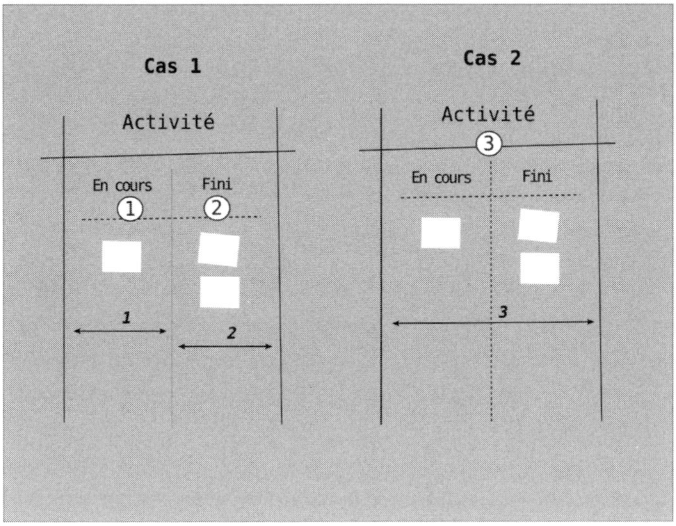

Figure 11.6 – Mettre une limite sur une file d'attente.

Dans les deux cas, le nombre total de cartes kanban est le même et vaut trois dans l'exemple. Le premier cas est plus rigide. Les cartes peuvent être rapidement bloquées. Dans le second cas, le travail va d'abord ralentir avant d'être éventuellement bloqué. L'équipe peut gérer ce ralentissement, en voyant la colonne « Fait » se remplir et la colonne « En cours » se vider. Elle a du temps pour réagir et ajuster son travail en conséquence.

9. DÉFINIR LA LIMITE D'UNE FILE D'ATTENTE

La valeur de la limite d'une file d'attente est un compromis entre une limite trop haute, qui accroît le temps de traversée, et une limite trop basse, qui cause des embouteillages.

La limite haute idéale d'une file d'attente est de 1 lorsque deux équipes ont besoin de rester synchronisées.

Sans données historiques, les personnes en charge récoltent des données factuelles, sur une feuille de calcul, avec des photos quotidiennes ou sur le tableau kanban directement pour définir ces limites.

10. COMMENCER PAR UN PROTO-KANBAN

Si identifier les files d'attente ou en limiter le nombre semble difficile, il est tout à fait possible de commencer avec des limites restreintes aux colonnes d'activités. Cela s'appelle un *proto-kanban* (pour ceux qui veulent briller en société).

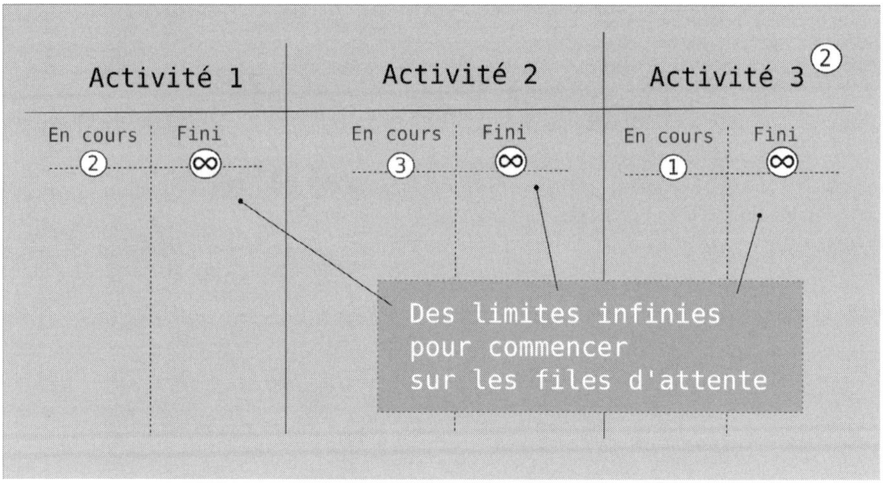

Figure 11.7 – Proto-kanban.

C'est une bonne première étape vers un flux tiré. Il permet déjà de premiers bénéfices immédiats de vision d'ensemble, de transparence, de collaboration et de réduction du multitâche. Et plus important, il permet de s'accoutumer à travailler avec des limites pour préparer la suite de la démarche.

En résumé, définir des limites hautes sur les activités met en place un système en flux tiré. Ces limites s'appliquent aussi bien au travail en cours qu'aux files d'attente.

Ces files permettent à des équipes différentes de travailler ensemble et d'ajuster leur effort pour fluidifier l'ensemble du système.

Définir des limites basses facilite la mise en place d'un mécanisme de déclenchement permettant d'aller vers de la planification juste à temps.

Les limites sont définies de manière empirique, souvent en constatant sur les premières semaines un nombre moyen de cartes dans chaque activité, puis ajustées au cours du temps.

12 Définir les cadences du système kanban

Les cadences permettent de rythmer le flux de travail et de lisser les activités. Elles ouvrent la voie vers la planification juste à temps, l'une des cibles du kanban. Une cadence, c'est se dire qu'à intervalle régulier une action est menée. Par exemple, toutes les semaines, les éléments de la colonne « Demandes » sont analysés et triés par le comité dédié à cela pour injecter celles qui répondent aux bons critères dans la colonne « Sélection ». La cadence de revue des recrutements est d'une journée par exemple pour l'équipe de Didier, puisqu'elle se déroule tous les matins à 9 heures.

1. LES CADENCES SPÉCIFIQUES DU KANBAN

On définit une cadence pour toutes les activités récurrentes. Dans ce chapitre, seules les cadences spécifiquement liées à la gestion du flux de travail sont décrites. Il s'agit des cadences d'injection, de triage et de livraison des éléments (figure 12.1). Gardez en tête que toutes les contraintes (cadence, limite, etc.) donnent de la prédictibilité, peuvent même aussi étouffer l'engagement. Il faut savoir bien doser.

D'autres cadences existent déjà ou sont à définir selon la méthode de gestion de projet utilisée, selon le domaine d'application du système kanban.

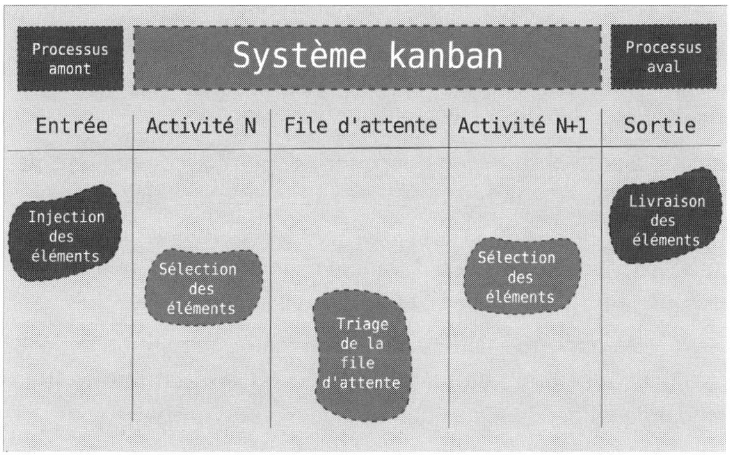

Figure 12.1 – Cadences spécifiques d'un système kanban.

2. LA CADENCE D'INJECTION DES ÉLÉMENTS DANS LE SYSTÈME

Le représentant du processus amont a l'opportunité, à chaque cadence d'injection, de choisir quels prochains éléments de travail vont traverser le système kanban. L'ordre du jour de cette réunion permet d'identifier le nombre juste d'éléments à injecter. Ce nombre dépend des places disponibles dans la file d'attente d'entrée du système par rapport à sa limite kanban.

Les questions à se poser lors de cette réunion sont :

- ✓ Combien d'éléments sont à injecter ? Par exemple, combien de nouveaux entretiens cette semaine ?
- ✓ De quels types sont-ils ? Par exemple, quels types de profils essayons-nous de cibler ?
- ✓ Quels sont les éléments les plus importants à réaliser pour la prochaine période ? Sur quoi mettons-nous le focus ?
- ✓ A-t-on l'assurance que l'élément va effectivement être réalisé ? Les prérequis sont-ils présents, les ressources sont-elles disponibles ?

Lorsque le représentant décide d'injecter un élément, *la règle est alors de le réaliser complètement. C'est le premier engagement d'une approche en flux.* C'est ainsi que la priorisation est aussi effectuée.

C'est un moment privilégié pour obtenir des consensus sur les choix des éléments à réaliser. C'est particulièrement utile si le système kanban a plusieurs clients en amont. L'émergence des consensus est facilitée par la simplicité des questions posées et le nombre réduit de décisions à prendre. Si le système est trop complexe (incertitude, systémique) ou trop compliqué (expertise) vous ne pourrez pas le gérer facilement.

La cadence typique de cette réunion est hebdomadaire. C'est le besoin remonté généralement par le métier pour injecter les éléments au bon moment.

L'objectif du représentant est d'injecter les éléments ni trop tôt ni trop tard car, dans les deux cas, cela réduit son choix :

- ✓ injecter un élément de travail trop tôt implique que cet élément va stagner dans le système. Cela crée du stock et diminue de proche en proche les opportunités d'injecter le bon élément de travail au bon moment. Il perdra potentiellement de la valeur en devenant obsolète, il ne sera plus à jour quand le moment de travailler réellement dessus va arriver ;
- ✓ injecter un élément trop tard se traduit par un traitement de cet élément en mode urgence. Le reste du travail en cours est mis en attente le temps du traitement de l'urgence. Cela augmente le travail en cours.

Idéalement, et cela arrive, les représentants participent à la réunion quotidienne, et l'injection d'éléments est alors faite à la demande. Toutes les parties prenantes sont présentes. Les décisions sont prises de manière collaborative avec toutes les informations nécessaires. Cela demande de la disponibilité et de la réactivité.

En attendant d'être injecté, l'élément reste en amont du système kanban.

3. LA CADENCE DE TRIAGE DES FILES D'ATTENTE

Injecter le travail dans le système au bon moment n'est pas suffisant pour optimiser l'ensemble du flux de travail. Il faut s'assurer qu'entre deux éléments d'une file d'attente l'équipe sélectionne le bon élément en premier.

Cela est particulièrement vrai si la file contient assez de cartes kanban, plus de trois cartes typiquement, pour justifier de ré-ordonnancer les cartes régulièrement.

La séance de triage a lieu avec les représentants des processus adjacents. Il faut anticiper tous les problèmes. Les équipes doivent communiquer et « re-trier » ensemble pour s'assurer que l'ordre est correct pour tous et que la prochaine carte tirée par le développement sera la meilleure carte du moment à être développée.

Les questions à se poser lors de cette réunion sont :

✓ Les éléments ont-ils des dépendances ?

✓ Les éléments sont-ils bien ordonnés pour bien gérer ces dépendances ?

✓ Doit-on changer la priorité de certains éléments ?

Sa fréquence dépend de la taille des files d'attente. Plus la limite de la file d'attente est petite, moins cette réunion est nécessaire. Elle a lieu d'ordinaire tous les deux ou trois jours.

4. LA CADENCE DE LIVRAISON OU DE CLÔTURE DES LIVRAISONS

La cadence de livraison est liée à la file d'attente de sortie du système kanban.

Les représentants du système et du processus aval se réunissent pour préparer la livraison des éléments finis, pour estimer qu'ils sont bien terminés et les sortir. Il est important de bien la définir : sans cadence de clôture, sans clarification de ce qu'est quelque chose de vraiment fini (livrer, achever, clôturer), le risque de travailler en flux est d'avoir une histoire sans fin. Il est souvent plus facile de commencer que de finir, or la création de valeur est réalisée quand l'élément est fini.

5. LES FRÉQUENCES TYPES DE CES CADENCES

Les cadences d'injection et de livraison des éléments peuvent être découplées. Les cadences types que l'on rencontre sont les suivantes :

✓ réunion d'injection : de quelques jours à quelques semaines ;

✓ réunion de triage des files d'attente : quelques jours ;
✓ réunion de sélection des éléments : quotidienne.

6. LE JUSTE À TEMPS

La cible d'un système kanban est une planification juste à temps (JAT) lissée sur la demande. L'objectif est de réduire les temps de traversée en diminuant au maximum les en-cours et les files d'attente. C'est-à-dire d'avoir très peu de délais, très peu de temps d'attente. On demande souvent aux gens d'aller « plus vite », mais c'est souvent irréaliste, c'est en réduisant les délais (ou en changeant le système) que l'on va souvent « plus vite ».

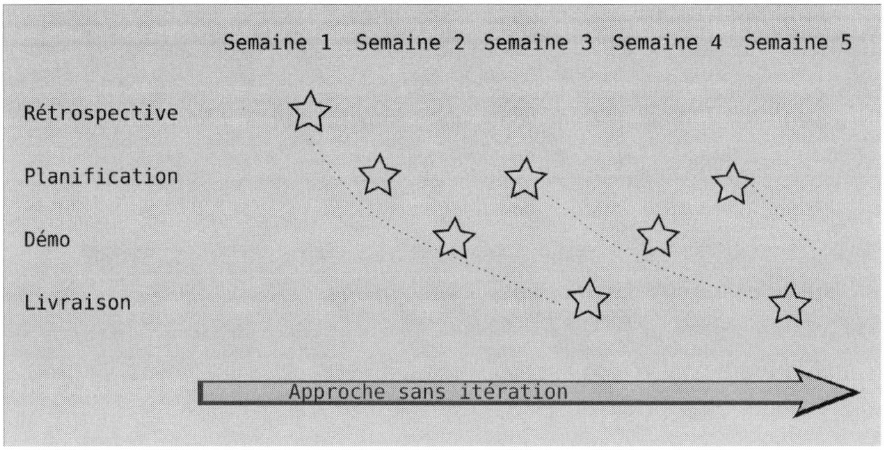

Figure 12.2 – Événements déclenchés juste à temps.

L'intérêt est de pouvoir repousser les prises de décision au plus tard, lorsque l'on a le plus d'informations pertinentes pour prendre les meilleures décisions.

Les cadences précédentes sont traitées idéalement à la demande lors des réunions quotidiennes : injection d'éléments de travail à la demande, livraison d'une fonctionnalité lorsqu'elle est prête...

Le kanban permet d'aller vers cette cible grâce à la mécanique des limites basses. D'un point de vue de l'amélioration continue, le juste à temps sert à réduire le temps entre une prise de décision et l'effet qu'elle va produire. Cela permet d'identifier plus facilement le lien de cause à effet, et facilite donc la compréhension du système.

Le juste à temps est un formidable outil d'amélioration à condition d'être dans un contexte qui le permette avec peu de variabilité du travail ou une mobilisation à la demande des acteurs.

La relative forte variabilité du travail de certaines équipes peut également être un frein au passage au juste à temps.

L'alternative à la pratique avancée du juste à temps est de mettre en place des cadences sur des cycles courts. Ils permettent des boucles de feedback au plus tôt pour une injection des éléments au bon moment, ni trop tôt ni trop tard. L'agilité métier du système kanban est déterminée par les fréquences des cadences d'injection, de livraison et le délai entre ces deux cadences. Découpler les deux permet une adaptation du processus à la dynamique du domaine d'activité et d'orchestrer des flux de natures différentes et une meilleure prédictibilité.

13 Le développement en flux tiré

Corey Ladas[1] propose deux axiomes, que nous adopterons dans cet ouvrage, pour définir l'organisation en flux :

- ✓ *axiome 1* : il est possible de diviser le travail en petits incréments apportant de la valeur et pouvant être planifiés indépendamment les uns des autres. Savoir découper son travail en petits éléments faisant sens de façon autonome est une vraie compétence : cela demande un apprentissage ;
- ✓ *axiome 2* : il est possible de développer n'importe quel incrément apportant de la valeur dans un flux continu, de bout en bout (des exigences au déploiement en production pour le domaine informatique auquel il s'adresse). Autrement dit, toutes les activités liées à un incrément peuvent être réalisées et s'enchaîner les unes après les autres.

Les éléments doivent parcourir les activités du processus en continu et de la manière la plus fluide possible.

Un des challenges de l'organisation en flux est de trouver le bon équilibre entre un nombre suffisant d'éléments pour constituer un flux et leur vitesse à traverser le système. Autrement dit, entre accepter beaucoup de demandes de travail pour satisfaire les clients (internes ou externes) et les produire rapidement.

S'organiser en flux est un nouveau paradigme. Cela exige un pilotage quotidien et des équipes bien connectées entre elles. De multiples causes peuvent venir perturber l'organisation en flux : des attentes dues à l'indisponibilité de tel spécialiste ou de tel environnement, un manque d'informations ou des changements de priorité de dernière minute. Il va falloir savoir travailler en flux en dépit de ces perturbations.

Les principaux concepts liés au développement en flux abordés dans cet ouvrage sont :

- ✓ les files d'attente ;
- ✓ la variabilité ;
- ✓ la taille des lots ;
- ✓ les contraintes sur le nombre d'éléments de travail ;
- ✓ le contrôle du flux (débit, cadence, capacité…).

1. Corey Ladas, *Scrumban, Essays on Kanban Systems for Lean Software Development*, Modus Cooperandi Lean Series, 2009, p. 16.

1. SYSTÈME « TIRÉ » ET SYSTÈME « POUSSÉ » ?

Deux stratégies provenant initialement de la logistique se sont diffusées dans les systèmes kanban : les systèmes « poussés » et les systèmes « tirés ». Ils décrivent le mouvement d'un produit ou d'une information entre deux sujets.

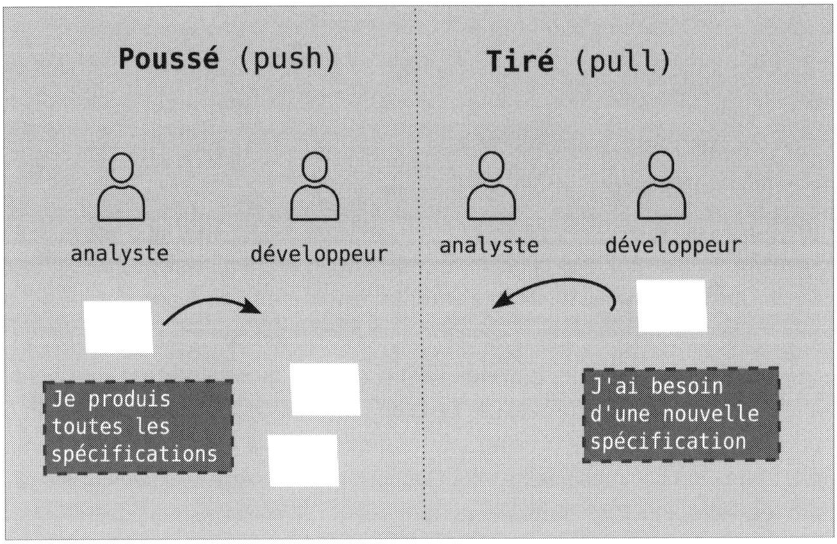

Figure 13.1 – Système poussé et système tiré.

En marketing, c'est la différence entre les entreprises qui « poussent » de nouvelles technologies sur le marché espérant créer ou répondre à un nouveau besoin, et celles qui cherchent avant tout à répondre à la demande déjà présente du marché.

La stratégie d'un « système poussé » consiste à produire un travail sur la base de prédictions. La stratégie d'un « système tiré » consiste à ne travailler que sur la base du remplacement de ce qui a été consommé.

Un système « tiré » nécessite d'émettre des signaux entre les acteurs pour déclencher de nouvelles productions. Dans l'industrie, ces signaux sont les cartes kanban.

Un système « poussé » fonctionne bien tant qu'il n'est pas surchargé et tant que le risque de voir le travail en cours s'accumuler est faible. Lorsque la demande excède régulièrement la capacité, le système se surcharge et le stock s'accumule. Passer à un système « tiré » permet de rendre visible ce dysfonctionnement et de le prévenir au sein du système.

On peut déclencher autant d'entretiens que l'on souhaite tant que l'équipe sait y répondre, n'est pas en surcharge. On peut tourner autant de céramiques que l'on souhaite tant que le four aura la capacité de les cuire. Mais s'il y a trop d'entretiens pour l'équipe, trop de céramiques pour le four, le stock s'accumule. Un stock qui s'accumule est une perte. C'est quand la disponibilité du four et des équipes d'entretiens déclenchera « en tirant » la demande que celle-ci sera adaptée à la capacité.

2. S'ORGANISER EN FLUX TIRÉ

Corey Ladas[2] explique le parti pris du flux tiré :

- ✓ on ne construit pas de fonctionnalité dont personne n'a besoin à un moment donné ; c'est le flux qui tire le besoin ;
- ✓ on ne décrit pas plus de besoins que l'on ne peut en réaliser ;
- ✓ on ne réalise pas plus de choses qu'on ne peut en valider ;
- ✓ on ne valide pas plus de choses qu'on ne peut en déployer, en livrer ;
- ✓ on ne délivre pas plus de choses qu'on ne peut en utiliser.

Réaliser plus que ce que l'on peut utiliser est considéré comme du gaspillage. Pour éviter cela, l'activité en amont est calée sur l'activité en aval. La réalisation est alors tirée par l'aval du processus :

- ✓ on ne délivre que ce que l'utilisateur est capable d'utiliser ;
- ✓ on ne valide que ce que l'on est capable de réaliser ;
- ✓ on ne réalise que ce que l'on est capable de valider ;
- ✓ on ne décrit que ce que l'on est capable de réaliser (dans le sens capacité, pas faisabilité) ;
- ✓ on ne décrit que les besoins exprimés.

La mécanique d'un système tiré va permettre de mettre en place un cadre permettant aux équipes la prise de décisions très opérationnelles, quelle prochaine tâche commencer par exemple, en s'appuyant sur le principe de planification juste à temps. C'est la réponse opérationnelle aux attentes d'agilité métier décrites au premier chapitre.

3. FLUX TIRÉ, UN EXEMPLE

3.1 Vision brouillée

Un système kanban (sans limite, ou juste sur la ligne « Urgences »), mais avec de gros amas irritants dans la colonne « Réalisation » (figure 13.2). Impossible de savoir si c'est la colonne « Étude/préparation » qui asphyxie la colonne « Réalisation » en poussant (« push »), ou si c'est la colonne « Réalisation » qui n'avance pas (pour de bonnes ou mauvaises raisons : comme commencer sans jamais finir).

2. Corey Ladas, *Scrumban, Essays on Kanban Systems for Lean Software Development*, Modus Cooperandi Lean Series, 2009, p. 17.

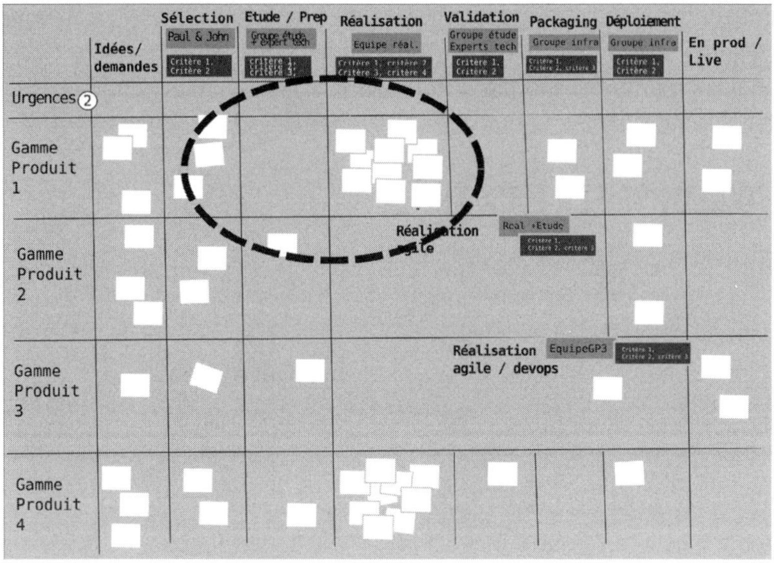

Figure 13.2 – Flux tiré : vision brouillée.

3.2 Vision clarifiée

Passer en système tiré (« pull ») va clarifier cette visibilité (figure 13.3). En fait il y a plein de choses en attente, prêtes à être réalisées dans la gamme produit 1, mais probablement la majeure partie de l'effort est réalisée dans la gamme produit 4. N'empêche, on y voit plus clair.

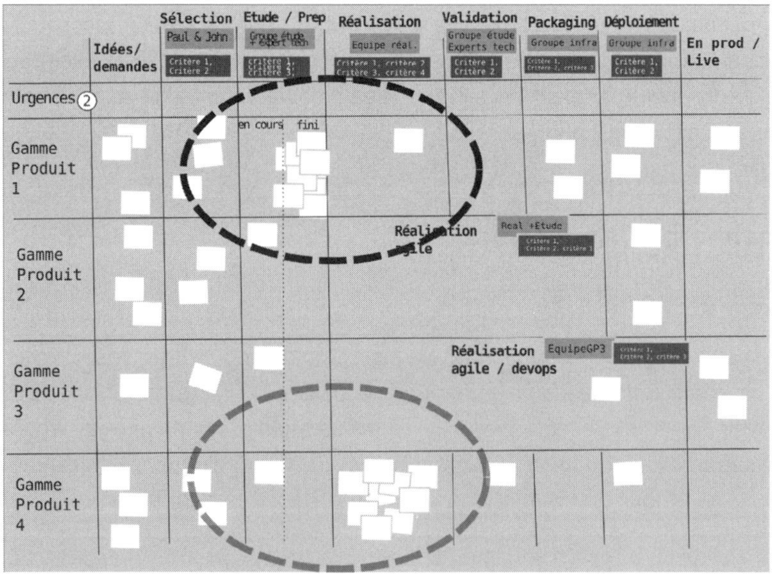

Figure 13.3 – Flux tiré : vision clarifiée.

3.3 Retour des limites

Naturellement on en revient aux limites (figure 13.4). Elles vont permettre d'appliquer une stratégie : inutile de préparer autant de matière pour la gamme produit 1 (par exemple), en limitant l'effort sur la gamme produit 4 on va dégager de l'effort pour la gamme produit 1 (par exemple).

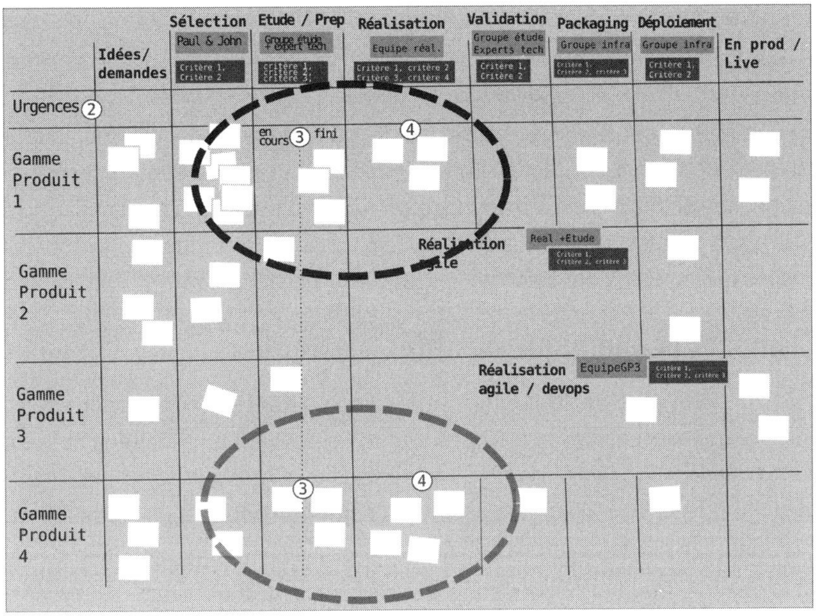

Figure 13.4 – Flux tiré : le retour des limites.

3.4 La meilleure adaptation

Le quatrième bénéfice, peut-être le plus important, on ne peut pas le représenter visuellement : c'est l'adaptation de l'équipe au besoin. Avec le flux, chaque membre de l'équipe tire (« pull ») au meilleur moment (quand il le peut), et avec la meilleure adaptation au travail à réaliser : il tire (« pull ») ce qu'il peut et ce qu'il veut (si certains veulent essayer de s'aventurer sur des compétences pas forcément maîtrisées, ils le peuvent).

Naturellement cela peut être un travail en binôme ou en groupe. Si personne ne veut rien prendre, c'est aussi une indication forte que l'on a besoin de quelque chose : renforcer les compétences ? Sécuriser le travail ? Que l'on est allé trop vite dans un système à flux tiré ?

4. LES ENJEUX DU FLUX TIRÉ

4.1 Impact économique du travail en cours

Le problème, dans beaucoup de domaines de la connaissance et de l'information, est que le travail en cours n'est pas visible, et encore moins son coût. La tendance naturelle est qu'il s'accumule, puisque nous avons rarement assez de capacité pour traiter toutes les demandes. On murmure que les entreprises ont trois fois plus de choses à faire que leur capacité de réalisation. Ce n'est encore qu'une statistique, mais vos tripes et vos observations vous disent la même chose.

Ce que nous créons est périssable, numérique ou non : sa valeur diminue avec le temps. Une description détaillée non implémentée rapidement nécessite, lorsqu'on engage sa réalisation, de vérifier que le besoin est toujours présent et que la solution proposée est toujours la bonne. Ce gaspillage, nous cherchons à le réduire à tous les niveaux, en commençant par rendre le travail en cours visible d'abord.

4.2 Impact économique des files d'attente

Lorsque l'on présente le flux tiré et les limites kanban, nous rencontrons de fortes réactions : « Les demandes des clients ne peuvent être limitées et le travail doit être fait de toute façon, non ?! » Mais est-ce qu'il ne s'agit pas d'une illusion si la capacité du système n'est pas adaptée à cette demande ? Illusion de commencer le traitement sans vraiment le finir.

La demande étant là, la question est de savoir à quel niveau du processus elle est en train d'attendre et quel est le coût de cette attente. Se poser la question des impacts économiques si cette demande est finalement annulée donne un élément de réponse. Plus une demande est avancée dans le système, plus l'impact augmente, bien sûr.

Si la demande ne peut être limitée, son injection dans le système kanban peut être retardée. Nous cherchons à limiter les files d'attente pour remonter les demandes le plus proche possible des demandeurs afin de réduire cet impact, jusqu'à la limite entre le système poussé en amont par les clients et le début du système tiré.

Travailler en flux tiré est un véritable changement. C'est une source d'économie touchant à la réduction des délais et des stocks, donc à la trésorerie de l'entreprise.

Mais attention, ce changement n'est pas toujours possible ou opportun. Contrairement à l'économie d'échelle, qui tend à augmenter la durée des temps de cycle, le flux tiré nécessite, lui, de pouvoir livrer de la valeur rapidement, généralement des cycles courts, en toute confiance. Le flux tiré impose un délai de réalisation inférieur à ce que le client est prêt à attendre et une disponibilité pour y répondre rapidement. Cette disponibilité a un coût. Le flux tiré n'est pas une fin en soi et doit répondre à des enjeux métiers.

14 Suivre au quotidien le système kanban

Afin de trouver les bonnes tactiques pour fluidifier le travail, puis les bonnes stratégies d'évolution du système à plus long terme, l'équipe doit suivre la performance de son système. Ce chapitre montre comment suivre le temps de traversée ou le temps de cycle, le débit et le nombre d'éléments en cours. Ce sont les indicateurs spécifiques de gestion et de pilotage d'un flux de travail, s'appuyant sur des données tangibles : le nombre et le délai.

L'équipe est responsable du suivi de ses métriques au quotidien.

1. METTRE À JOUR LES INDICATEURS

Lors de la réunion quotidienne, l'équipe met à jour les informations du tableau et des cartes kanban. Elle en profite pour mettre à jour les indicateurs qui servent à piloter le flux :

- ✓ le temps de traversée ou le temps de cycle ;
- ✓ le débit ;
- ✓ le nombre d'éléments par activité.

La mise à jour et la visualisation des métriques doivent rester simples, par un suivi sur un tableau blanc à main levée par exemple, pour que toute l'équipe se les approprie. L'analyse de ces indicateurs se fera par type d'éléments. Ces types doivent être identifiables par des codes couleur dans les graphes.

2. SUIVI DES TEMPS SUR DES CARTES DE CONTRÔLE

2.1 Temps de traversée (*lead time*)

C'est le temps que met un élément de travail à parcourir la chaîne complète de réalisation : de la demande client à la livraison en production. Cet indicateur et sa stabilité sont révélateurs de l'efficience globale du processus.

2.2 Temps de cycle (*cycle time*)

C'est le temps que met un élément de travail à parcourir le système kanban. Le temps est considéré du point de vue de l'équipe de réalisation.

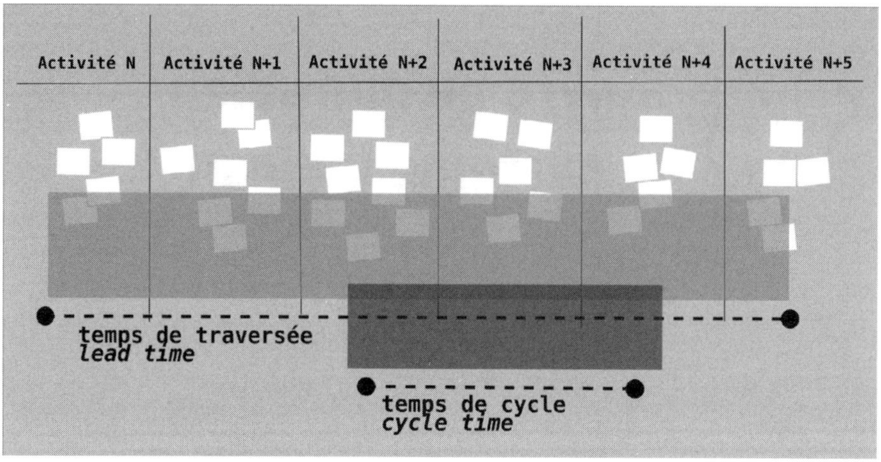

Figure 14.1 – Temps de traversée *vs* temps de cycle.

L'objectif final est bien de diminuer le temps de traversée, car c'est ce que perçoit l'utilisateur ou le client. On y arrive en étendant la portée du système kanban à toute la chaîne de réalisation.

Pour commencer, l'objectif de l'équipe est de diminuer le temps de cycle lié au système kanban, car c'est celui dont elle est propriétaire.

2.3 Les cartes de contrôle

Chaque fois qu'un élément entre et sort du système, l'équipe note la date correspondante sur la carte kanban de l'élément.

À sa sortie, le temps de cycle de l'élément est reporté sur une carte de contrôle (*control chart*) avec en abscisse l'identifiant de l'élément et en ordonnée son temps de cycle comme le montre la figure 14.2. Nous analyserons plus loin dans le détail ce type de carte.

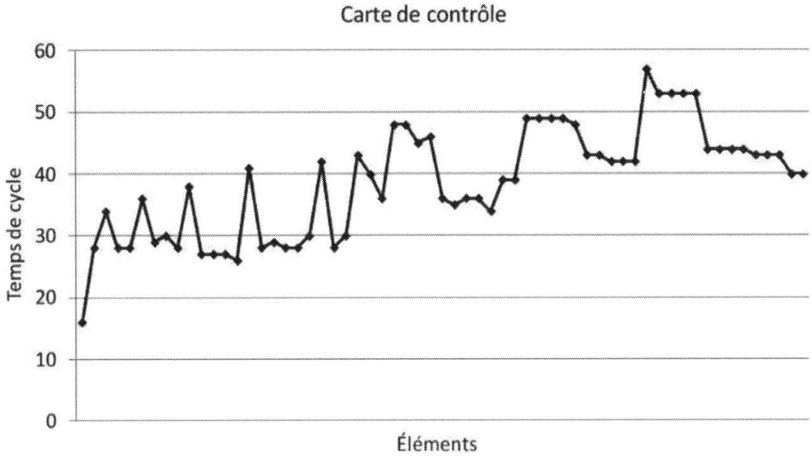

Figure 14.2 – Exemple de carte de contrôle.

3. SUIVI DU DÉBIT

Le débit désigne le nombre d'éléments sortant du système par unité de temps, généralement la cadence de livraison lorsqu'elle existe. Dans le cas contraire, le débit peut être calculé de manière hebdomadaire (figure 14.3).

Au quotidien, on suit le nombre cumulé d'éléments finis sous forme de *burn up*. Le débit est comparé au débit idéal représenté sous forme de droite. Si la courbe réelle est en dessous, alors le débit réel est moins important que prévu. L'aire sous la droite peut être hachurée en rouge pour rendre visible le déficit de performance.

La tendance du débit sur le long terme est visualisée sous forme d'histogramme. Sur l'axe des abscisses est reporté l'identifiant de la cadence (numéro du sprint ou de la semaine) et sur l'axe des ordonnées le débit.

Le débit est utilisé par le métier pour la planification de projets. Sa transparence permet de nouer une relation de confiance entre le métier et l'équipe de réalisation. C'est également un facteur de santé du processus à suivre et à contrôler.

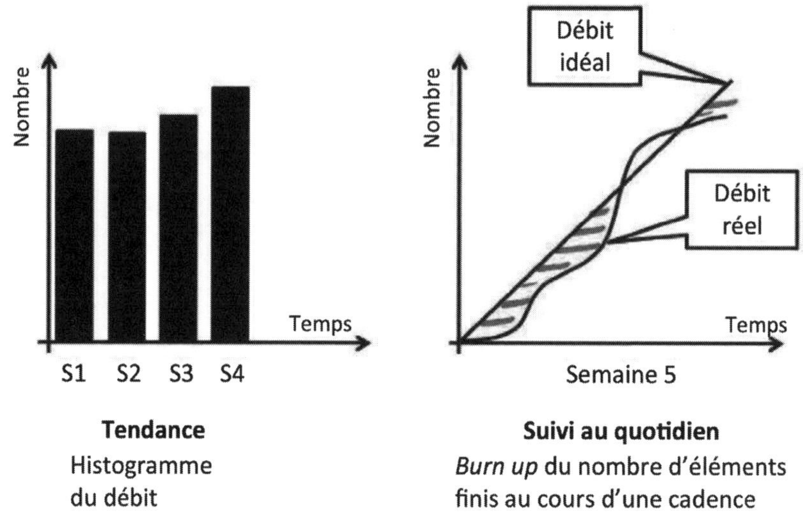

Figure 14.3 – Histogramme et *burn up* du débit

4. SUIVI DU NOMBRE D'ÉLÉMENTS DANS LE SYSTÈME

Dernier indicateur spécifique à suivre au quotidien : le nombre d'éléments de travail en cours par activité. Cet indicateur est logique, on régule le système par le nombre d'éléments.

Le diagramme de flux cumulé (ou CFD, *cumulative flow diagram*) est l'outil le plus adapté pour en faire le suivi. C'est une photo régulière du nombre d'éléments dans chaque colonne reporté dans un tableau de manière cumulée. Et comme toujours en kanban, on commence par la dernière activité du système et on remonte le flux.

La fréquence de sa mise à jour dépend de la complexité du projet et de la granularité des informations que l'on cherche à obtenir. Sur les projets simples et pour une analyse de quelques jours à quelques semaines, la mise à jour est quotidienne.

Pour le suivi de projets complexes, l'analyse sur la base d'un suivi quotidien est elle aussi complexe. Les tendances et les variations peuvent être suivies sur un rythme hebdomadaire.

À plus long terme, c'est un outil d'analyse du système dans sa globalité. Un *burn up* simple permet de piloter, c'est-à-dire de savoir ce qu'il est possible de livrer. Un CFD permet d'amener des éléments de réponse sur le pourquoi.

Les indicateurs et leur suivi sont relativement simples. Ils reposent sur le nombre d'éléments, le temps de cycle et le débit. Toute l'équipe est à même d'en faire le suivi, qui peut être réalisé sans outil numérique, simplement sur un tableau à main levée.

Les informations recueillies sont indispensables pour la phase suivante d'étude du système kanban.

5. RETOUR SUR LES LIMITES ET LE FLUX TIRÉ

Replongeons-nous dans l'équipe RH de Didier, et voyons à quelles limites elle pourrait s'intéresser. Quand on démarre un système kanban c'est d'abord souvent du management visuel, qui dévoile le flux de votre activité, de votre création de valeur. Puis on ajoute une limite pour contraindre le flux. C'est une action décisive qui a un but : limiter le stock, accélérer la livraison, ne pas surcharger une étape, etc. Ainsi gagner en prédictibilité. Une limite n'est jamais gratuite ni aléatoire. Quelle limite poser ? La limite est le moyen. Quel but vous poursuivez est une question à constamment se poser.

5.1 Commencer à finir, arrêter de commencer

Vous êtes dans le cas assez typique où l'une de vos étapes s'engorge : on adore commencer des choses, mais on aime rarement les finir. On perd le focus, on se disperse. Dans ce cas, on peut placer une limite. Le but de celle-ci est de limiter le travail en cours sur l'étape incriminée pour s'obliger à finir des choses avant d'en démarrer d'autres.

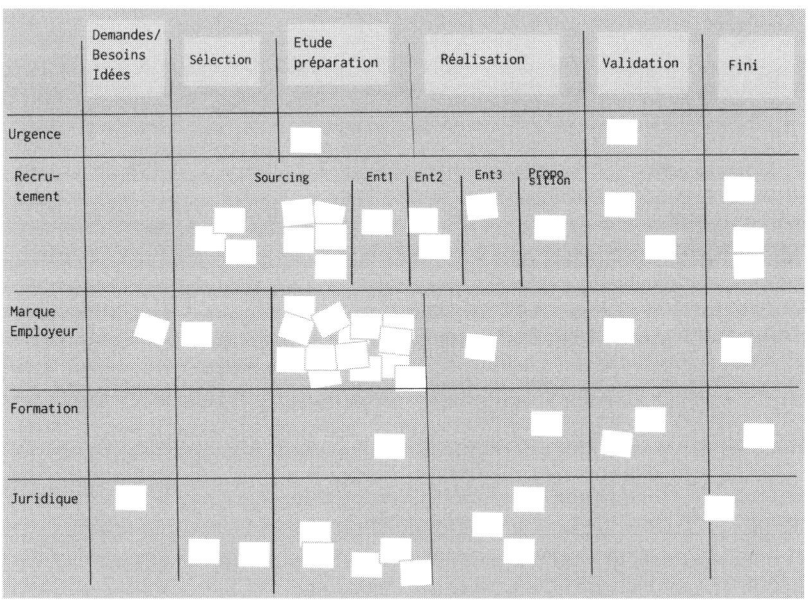

Figure 14.4 – Commencer à finir, arrêter de commencer

Figure 14.4, l'équipe RH de Didier a plein d'idées et de demandes concernant la marque employeur. On cogite, on étudie, mais on démarre trop peu. Il faudrait finir d'avoir des choses à préparer, et commencer à en réaliser certaines. On peut placer une limite sur la préparation : désengorger, obliger à démarrer des choses ou à ne pas en préparer d'autres avant de traiter l'un des quatre éléments déclarés dans la colonne « Étude/préparation » (figure 14.5). Dans ce scénario, une autre option aurait été de mieux faire l'action de sélection : en injectant à bon escient dans le flux. Ou peut-être d'anticiper le goulot de la préparation en plaçant une limite sur la sélection. À vous d'essayer.

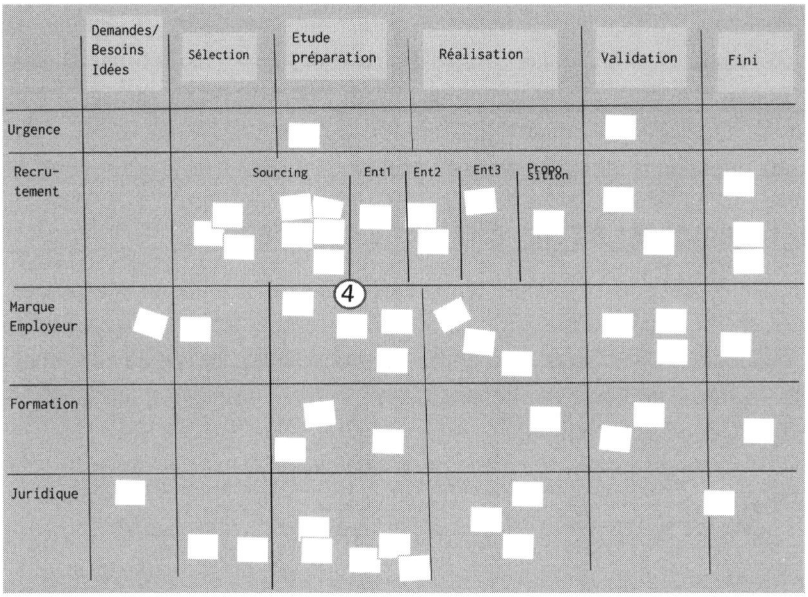

Figure 14.5 – Commencer à finir, arrêter de commencer, avec la limite.

Métaphore du cours d'eau ?

Votre activité, votre création de valeur est comme un long cours d'eau qui s'étale grassement à travers la plaine, jusqu'à ne plus couler, qui stagne. Si vous limitez la taille du cours d'eau, si vous creusez un fossé assez serré dans lequel l'eau doit passer, le débit s'accélère, l'eau avance. Il y en a moins en surface, mais elle va beaucoup plus vite, et au total le volume d'eau qui a traversé est le même, voire plus beaucoup plus gros. Enfin comme toujours la première goutte d'eau à arriver à l'autre bout de la plaine arrive bien plus vite si le fossé est étroit, mais l'eau peut être violente car elle est contrainte : attention aux secousses liées à la limite.

5.2 Appliquer une stratégie sur votre capacité à faire

Vous êtes dans le cas où votre capacité n'est pas répartie selon votre stratégie, vos besoins. Par exemple, vous avez trois domaines d'activité et tout le monde s'investit dans le domaine n° 1. Or il faudrait un investissement identique dans les trois domaines. Vous limitez l'activité des différents domaines pour vous assurer qu'elle soit mieux répartie entre ceux-ci. (Vous pourriez cumuler les deux premiers scénarios : tout le monde s'investit uniquement sur le domaine n° 1, démarre plein de choses, ne finit rien.) La limite va mieux répartir et pousser à finir.

Dans l'exemple de la figure 14.6, toute l'équipe de Didier se rue sur le juridique (mais pourquoi diantre ?) et sur le recrutement, laissant la marque employeur et la formation en friche. On pourrait essayer d'équilibrer (figure 14.7), si cela a du sens pour nous, en répartissant des limites qui contraignent les activités sur les autres domaines (non mesdames et messieurs, si vos équipes sont dans un environnement sain elles n'arrêtent pas de travailler, ou ne travaillent pas moins, si le travail fait sens on aime s'y plonger).

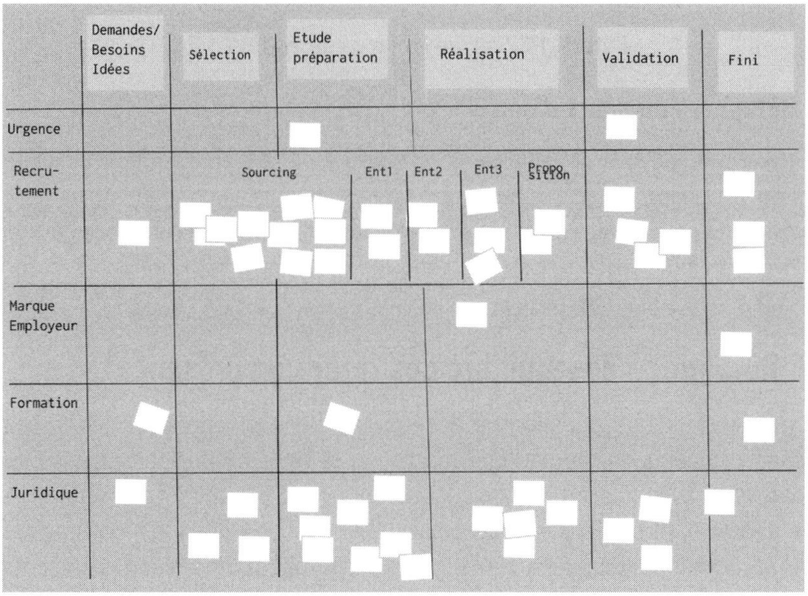

Figure 14.6 – Une limite « stratégique » (1/2).

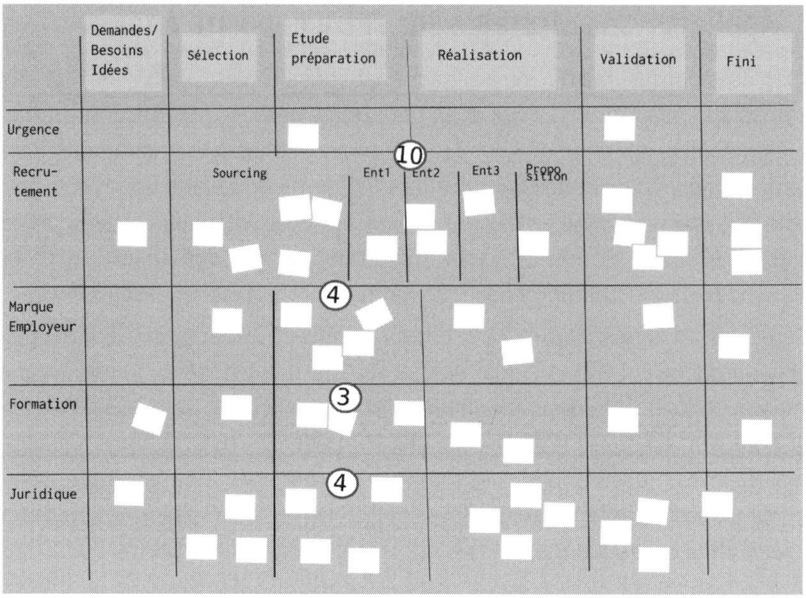

Figure 14.7 – Une limite « stratégique » (2/2).

Métaphore du cours d'eau ?

Le cours d'eau qui s'écoule dans la plaine était fait pour irriguer initialement trois de vos champs. Mais l'eau est oisive, elle a choisi le chemin le plus facile et elle ne s'écoule que vers un seul des trois champs. Si vous contraignez ce chemin facile en limitant le débit possible, l'eau n'a d'autres choix que d'emprunter les passages vers les autres champs.

5.3 Rétablir un déséquilibre des forces en présence

Là aussi c'est une question de déséquilibre dans la répartition des forces en présence, cependant non pas une répartition selon les domaines mais selon les étapes. Vous avez, disons, dix personnes qui pensent, cogitent, écrivent les activités à réaliser, et deux personnes qui les réalisent. Les idées, les cogitations, les écrits fusent mais s'accumulent et s'entassent car les deux personnes qui réalisent ne font pas le poids face aux dix qui les nourrissent. C'est dommage car rapidement les idées, les cogitations, périclitent, périment. C'est un investissement perdu. On place ici une limite en amont de l'étape de réalisation, sur l'étape de cogitation, pour éviter un amoncellement inutile, une péremption de celles-ci, pour là encore ne pas travailler pour rien, ou pour peu, et orienter cette énergie à un endroit plus pertinent.

Dans l'équipe RH de Didier, Caroline, Marie-Claire, Bénédicte, Simon, André, et Martha sont des consultants embauchés pour remettre à flot la marque employeur. Ils accompagnent Johanna et Natasha sur cette mission. Vincent et Patrick réalisent toutes ces demandes, quand ils peuvent, car Patrick s'occupe aussi du support client. De fait les demandes, idées, s'accumulent dans la case « Étude/préparation » et aussi dans la case « Réalisation » (figure 14.8). On a poussé Vincent et Patrick à démarrer des choses, mais pour eux impossible de les finir, pas assez de bras.

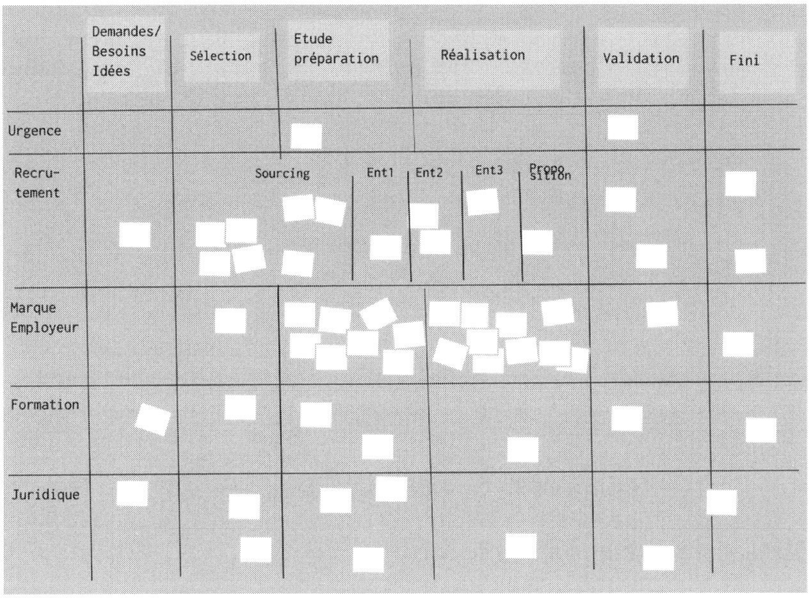

Figure 14.8 – Un équilibre par les limites (1/2).

Notre option (figure 14.9) : placer un flux tiré (sous-colonnes « En cours » et « Fini ») pour rendre visible cette surcharge entre deux forces en présence déséquilibrées, et une limite sur la partie en amont « étude/préparation » pour ne pas trop en faire, une limite sur la partie « réalisation » pour s'assurer que l'équipe reste *focus* et ne se disperse pas. Ainsi plusieurs effets : plus la peine d'autant de consultants… ou les consultants se mettent à faire, à réaliser aussi, ou ils se partagent sur une autre activité. Vous auriez peut-être pu ne pas mettre de limite en faisant grossir votre équipe de réalisation. Tout cela reste des hypothèses.

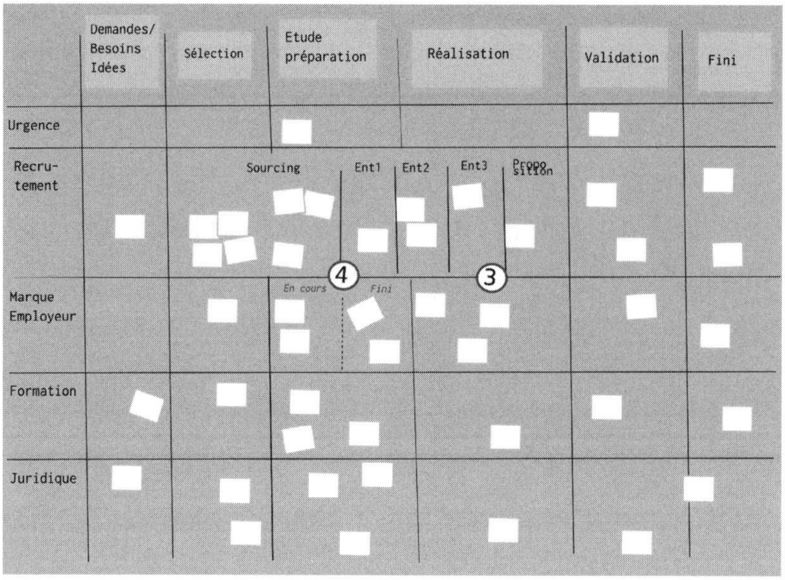

Figure 14.9 – Un équilibre par les limites (2/2).

Métaphore du cours d'eau ?

Inutile d'arroser trop vos champs avec le cours d'eau : ils ne savent pas ingurgiter plus d'eau que leur capacité et cette eau est gaspillée. Autant limiter celle-ci (comme un barrage) pour l'utiliser ailleurs ou au bon moment.

5.4 N'oubliez pas les limites basses

Pour garantir la cadence du flux on peut le contraindre, mais il ne faut pas oublier de l'alimenter aussi. Vous pouvez avoir des limites basses. Mais vous avez peut-être besoin d'irriguer vos champs *a minima* tous les jours. Si plus personne n'a d'idée, ne cogite, soudainement les deux personnes qui réalisaient (dans notre exemple précédent) se trouvent à court de matière. Vous devez peut-être vous assurer d'avancer sur le juridique ou, dans un portfolio kanban de projets, vouloir *a minima* un ou deux projets d'innovation pure, etc. Il faut parfois penser à assurer un débit minimum.

Ici (figure 14.10) pour s'assurer qu'un minimum de candidats soit vu en entretien, on place une limite basse sur le « sourcing » qui doit se faire sur quatre éléments minimum (figure 14.11).

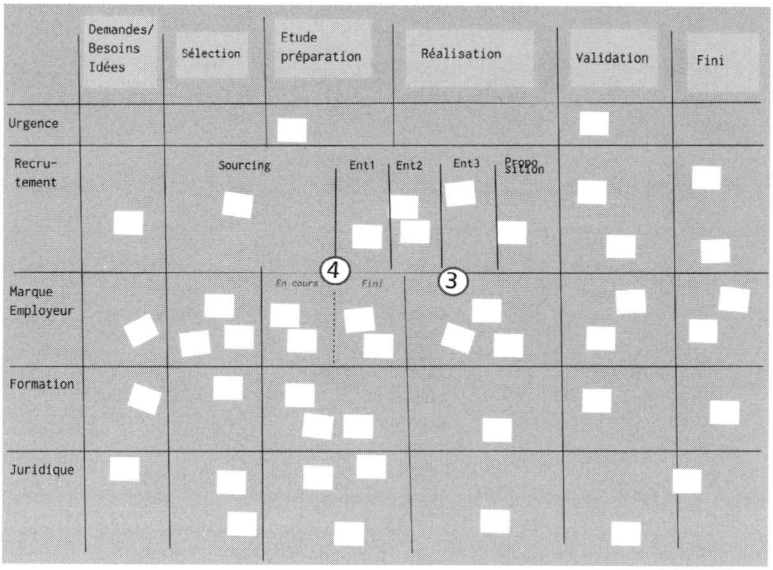

Figure 14.10 – N'oubliez pas les limites basses (1/2).

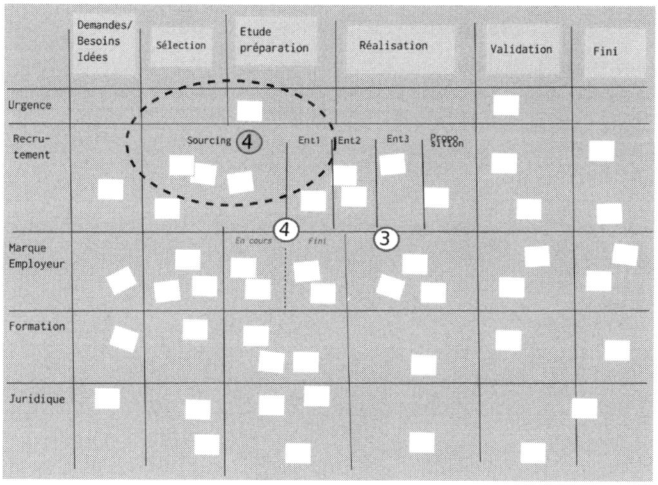

Figure 14.11 – N'oubliez pas les limites basses (2/2).

5.5 S'assurer que tout le flux est limité

Si vous avez essayé de placer une ligne « Urgence » (qu'on appelle souvent *expedites* en kanban) pour mettre en évidence les urgences à traiter, il se peut que cela vous soit arrivé… : voir figure 14.12. C'est humain peut-être. Tout est devenu urgence, vidant de son sens cette appellation. Du coup, pour régler cela, vous voudriez placer des limites sur toutes les colonnes, ou même encore plus limiter le nombre d'éléments en en autorisant moins d'un par colonne.

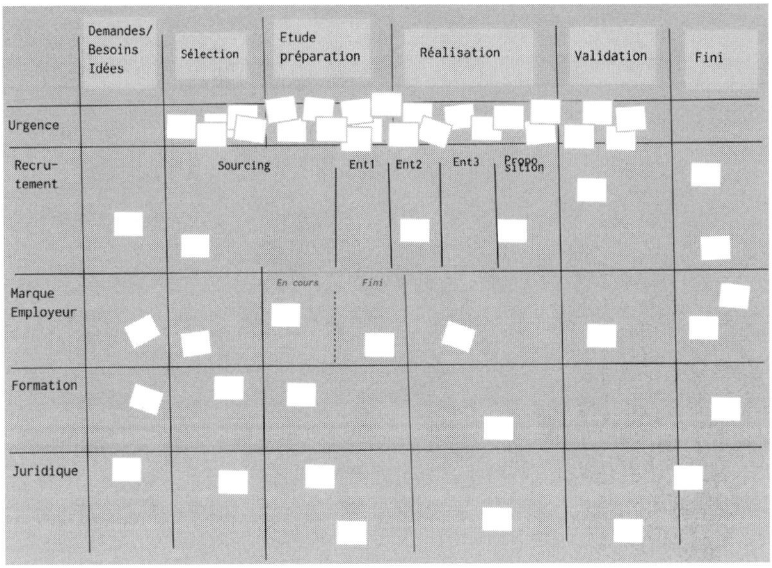

Figure 14.12 – Gestion des urgences (1/2).

Dans ce cas c'est très contraignant mais vous pouvez placer une limite en début de ligne (figure 14.13).

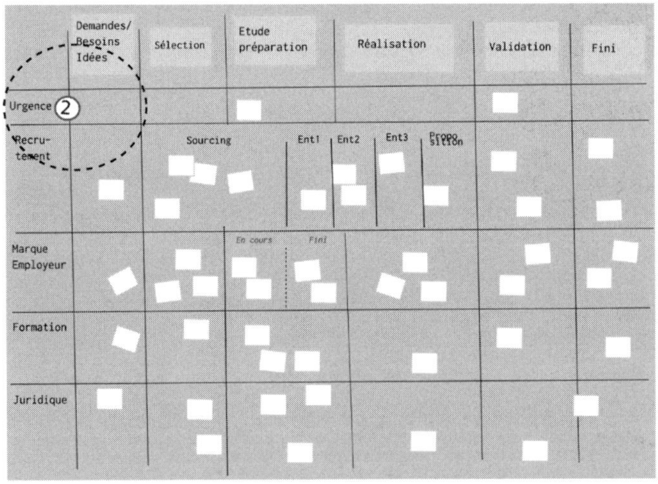

Figure 14.13 – Gestion des urgences (2/2).

En résumé, voici donc cinq exemples assez typiques de limites, et d'utilisation de flux tirés si propres à un système kanban. De quoi s'organiser !

PARTIE 3

Kanban : déploiement et amélioration continue

Maintenant tous les éléments sont entre vos mains. Et entre celles de Didier et de son équipe. À présent que le système kanban est bien présent et bien compris, il s'agit de véritablement s'améliorer, d'entrer dans les arcanes des systèmes kanban.

15 Les valeurs de Kanban

Kanban est une approche robuste, capable de s'adapter à une grande variété de contextes organisationnels. Pourtant, ses pratiques demeurent simples, ce qui rend leur application unique et spécifique à chaque situation. Mais comment s'assurer que cette implémentation soit la plus adaptée possible à votre organisation ?

Tout commence par les valeurs pour Mike Burrows[1]. Il a souligné leur importance en les plaçant au cœur de l'approche Kanban. Il propose une vision globale où ces valeurs jouent un rôle central, guidant et soutenant une évolution progressive du changement organisationnel.

Cette approche nous invite à voir Kanban comme bien plus qu'un ensemble de pratiques et de principes. Ces valeurs agissent à la fois comme des contraintes qui nous guident et comme des moteurs qui permettent un changement durable. Ainsi, si notre voyage avec Kanban a débuté par un simple tableau de cartes sur un mur, plaçons désormais les valeurs au centre de notre démarche.

Imaginez que vous êtes à la tête d'une équipe qui adopte Kanban. Vous commencez par observer ce qui se passe autour de vous. C'est là que la première valeur, la **Compréhension**, entre en jeu. Vous prenez le temps d'analyser votre environnement, d'identifier les défis, les opportunités et de bien saisir la dynamique actuelle. Vous réalisez que tout changement, pour être efficace, doit partir d'une bonne compréhension du système.

Ensuite, vous réunissez votre équipe pour discuter de la direction à prendre. Vous vous assurez que tout le monde est sur la même longueur d'onde, en se mettant d'**Accord** sur les objectifs et la manière de progresser. Cet accord crée un alignement précieux et un engagement collectif pour évoluer ensemble de manière incrémentale.

Au fil des discussions, un respect mutuel s'installe. Ce **Respect** guide vos interactions, reconnaissant les rôles et les contributions de chacun. Vous comprenez que pour réussir, il est essentiel de valoriser les compétences et l'expérience existantes, sans jugements ni préjugés.

Alors que l'équipe avance, vous encouragez chacun à devenir un leader. Pas seulement le chef d'équipe ou le manager, mais chaque personne, quel que soit

1. *Kanban from the Inside*, Blue Hole Press, 2014.

son rôle, quel que soit son niveau dans l'organisation. C'est là que la valeur de **Leadership** se manifeste. Vous incitez chacun à prendre des initiatives, à faire preuve de créativité et à jouer un rôle actif dans le processus de changement, à tous les niveaux de l'organisation.

L'équipe se concentre alors sur le **Flux** de travail. Elle identifie les obstacles et cherche à optimiser la progression du travail, visant une régularité et une prévisibilité accrues. Cette quête d'un flux optimal devient un moteur pour atteindre plus d'efficacité.

Tout au long de ce parcours, vous gardez toujours en vue le **Focus Client**. Vous vous assurez que chaque action et chaque décision du quotidien créent de la valeur pour le client. Ce n'est pas seulement une question de produit ou de service fini, mais de véritable satisfaction des besoins et attentes des clients, ce qui donne un sens et une direction claire au travail de l'équipe.

L'équipe commence également à adopter la **Transparence**. Ensemble, vous rendez le travail visible, clarifiez les processus et partagez les règles qui les régissent. Cette transparence facilite l'identification des problèmes et renforce une culture d'apprentissage continu, dans laquelle chaque membre est informé et impliqué.

Avec le temps, vous apprenez à équilibrer les tâches et les capacités de l'équipe. Vous limitez le travail en cours pour éviter la surcharge et maintenir un **Équilibre** entre ce qui est demandé et ce que l'équipe peut réellement accomplir. Cette approche aide à préserver la qualité du travail tout en maintenant une dynamique fluide et durable.

Enfin, vous réalisez l'importance d'une approche **Collaborative**. Vous ne travaillez pas seul; c'est en collaborant que les meilleures solutions émergent. Vous encouragez les discussions, l'expérimentation et le retour d'expérience pour continuellement adapter et améliorer les processus ensemble, en adoptant une approche empirique pour guider le changement.

À travers ce parcours, vous découvrez que ces neuf valeurs – Compréhension, Accord, Respect, Leadership, Flux, Focus Client, Transparence, Équilibre, Collaboration – sont les véritables moteurs de votre transformation Kanban. Elles créent un environnement propice à l'évolution constante, tout en restant aligné sur les objectifs et la culture de l'organisation.

Ces valeurs permettent et expliquent pourquoi Kanban n'est pas réservé au seul processus de développement logiciel mais peut finalement s'adresser à toute l'entreprise.

Se saisir de valeurs, de principes, n'est jamais simple. C'est beaucoup plus intangible qu'une procédure. Et pour certaines, elles semblent enfoncer des portes ouvertes (naturellement que nous souhaitons collaborer ? non ?). Il faut savoir aller au-delà d'une simplicité apparente (juste des mots ?), pour se les approprier. Idéalement trouver des moments pour s'interroger (par exemple dans les rituels liés aux boucles de feedback que nous présentons plus loin dans ce chapitre). Est-ce que nous avons bien un focus client ? Est-ce que la compréhension est bien partagée ? Qu'est-ce qui nous fait dire que nous collaborons ? Comment tout cela se traduit concrètement dans notre tableau kanban ? C'est typiquement un rôle de management, un signe de leadership que d'incarner et interroger constamment ces valeurs. Vous pourrez toujours ajuster un processus, et tant mieux, prenez une valeur comme un cadre beaucoup plus solide.

Neuf valeurs c'est aussi beaucoup à embarquer. N'hésitez pas, dans votre cheminement Kanban à avoir une préférence, un focus sur certaines avant de peu à peu intégrer les autres.

Ces valeurs montrent aussi que Kanban est loin d'être uniquement un outillage précis pour des secteurs très techniques, et qu'il peut se décliner de nombreuses façons dans de nombreux domaines.

16 Mesurer les impacts globaux des changements locaux

Armés de ses valeurs, nous basculons vers cette étape nouvelle d'amélioration continue, d'optimisation de nos systèmes kanban. Premier cheminement : souvent les pistes d'évolution suggérées par l'étude du système sont principalement les changements locaux portant sur le nombre d'éléments ou les colonnes. Il est important d'analyser l'impact de ces changements sur la performance du système car : le travail en cours (WIP) d'aujourd'hui est la capacité de demain !

L'objectif n'est pas de créer des optimisations locales mais d'améliorer l'ensemble de la capacité du système. Il faut voir le tout. Le diagramme de flux cumulé, que l'équipe a alimenté au quotidien, va servir de support pour cette analyse.

1. ANALYSE DU SYSTÈME

1.1 Analyse de son équilibre global

Les diagrammes de flux cumulé permettent de s'assurer de la performance globale du système, c'est-à-dire ayant une capacité équilibrant la demande.

L'analyse des diagrammes de flux cumulés montre l'intérêt du WIP pour comprendre les répercussions des changements locaux. C'est un outil d'analyse systémique qui nous rappelle que l'objectif d'amélioration porte sur la capacité globale du système. C'est une fiche de santé plus qu'un indicateur de pilotage. Il est à la fois un révélateur de dysfonctionnements lorsqu'il montre l'émergence de goulets d'étranglement par le motif des bulles ; un révélateur de gaspillages lorsqu'il rend visibles des temps moyens trop importants ou des cadences trop longues par le motif des créneaux.

C'est enfin un garde-fou pour que l'équipe puisse vérifier qu'elle a bien suivi les règles et les caractéristiques définies pour le système.

La pente de la courbe supérieure des diagrammes de la figure 16.1 représente la demande. La pente de la courbe inférieure représente la capacité du système. Un système équilibré, cas n° 1, a des pentes des courbes supérieure et inférieure parallèles. Dans les autres cas, il y a soit création de stock, cas n° 2, soit diminution du stock existant jusqu'à ne plus avoir de travail, cas n° 3.

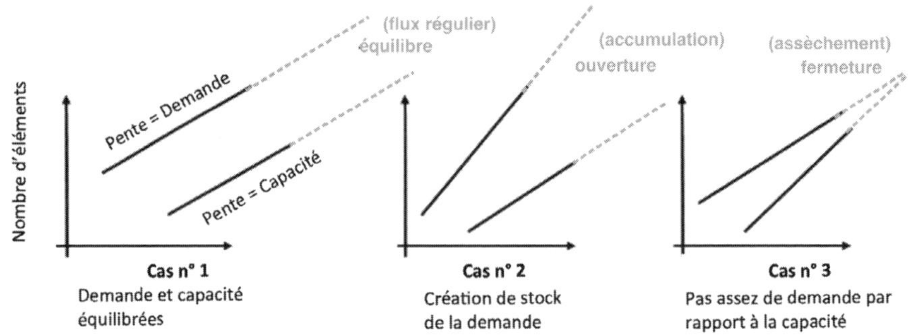

Figure 16.1 – Motifs de diagrammes de flux cumulé.

1.2 Analyse des temps moyens

Le diagramme permet, sur l'axe horizontal, d'obtenir des temps moyens sur tout ou partie du processus, du temps de traversée au temps moyen sur une activité.

Dans le diagramme de la figure 16.2, dont l'axe des abscisses représente des jours, on relève un temps moyen de traversée de neuf jours pour les éléments qui sortent le dixième jour. Le WIP est de soixante *stories*, éléments (ou autres) le neuvième jour.

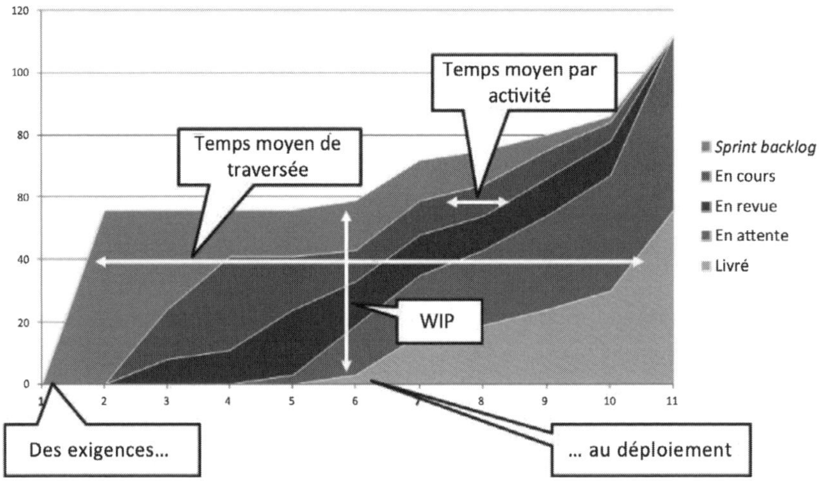

Figure 16.2 – Points clefs d'un diagramme de flux cumulé.

1.3 Exemples de diagrammes

Projet de migration

Sur l'exemple de la figure 16.3, la demande est bien adaptée à la capacité de l'équipe. Deux phases sont annotées sur le diagramme. La première est une phase d'optimisation locale de l'équipe de développement. Le WIP (travail en cours) de développement a diminué et reste sous contrôle. Mais il n'y a pas d'impact sur la capacité globale du système.

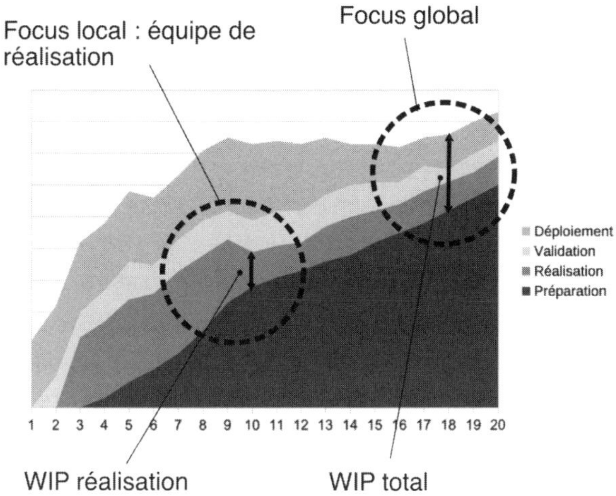

Figure 16.3 – Diagramme de flux cumulé d'un projet de migration.

La seconde est une phase d'évolution générale du système impactant toutes les équipes. Le resserrement des courbes à la fin du diagramme montre l'effet très positif et plus global de cette évolution. Le WIP total est presque divisé par deux.

Cette évolution a eu pour effet de passer d'un temps de cycle moyen de 45 jours à moins de 30 jours (figure 16.4). Sur ce projet, la cadence de livraison était de 30 jours. Le temps de cycle et la cadence de livraison sont devenus cohérents. Les 15 jours excédentaires représentaient du gaspillage sous forme de stock.

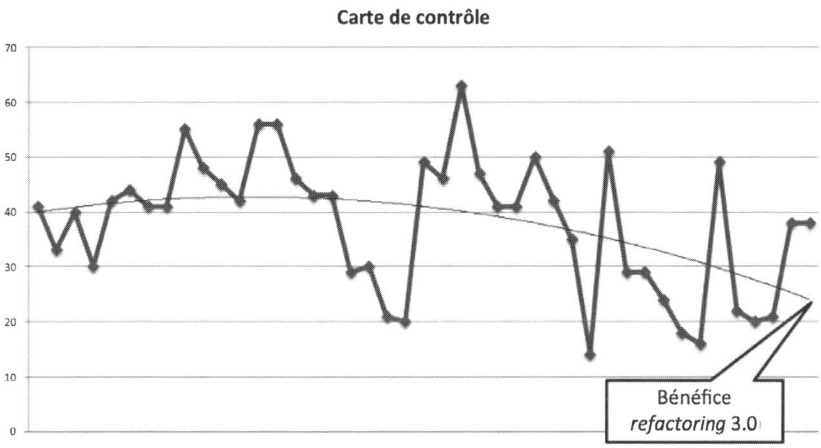

Figure 16.4 – Effet d'une cause spéciale sur les temps de cycle.

Projet de recette usine

Sur ce projet de recette, l'objectif était de créer et d'automatiser des scénarios de tests pour tout un système d'information. 4000 scénarios et autant de scripts ont été réalisés en moins de trois mois.

Le temps de cycle au démarrage du projet était de six semaines. C'était beaucoup trop long compte tenu de la durée du projet. Si de la non-qualité avait été identifiée le deuxième mois, six semaines auraient été nécessaires pour la reprise. Cela aurait eu pour conséquence de dépasser le jalon du projet de deux semaines.

En pilotant le nombre de scénarios et de scripts dans le système, le temps de cycle effectif d'un test est passé de six semaines à deux semaines. C'était le minimum compte tenu de la cadence de livraison hebdomadaire : livraison du scénario la première semaine et livraison du script associé la seconde semaine.

Cette tendance se voit nettement sur le diagramme 15.5 et montre bien un bénéfice global pour le système.

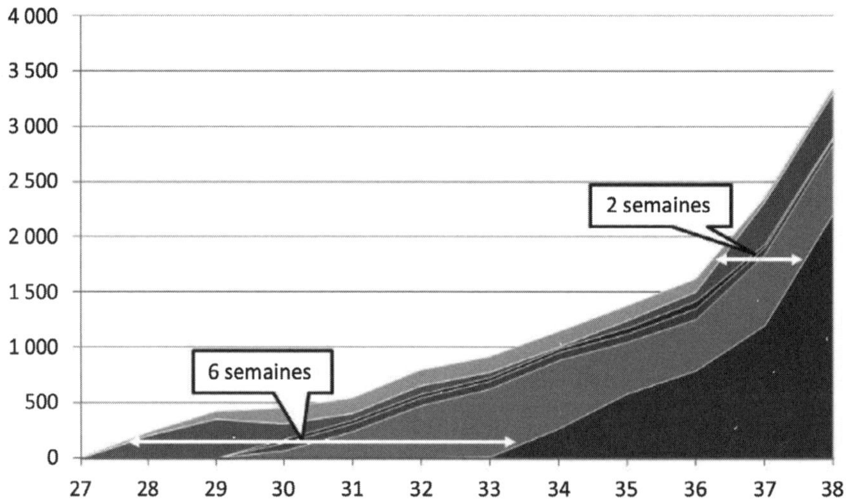

Figure 16.5 – Diagramme de flux cumulé projet de recette usine.

2. ANALYSE DES IMPACTS DES CHANGEMENTS

2.1 Analyse des motifs

Dans l'exemple de la figure 16.6, plusieurs motifs types d'un système kanban sont visibles.

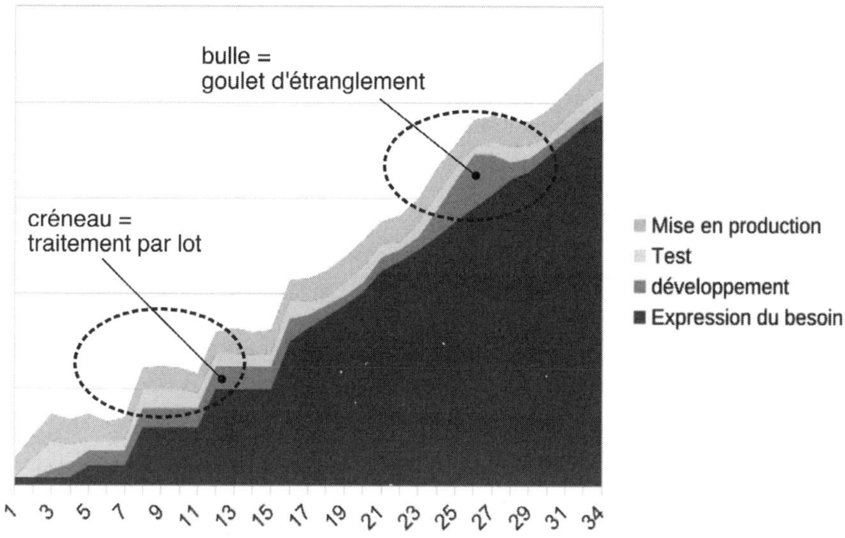

Figure 16.6 – Motif des bulles et des créneaux.

Motif des créneaux

Le premier motif est celui des créneaux des tests d'intégration et des cadences de mise en production. Il se traduit par des marches d'escalier sur la partie inférieure du diagramme. La file d'attente des tests se remplit en attendant que les tests d'intégration débutent. Puis rapidement, les tests sont passés, la file d'attente se vide complètement. Visuellement, cela se traduit par des créneaux sur le CFD.

Motif des bulles

Le second motif est le principe d'apparition des bulles. Elles sont présentes sur les deux premiers tiers du diagramme au milieu des courbes. Elles représentent visuellement l'apparition temporaire de goulets d'étranglement dans le système sur les tests. Des cartes s'entassent dans une colonne lorsque le goulet se forme. Le nombre augmente tant que le goulet est présent puis diminue lorsqu'il se résorbe. Visuellement, cela se traduit par des bulles sur le CFD (*cumulative flow diagram*).

2.2 Impact d'un changement sur le diagramme de flux cumulé

Suivre le nombre d'éléments en cours permet de détecter plus tôt les problèmes que le temps de cycle. Le diagramme de la figure 16.7 montre l'effet quasi immédiat d'un blocage sur le travail en cours. Son ressenti sur le temps de cycle arrive seulement quelques jours après.

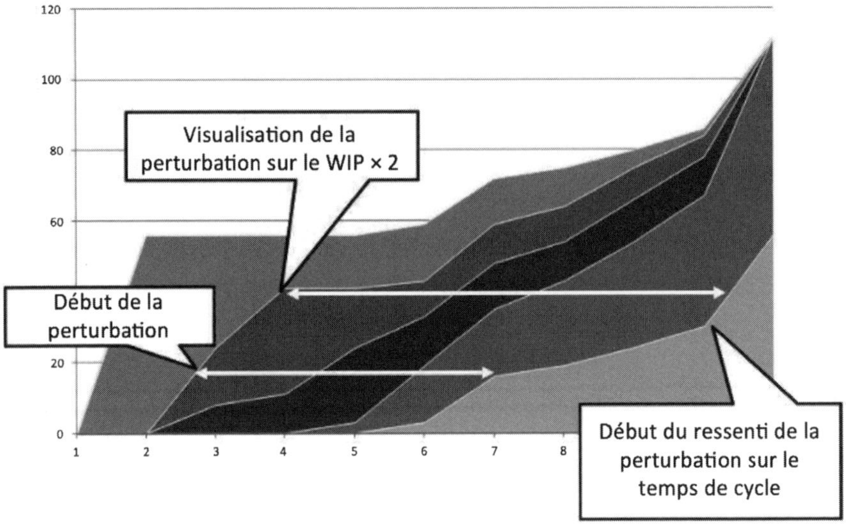

Figure 16.7 – Effet d'une augmentation du WIP sur le temps de cycle.

Entre le 3e et le 4e jour, on observe une augmentation du WIP dans le système. Une bulle se crée. L'augmentation se résorbe le 6e jour. L'impact de cette augmentation commence à être ressenti sur le temps de cycle six jours après. Si l'on ne suit que le temps de cycle, on met deux fois plus de temps à visualiser la perturbation qu'en suivant le nombre d'éléments dans le système.

17 Identifier les comportements émergents

Dernière phase de la démarche kanban, l'amélioration a pour objectifs principaux de tirer les enseignements du cycle qui se termine et d'ajuster le système en conséquence. Pour cela, l'équipe doit :

- ✓ identifier les comportements émergents : par des *modèles de conception* comme les classes de service, les tableaux à deux niveaux ou les couloirs ; par des *modèles de collaboration* tels que l'équipe propriétaire du processus ou le modèle de fourmillement ;
- ✓ acter la *capacité de référence* du système afin d'avoir une cible d'amélioration et un niveau de service pour le système ;
- ✓ *ajuster les règles du système* pour le prochain cycle d'amélioration continue (suggestion).

Ce chapitre aborde les comportements émergents des systèmes kanban.

Tout ce que l'équipe a essayé avec succès, l'équipe doit l'acter. Tout ce que l'équipe a appris ou constaté comme comportements émergents, elle doit le standardiser. Il s'agit d'amplifier les expérimentations réussies. C'est le cliquet anti-retour de la roue de l'amélioration continue.

Ce chapitre fait un tour d'horizon des comportements émergents. Ce tour est non exhaustif. Il s'agit des comportements les plus répandus et les plus significatifs du kanban. Il aborde tour à tour les modèles de conception du système kanban puis les modèles de collaboration.

1. LES MODÈLES DE CONCEPTION

1.1 Les classes de service

Lors de la phase de conception, l'analyse de la demande a porté sur le type de travail. Cela a permis de définir des règles (de purge, sélection...) plus adaptées selon qu'il s'agisse d'anomalies, d'urgences ou de tâches techniques. L'analyse des cartes de contrôle met en évidence rapidement le fait que la performance du système n'est pas toujours liée au type de travail. Cette performance, dans une approche en flux, dépend d'autres paramètres, tels que la gestion de risques et la performance économique.

L'équipe propose alors, plutôt que le type des éléments, une catégorisation pour affiner la performance du système : les classes de service. C'est une catégorisation des types basée sur des profils de risques à laquelle est associé un niveau de service. Le flux entrant de demandes est réparti par classe de service. Il faut se représenter ces classes comme des tapis roulants à vitesses différentes et ayant des débits différents. Deux éléments de classes différentes entrant le même jour dans le système en sortiront à des délais et avec des probabilités différents :

- ✓ la correction d'une anomalie majeure identifiée le 5 janvier aura 95 % de probabilité d'être livrée le 10 janvier ;
- ✓ une évolution de complexité moyenne acceptée le même jour aura 90 % de probabilité d'être livrée le 25 janvier.

1.2 Le coût du délai

Les classes de service reposent sur des profils de risques. Le profil de risque le plus courant en kanban est le coût du délai (COD, pour l'anglais *cost of delay*). L'idée de ce modèle est de poser la simple question de l'impact économique lorsqu'une demande n'est pas prise en compte à la date souhaitée, mais un jour, une semaine ou un mois plus tard. Le coût du délai représente alors la différence entre le gain estimé et le gain réel. Ce profil concerne le risque économique métier. Il est développé dans cet ouvrage à titre d'exemple.

Le coût du délai peut être appréhendé de deux façons avec Kanban.

La première est la mise en avant de l'intérêt du flux : si vous livrez par paquets et que vous attendez la fin de la constitution de votre paquet avec tous ses éléments, vous perdez la valeur liée à la mise à disposition de certains éléments plus tôt. Cela pousse à une livraison en flux avec une priorisation sur la valeur, et le ratio effort/valeur.

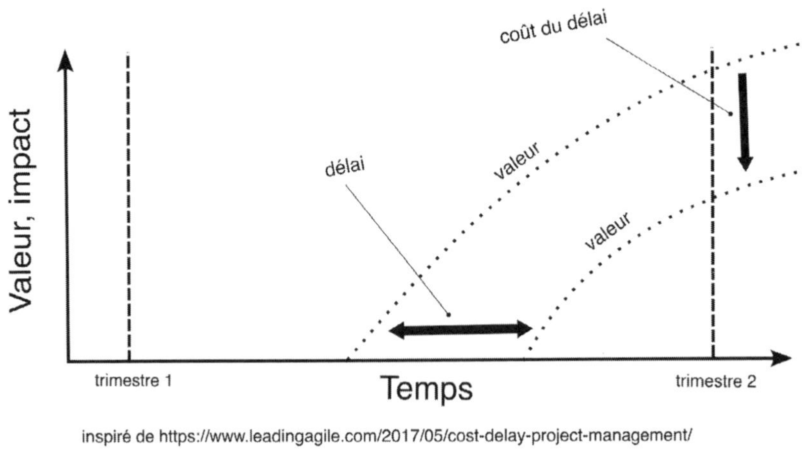

Figure 17.1 – Le coût du délai (intérêt du flux).

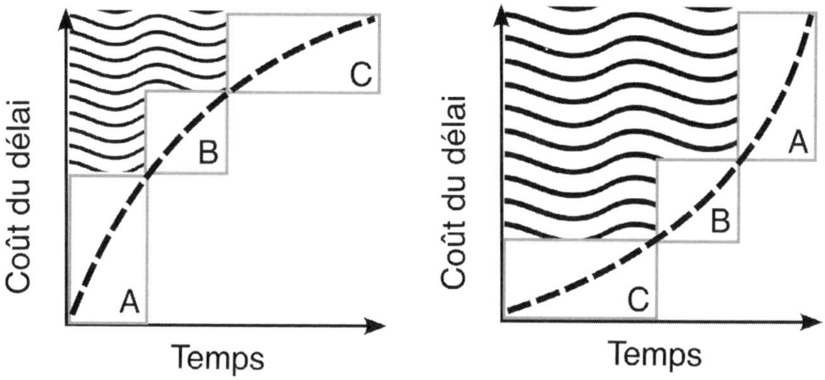

inspiré de https://www.leadingagile.com/2017/05/cost-delay-project-management/

Figure 17.2 – Le coût du délai (priorisation).

Ce second schéma sur le coût du délai souhaite mettre en évidence l'intérêt de bien penser sa priorisation pour limiter le coût du délai. Si vous aviez pu tout sortir immédiatement comme par magie tous les éléments se seraient retrouvés verticalement sur la première ligne effaçant tout coût du délai (représenté par l'espace avec les lignes ondulées). Mais c'est impossible, c'est un scénario de fiction. Ce schéma montre deux scénarios, sur le premier on a délivré l'un après l'autre les éléments en priorisant avec un ratio valeur (la hauteur indique la valeur) maximum, effort minimum (la largeur désigne l'effort). Sur le second on a priorisé effort maximum/valeur minimum. On voit rapidement que le coût du délai est plus grand dans le second cas. Le coût du délai c'est la valeur perdue à ne pas délivrer de valeur pour des raisons de délai (on a retenu quelque chose qui avait de la valeur). Pour un projet sans flux où tout est délivré ensemble à la fin du projet (non représenté) le coût du délai est grand, on a retenu beaucoup de valeur en attendant d'avoir tout fini.

La deuxième façon d'appréhender le coût du délai c'est l'adaptation des classes de service en fonction du coût du délai.

■ Exemple d'une anomalie bloquante

Partons de l'exemple d'une anomalie bloquante de production d'un logiciel de centre d'appel. L'anomalie oblige les opérateurs à saisir manuellement les appels puis à les reporter dans le système une fois l'anomalie corrigée. Le coût de l'anomalie apparaît dès qu'elle est identifiée. C'est le coût de la saisie manuelle puis du report. Il s'accumule jusqu'à la correction de l'anomalie. Dans ce cas, le coût du délai est une fonction linéaire du temps avec une pente forte. Son profil est représenté sur un graphique dont l'axe des abscisses représente le temps et l'axe des ordonnées l'impact économique (figure 17.3).

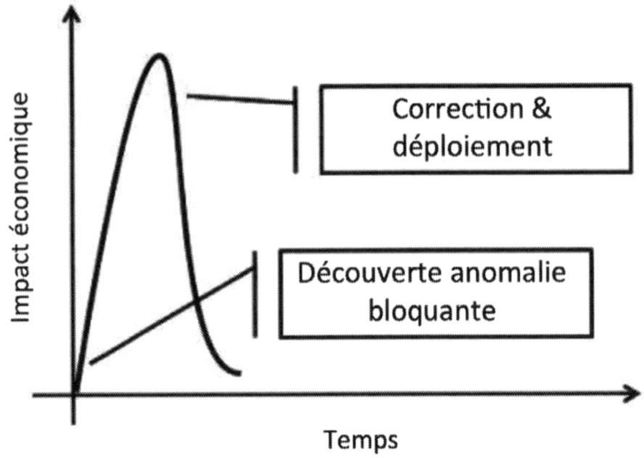

Figure 17.3 – Exemple de coût du délai d'une anomalie bloquante de production.

Exemple d'une réglementation métier

Prenons maintenant le cas d'une mise à jour de règles métiers liées à une réglementation prenant effet dans deux mois. Si la mise à jour n'est pas fournie à temps, la société doit payer des pénalités. Le coût du délai est nul pendant les deux premiers mois. Puis il est égal aux pénalités. Le graphique de la figure 17.4 représente le profil de cette fonction.

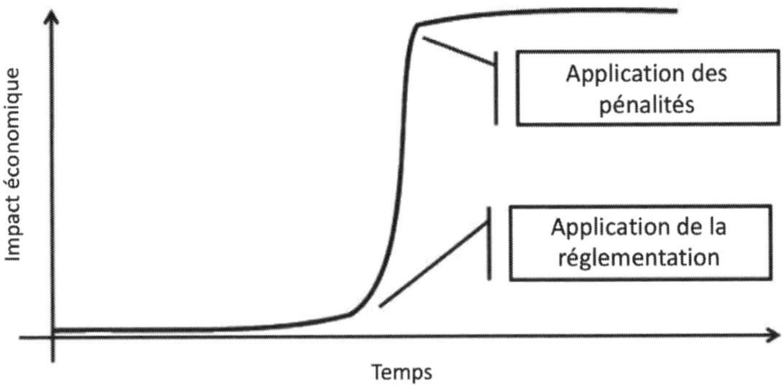

Figure 17.4 – Exemple de coût du délai d'une réglementation à date fixe avec pénalité.

Les modèles de coût du délai

Il existe quatre types de coûts du délai, définis par rapport au temps de traversée et caractérisés ainsi (figure 17.5) :

Urgence

Le COD (*cost of delay*) augmente tout de suite de manière brutale. C'est l'exemple de l'anomalie bloquante en production ou des problèmes d'espace disque sur les serveurs.

Standard

Le COD augmente de façon linéaire par rapport au temps de traversée moyen. C'est le cas de la majeure partie des fonctionnalités des projets, telles que des fonctionnalités du type intégration de réseaux sociaux, l'émission de rapports ou des exports de listes…

Date fixe

Le COD augmente à partir d'une certaine date, brutalement ou non. C'est l'exemple de la réglementation. La date arrive au bout de quelque temps de traversée : ventes de Noël, passage à l'euro, soldes ou version marketing liée à des salons professionnels…

Intangible

Le COD n'est pas visible après plusieurs fois le temps de traversée. C'est typiquement le cas des évolutions techniques vers de la gestion de cache, migration vers un autre langage de développement, montée de version de la base de données…

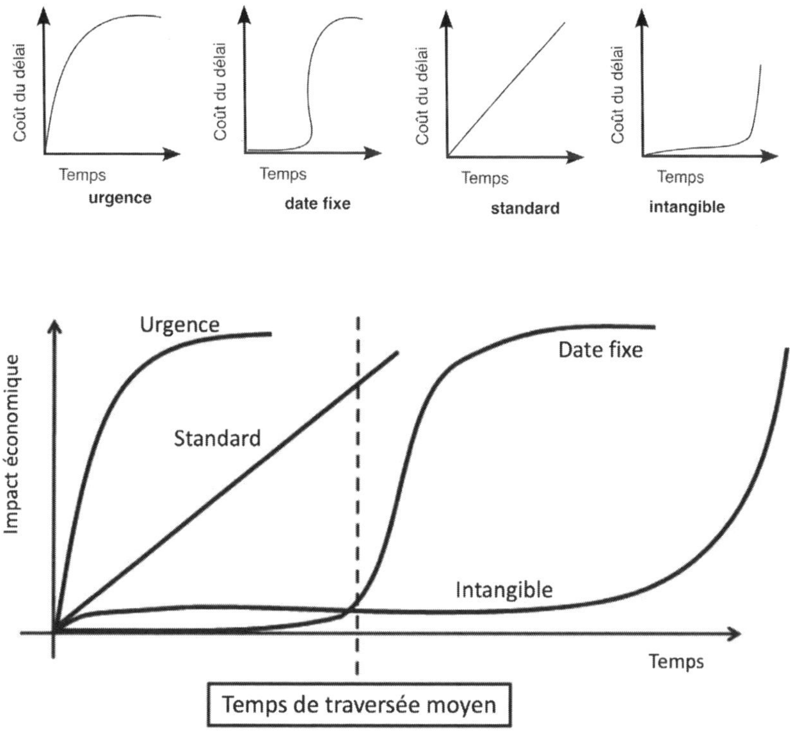

Figure 17.5 – Les modèles de coût du délai.

Le coût du délai est lié à un élément que l'on peut livrer. Les coûts du délai des deux exemples précédents se traduisent par des exigences de planification et de priorisation différentes. Et pourtant le processus de réalisation est le même. Il est difficilement justifiable économiquement de les traiter de la même manière. C'est pourtant une réalité à laquelle ne répondent pas bien les méthodes de gestion de projet, ou alors par des équipes différentes.

Une fois l'élément injecté dans le système, les règles qui le régissent doivent permettre à l'équipe de faire les bons choix pour livrer la correction de l'anomalie majeure dans les quatre heures et la fonctionnalité dans les deux mois. Notons que, dans la réalité, les écarts ne sont pas toujours aussi évidents...

L'idée est de concevoir des classes de service par rapport aux types de coûts du délai de manière à proposer un niveau de service adapté, avec des règles applicables au système, partagées et actionnables par l'équipe au quotidien. Comprendre ce modèle va permettre de savoir quoi tirer comme prochain élément de travail.

1.3 Description des classes de service

La classe de service Urgence

Définition

Cette classe de service permet d'être proche de la réalité du terrain. Elle est conçue pour gérer les perturbations dans le processus. Elle permet par exemple de pouvoir répondre à la demande urgente du marketing de démonstration d'une fonctionnalité importante. Elle introduit une mécanique « poussée » dans un système « tiré ». L'impact de la classe Urgence est d'augmenter le temps de cycle et de rendre le système moins prédictible.

Caractéristiques types

Pour limiter cela, il est commun de définir une limite haute sur le nombre d'éléments de type Urgence dans le système. Typiquement, la limite est de 1. Puisque les urgences sont tirées immédiatement par une personne qualifiée, elles ne comptent pas dans les limites des colonnes. Les autres éléments de travail passent en attente. Généralement, les urgences sont traitées dans une ligne à part du tableau kanban. Cela rend plus visuelle la priorité de ces éléments.

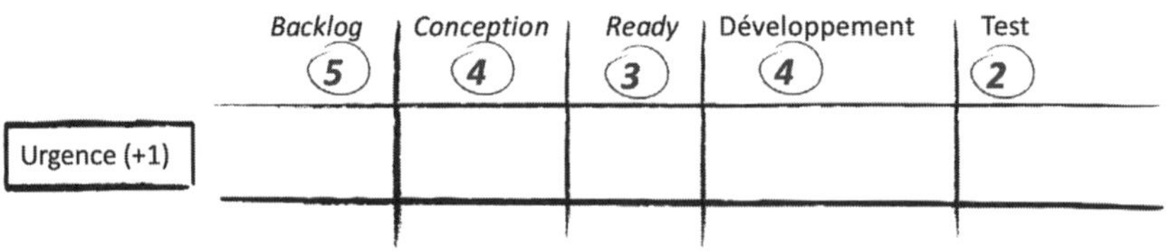

Figure 17.6 – Visualisation de la ligne « Urgence ».

Si nécessaire, un déploiement peut être planifié hors de la cadence de livraison pour mettre en production au plus tôt. L'urgence a un coût.

La classe de service Standard

Définition

C'est la classe la plus courante : une fonctionnalité dans le cas d'un projet, un ticket d'incident non urgent pour du support. Elle est conçue pour gérer la vitesse (capacité, flux, cadence) du processus et représente l'essentiel du flux de travail.

Caractéristiques types

Les éléments standards sont déployés en production à la prochaine livraison planifiée. Si un membre de l'équipe a le choix entre deux éléments de travail standard, il prend l'élément standard le plus vieux, c'est une approche *First In First Out* (FIFO). Pour deux éléments de même âge, l'équipe privilégiera celui qui sera fini le plus vite.

La classe de service Date fixe

Définition

C'est un élément devant être livré à une date fixe. Les contrats classiques avec des dates fixes de livraison ne rentrent pas dans cette classe, mais dans la classe standard. Les éléments de type Date fixe sont plutôt liés à des exigences réglementaires, stratégiques (passage à un autre protocole par exemple) ou liés à une saisonnalité de la demande. Cette classe de service impose une contrainte au processus et peut perturber le flux de travail. Il faut essayer de ne pas en avoir. Elle est conçue pour gérer un pilotage par jalon. Il est intéressant de noter que la nature des dates fixes est la même que les standards. Seul le risque métier associé est différent. Il est courant de constater un temps de traversée deux fois plus rapide pour des dates fixes que pour des standards.

Si une carte Date Fixe est en retard par rapport à la date prévue de livraison, elle passe en Urgence. La sortie sur le marché avant Noël d'un jeu vidéo est une classe de date fixe. Les retombées financières ne seront pas les mêmes si le jeu sort en janvier de l'année suivante...

Caractéristiques types

Pour injecter l'élément au bon moment dans le système, une analyse et une estimation de la taille et de l'effort sont réalisées. Pour ne pas perturber le flux, l'élément est injecté de manière à se trouver dans la livraison planifiée la plus proche de la date fixe. Une fois dans le système, ces éléments sont tirés de préférence aux éléments moins risqués : ils sont donc prioritaires par rapport aux classes standards et intangibles. La date de livraison est écrite sur la carte kanban.

La classe de service Intangible

Définition

C'est le travail important mais non urgent. Pour cette classe de service, il n'y a pas de coût du délai ni bénéfice tangible à l'horizon de quelque temps de traversée. Il s'agit souvent de tâches de fonds d'investissement (technique, ergonomique, montée de version...). Cette classe est conçue pour gérer le débit et donner du mou dans le système. Elle assure la flexibilité et l'amélioration du produit à moyen et long termes.

Caractéristiques types

C'est l'élément le moins prioritaire. Il peut être tiré quelle que soit sa date d'entrée si aucun autre élément plus prioritaire n'est disponible ou s'il n'y a pas de risque à le prendre. Il est déployé en production une fois fini lors de la prochaine livraison planifiée. Il est commun de définir une limite basse sur les éléments de cette classe, en général 2. Cela signifie qu'il faut toujours au moins deux éléments de type intangible dans le système.

Les classes de service sont temporelles

Un élément peut changer de classe avec le temps. Prenons l'exemple d'une montée de version d'un *framework* sur lequel repose un logiciel. La demande initiale est intangible, le risque de ne pas migrer sur la nouvelle version n'étant pas avéré. Plus le temps avance, plus la demande devient standard. La technologie vieillissante ne permet plus de prendre en compte les enjeux de scalabilité de manière standard ou native, le coût des unités d'œuvre augmente. On passe à la classe de service Date fixe dès l'annonce de l'arrêt de la maintenance de cette version du *framework* ou la fin de la compatibilité ascendante d'une prochaine version majeure.

Finalement, on passe en mode Urgence si rien n'a été fait à temps et qu'une anomalie en production nécessite de basculer rapidement sur la nouvelle version. Un élément peut également changer de classe de service pendant sa réalisation : une date fixe peut devenir une urgence et monter en priorité si la date cible risque de ne pas être tenue. Concrètement, la carte passe dans la colonne « Urgence », lors d'une réunion quotidienne, si son temps de cycle passe dans la zone de dépassement de la carte de contrôle.

Standardiser le code couleur des classes de service

Une partie des caractéristiques d'une carte kanban est portée par la classe de service à laquelle elle appartient. Pour cette raison, l'équipe a intérêt à standardiser le code couleur de la carte par rapport à sa classe. Généralement des couleurs froides sont utilisées pour les classes les moins prioritaires et les couleurs chaudes pour les plus urgentes :

✓ rouge ou rose pour les urgences ;

✓ orange pour les dates fixes ;
✓ jaune pour les standards ;
✓ bleu pour les intangibles.

Standardiser est important pour l'équipe mais également pour les managers ou décideurs. D'équipe en équipe, ils doivent pouvoir comprendre et interpréter les informations portées par le management visuel. Malgré tout, de nos jours l'adaptation prime sur la standardisation.

■ Concevoir les classes de service

Les classes répondent à des besoins différents sur des horizons de temps différents. Elles sont définies sur les éléments livrables en production.

Elles ont été détaillées dans cet ouvrage par la perspective du coût du délai, mais le profil de risque associé peut être différent : criticité, marché (avec le modèle de Kano par exemple), technique... Le concepteur du système se pose la question des risques dominants qu'il cherche à gérer avec le système kanban. La réponse permet de définir les classes de service et leurs caractéristiques propres au système.

Les classes de service servent à différencier le type de travail par niveau de service pour minimiser les variabilités. Nous vous conseillons de ne pas avoir plus de 5 à 6 classes de service. Au-delà, leur gestion au quotidien devient trop complexe. Pour chaque classe, le nombre de règles doit être également limité, 8 étant généralement un maximum.

1.4 Allouer de la capacité par classe de service

Le mécanisme d'allocation de capacité par type est également redéfini par classe de service. La répartition d'effort porte sur le nombre d'éléments par classe. Avoir par exemple 10 % de l'effort dédié aux intangibles permet à l'équipe de réalisation de gérer son propre *backlog* technique et d'investir sur l'automatisation de tâches ou du désendettement de code au bon moment.

Ce mécanisme associé aux classes de service devient un dispositif de diffusion de la gestion de risques dans le système. Il assure de couvrir toutes les demandes, quelle que soit leur nature, avec le bon niveau de réponse :

✓ les besoins à très court terme avec les urgences ;
✓ les besoins à court terme avec les standards ;
✓ les besoins à moyen terme avec les dates fixes/standards ;
✓ les besoins à plus long terme avec les intangibles.

Plus il y a d'urgences, plus on va allouer de capacité aux éléments de la classe intangible. La variabilité due aux urgences va être amortie en jouant sur les éléments intangibles.

1.5 Un tableau kanban à deux niveaux

Des systèmes kanban peuvent être définis à des profondeurs différentes du processus. À chaque niveau correspondent des éléments de granularités différentes. On imagine très bien un système kanban qui gère toute l'activité du département RH de Didier, et un système kanban qui opère un zoom sur l'activité de recrutement.

Il arrive de devoir gérer des éléments de granularités différentes dans un même tableau. On les appelle alors des tableaux à deux niveaux. Dans un tel tableau cohabitent des éléments tels que des *features* (fonctionnalité) et les *stories* (éléments de ces fonctionnalités) qui les composent (figure 17.7).

Un nombre variable d'éléments de plus bas niveau peut résulter du découpage d'un élément de plus haut niveau : une *feature* peut être découpée en 1 à n *stories*, n est variable de *feature* en *feature*. C'est un problème pour définir les limites. Une colonne est donc ajoutée au tableau, « *Dev. ready* » dans l'exemple de la figure 17.5, sur laquelle aucune limite n'est posée : c'est une file d'attente.

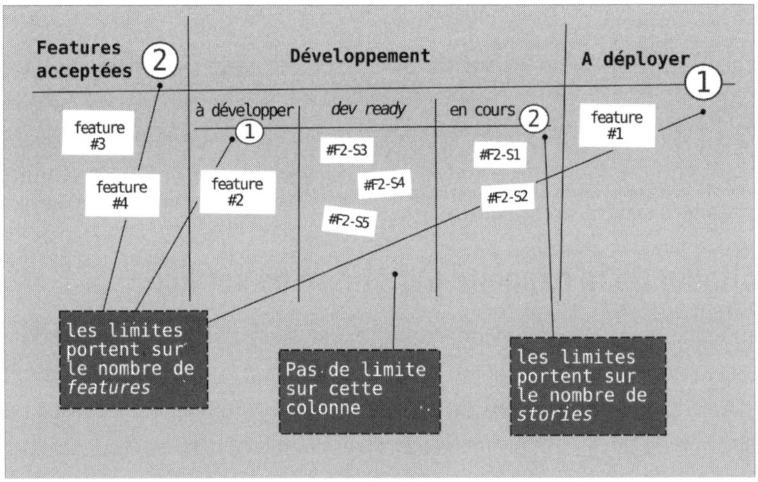

Figure 17.7 – Exemple de tableau kanban pour du développement agile à deux niveaux.

Ce tableau permet d'avoir une granularité suffisamment fine pour assurer un flux de travail au niveau des équipes tout en gardant une granularité plus macroscopique pour suivre les livraisons. Dans les deux cas, tableau à deux niveaux ou plusieurs tableaux kanban, les diagrammes de flux cumulés associés ne doivent suivre que des éléments de même granularité. Sinon leur lecture et leur analyse seront difficiles.

On ne représente pas plus de deux niveaux de granularité sur un tableau pour une question de lisibilité.

1.6 Les couloirs

Couloirs et équipes

Se synchroniser lorsque l'on est vingt personnes sur un même projet n'est pas simple. Répartir le travail sur trois ou quatre équipes auto-organisées est plus facilement gérable. Encore faut-il pouvoir se synchroniser. D'autant plus en kanban où les limites doivent être appliquées à toutes les équipes du projet, pour chaque activité.

La réponse pratique du kanban aux projets multi-équipes est d'ajouter une nouvelle dimension au tableau. Chaque équipe est représentée par une ligne appelée *couloir*, souvent appelée *swim lane* en anglais (figure 17.8).

Le tableau permet de gérer la synchronisation des équipes, la gestion des limites et le suivi des règles pour l'ensemble du projet. La réunion quotidienne doit rester rapide et efficace même avec une équipe de 20 à 30 personnes. C'est possible si le facilitateur de la réunion reste focalisé sur le flux d'éléments et les problèmes.

La réunion commence avec toutes les équipes présentes et s'assure du suivi des limites de chaque activité entre les couloirs. Une fois cette réunion finie, chaque équipe part faire sa propre réunion autour de son propre tableau en se concentrant sur ses tâches.

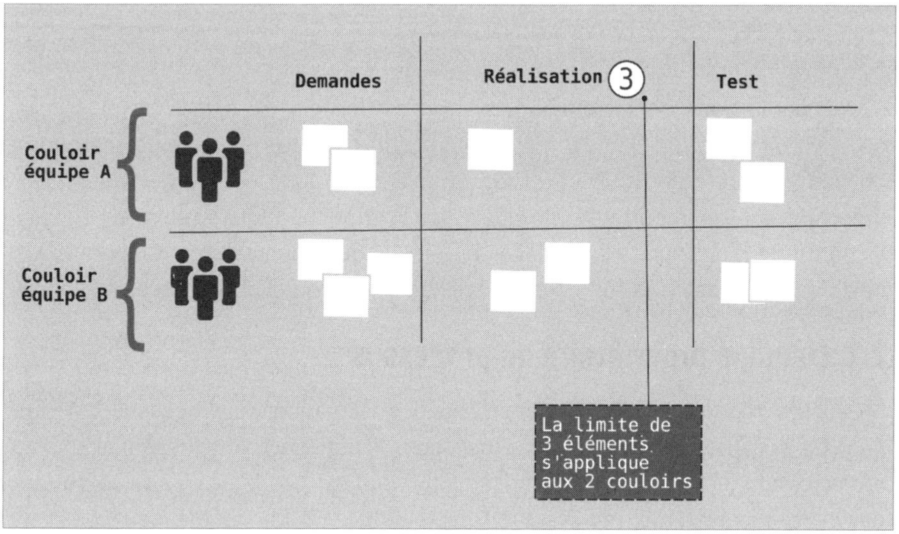

Figure 17.8 – Tableau kanban avec des couloirs pour chaque équipe.

Par exemple, dans un projet, les réunions d'équipe s'enchaînaient par équipe fonctionnelle autour d'un tableau kanban partagé. Les *teams leaders* étaient présents à toutes les réunions. Leur présence assurait la cohérence d'ensemble et la synchronisation projet sans avoir de réunion supplémentaire à gérer.

Couloirs et classes de service

Les couloirs ne servent pas qu'à rendre les systèmes kanban extensibles. Ils sont également couplés à d'autres informations pour donner une nouvelle dimension au tableau, à vous de choisir quelle information vous souhaitez mettre en avant :

- ✓ classes de service ;
- ✓ niveaux de priorité ; etc.

2. LES MODÈLES DE COLLABORATION

Les contraintes mises en place sur le système laissent émerger des modèles de conception. Les principaux modèles que l'on rencontre sur le terrain sont :

- ✓ les classes de service et le coût du délai : standard, date fixe, intangible et urgence ;
- ✓ les tableaux à deux niveaux ;
- ✓ les couloirs.

Elles laissent également émerger des modèles de collaboration, dont les principaux sont :

- ✓ l'équipe propriétaire du processus ;
- ✓ l'auto-organisation ;
- ✓ le fourmillement ;
- ✓ l'équipe fonctionnelle.

Une partie des comportements émerge car le point de vue n'est plus celui de la productivité individuelle mais celui du délai et de la fluidité. L'émergence de ces comportements illustre bien le fait que l'approche kanban n'est pas prescriptive. Il est important de les identifier et de les partager au sein de l'équipe. Ils permettent de réduire la complexité et les risques du système. Ces pratiques ne sont pas obligatoires, il n'y a d'ailleurs pas de pratiques obligatoires en kanban.

2.1 L'équipe propriétaire du processus

Le plus important pour une approche d'amélioration de processus est que l'équipe soit propriétaire de son processus. Il est avant tout essentiel que le management lui en donne la permission. Si ce n'est pas le cas, l'équipe ne fera pas évoluer le système, réduisant le kanban à de la simple gestion de tâches.

2.2 L'équipe auto-organisée

L'équipe prend au quotidien des microdécisions pour fluidifier son travail. Si celles-ci sont portées par un manager, un leader, qui n'est pas présent aux côtés de l'équipe, les problèmes de blocages, de priorisation, de stagnation vont s'amplifier, et avec eux les perturbations du flux de travail.

2.3 Le fourmillement

Individuellement, chacun doit envisager de travailler pour maximiser les performances du système et non sa propre productivité. Il le fait dans le respect de ses compétences et motivations. C'est le modèle de fourmillement, qui représente la capacité d'une personne à intervenir là où il faut, quand il le faut et sur sa propre initiative pour optimiser le flux de travail. Bien sûr, il ne s'agit pas pour autant que tout le monde change tous les jours d'activité. Le fourmillement se déclenche principalement là où les blocages apparaissent et se décide lors de la réunion quotidienne.

Ce changement de paradigme a déjà été évoqué. Il vient en complément de l'auto-organisation. Le management doit soutenir cela et le favoriser.

Le concept de fourmillement, ou comportement en essaim[2], vient des mouvements collectifs d'animaux tels que les fourmis ou les abeilles. Ces mouvements émergent de quelques règles simples et n'impliquent aucun contrôle centralisé. Dans notre contexte, c'est le droit et la capacité d'un équipier à travailler en dehors de sa compétence ou domaine habituel, temporairement, grâce aux règles explicites (une des pratiques du kanban) qui régissent cette autre activité. Les règles explicites et simples favorisent donc ce comportement.

Fourmillement et couloirs

Les couloirs et le fourmillement sont compatibles. Le fourmillement est à la fois horizontal (entre activités d'un même couloir) et transversal (entre couloirs). Les couloirs ne sont pas des lignes infranchissables. Ils doivent être considérés comme des attracteurs définissant la place de chacun lorsqu'il n'y a pas de perturbation.

Par exemple, lors de la phase industrielle d'un projet de migration outillé, quatre couloirs étaient en place. Quelques jours avant la livraison, ceux qui avaient fini leur travail allaient aider les autres couloirs. Puis lors de la phase de stabilisation de la livraison, la notion de couloir était oubliée et toute l'équipe travaillait ensemble. À l'itération suivante, tout le monde retrouvait son couloir. Ce n'est possible que si chacun voit l'organisation comme une grande équipe. Cela apporte la flexibilité nécessaire au projet.

2.4 L'équipe fonctionnelle

Les ressources externes sont source de blocage dès qu'elles ne sont pas disponibles. Il est préférable d'avoir dans l'équipe toutes les compétences nécessaires pour réaliser le travail. On parle alors d'équipe fonctionnelle. Partant d'équipes spécialisées, on constate, dans une démarche kanban, un regroupement de celles-ci en une seule équipe se débarrassant des silos qui les isolent.

2. *Swarming* en anglais.

Ce rapprochement se traduit pratiquement par la suppression des files d'attente qui permettaient aux deux équipes de travailler ensemble.

2.5 Fusion des petites équipes

De la même manière, les adhérences entre équipes sont source de blocages et d'attente. Les petites équipes ont tendance à se regrouper pour plus de flexibilité et de fluidité.

18 Mesurer la performance du système kanban

L'équipe analyse les résultats du système. Après s'être assurée que le système est sous contrôle, elle définit la *capacité de référence* du système. Elle donne une cible d'amélioration continue et propose un engagement de service pour l'équipe, sur la base des données historiques que l'équipe a récoltées.

1. DÉFINIR LA RÉFÉRENCE DE PERFORMANCE DU SYSTÈME KANBAN

Si les résultats reflètent un système prédictible alors l'équipe se définit une référence de performance. Elle est décrite par rapport à la capacité réelle du système. Cette capacité, selon le contexte, porte sur le débit, le temps de traversée/temps de cycle ou la performance à la date d'échéance.

Par exemple, « nous sommes en mesure de réaliser 10 éléments dans le mois » (débit), ou « il faut trois jours pour réaliser un élément » (temps de traversée/cycle), ou « nous aurons 23 éléments réalisés au 1er janvier » (performance à date d'échéance).

Utiliser la carte de contrôle

L'équipe a mis à jour quotidiennement la carte de contrôle avec les temps de cycle de chaque élément sorti du système. Cette carte est un support pour recueillir les informations qui sont ensuite représentées sous la forme d'une distribution spectrale. C'est un graphique ayant, comme axe des abscisses, les temps de cycle et, comme axe des ordonnées, le nombre d'éléments de travail correspondant. Vous prenez par exemple tous vos éléments réalisés les trois derniers mois que vous étalonnez horizontalement (voir le schéma) 1 élément en 14 jours, 1 élément en 15 jours, [...] 5 éléments en 41 jours, 3 éléments en 42 jours, etc. Vous en avez réalisé 43 en 3 mois.

Cette distribution spectrale représente la capacité observée du système. Sur la figure 18.1, la moyenne est de 38 jours pour réaliser un élément. Disons alors qu'en 38 jours vous avez 21 éléments, la moitié de la somme des éléments, réalisés.

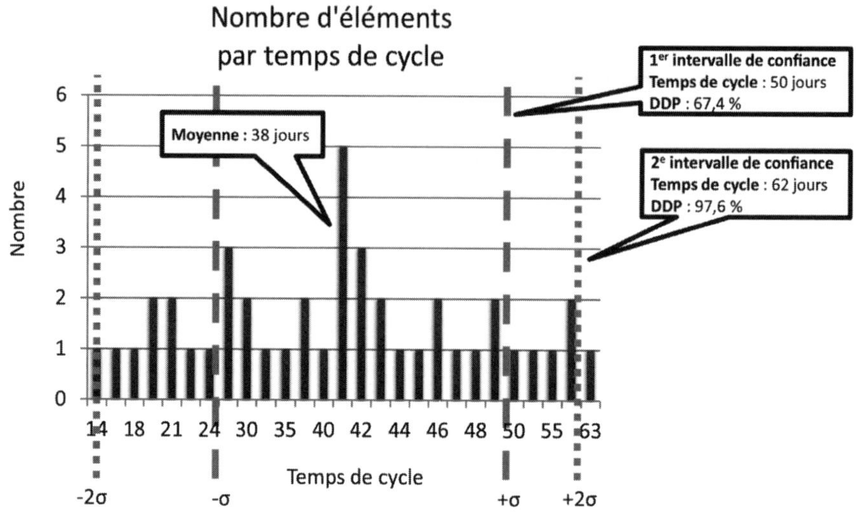

Figure 18.1 – Distribution spectrale associée à une carte de contrôle.

Nous pourrions dire que vous avez 50 % de chance d'avoir 21 nouveaux éléments finis dans 38 jours, sur les 43 au total. À tous ceux qui cherchent de la prédictibilité, c'est un début.

En faisant appel aux mathématiques et aux probabilités notamment d'intervalle de confiance[1], nous pouvons être plus prédictibles en s nous donnant un peu de marge : l'écart-type, appelé σ (sigma), est de 12 jours. En l'appliquant autour de la moyenne de 38 jours, nous obtenons une plage de 26 à 50 jours. C'est le premier intervalle de confiance. Dans cet intervalle, vous aurez 67,4 % (il faut plonger dans la théorie pour expliquer ce chiffre) de chance d'avoir 35 éléments finis (les plus coriaces d'entre vous appliqueront les formules dans le lien sur les intervalles de confiance). Si vous appliquez à nouveau cet écart-type, nous obtenons une plage de 14 à 62 jours. C'est le second intervalle de confiance. Dans cet intervalle, vous attendez 62 jours pour consolider vos résultats, vous obtenez 97,6 % de chance d'avoir 40 éléments finis.

Pour chaque plage, la performance à la date d'échéance (Due Date Performance, ou DDP) est calculée comme le pourcentage d'éléments contenus dans cette plage par rapport au nombre total d'éléments de la distribution. C'est la probabilité que nous avons évoquée.

On résume :

- ✓ la moyenne : la DDP est de 50 %. Un élément à 50 % de chance d'être fini en 38 jours. Et si l'on attend 38 jours, nous aurons 50 % de chance d'avoir la moitié des 43 éléments finis, soit 21 ;

1. https://fr.wikipedia.org/wiki/Intervalle_de_confiance

- ✓ le premier intervalle de confiance : la DDP est de 67,4 %. Cette probabilité représente la chance qu'un élément individuel soit fini entre 26 et 50 jours. Et si l'on attend 50 jours, nous aurons 67,4 % de chance d'avoir au moins 35 éléments finis parmi les 43 et 100 % de chance d'avoir fini la moitié du lot ;
- ✓ le second intervalle de confiance : la DDP est de 97,6 %. Un élément à 97,6 % de chance d'être fini entre 14 et 62 jours. Et si l'on attend 62 jours, nous aurons 97,6 % de chance d'avoir au moins 40 éléments finis parmi les 43.

Plus on veut augmenter le contrôle, donc la probabilité que cela arrive, plus on augmente la plage. Mais lorsque la plage est trop grande, elle n'apporte pas suffisamment d'informations.

La difficulté d'appliquer ces formules mathématiques est réelle, mais l'intérêt nous paraît plus dans les raisonnements et les conversations qu'elles amènent.

Et pour tenir cet engagement, il faut tenir un débit de 19 éléments par mois, ce qui représente un WIP de 24 éléments dans le système à tout instant. S'il est difficile de piloter le débit, s'assurer d'avoir 24 éléments à tout instant est simple, et tout le monde peut le suivre.

Et vous menez vos projets ou produits sur des cycles assez consistants de trois mois. Ou à l'inverse vous avez besoin d'une certaine agressivité et vous basez vos cycles, vos projections sur un temps de traversée moyen de 38 jours, et votre priorisation devient clef. C'est la conversation à propos de ces cadences et des probabilités qui est essentielle, et qui participe à votre stratégie.

Est-ce que c'est la probabilité (très liée à la date de performance, à la date d'échéance), le débit (le flux) ou le délai (temps de traversée/cycle) qui est important pour vous ? C'est ça la question qui se pose.

Autres exemples : si la capacité porte principalement sur le débit, la moyenne de 38 jours suffit pour définir la référence des temps de cycle. Le débit est, quant à lui, défini en analysant l'histogramme du débit.

Et pour les éléments de la classe Standard, préférer la cible du premier intervalle de confiance, les suivants sont plus soumis à la variabilité. Le deuxième intervalle de confiance est utilisé lorsque l'enjeu porte plus sur la gestion de risques. La capacité de référence dépend de l'engagement que souhaitent prendre les parties prenantes et du niveau de confiance que l'équipe a de ses résultats. Elle est construite sur des faits et non sur des promesses commerciales ou pressions managériales.

2. LA RÉFÉRENCE POUR L'ENGAGEMENT DE SERVICE

2.1 Définir le niveau de service

Identifier cette référence de performance permet à l'équipe de basculer sur un engagement de service. L'engagement est d'abord interne et fournit une cible à l'équipe pour évaluer sa performance au quotidien.

L'équipe s'engage à atteindre le niveau de service donné par la référence sur un ensemble d'éléments de travail : sur la base du second intervalle de confiance de l'exemple précédent, l'équipe ne s'engage pas à fournir une *story* particulière en 62 jours, mais 40 stories parmi 43 avec un engagement de 97,6 %. Cet engagement peut se transformer en engagement de service contractuel avec le client sous forme de SLA (*service level agreement*). Cela dépend de la maturité de l'équipe et de la stabilité du processus[2].

La référence est définie selon la granularité des éléments de travail : un temps de traversée de référence au niveau MMF (*minimum marketable feature*) pour les clients externes et un temps de cycle de référence au niveau *story* pour les équipes. L'engagement de service contribue à construire une relation de confiance entre les parties prenantes. Il fournit aux pilotes des informations fiables et simples pour leur planification.

2.2 Niveau de service et classe de service

Dans cette optique, les classes de service jouent un rôle particulier. Le lien au coût du délai donne un sens économique au niveau du service attendu par le métier. Les niveaux de service sont décrits par classe.

■ Niveau de service type pour la classe Urgence

S'il y a un bon niveau de confiance entre les partenaires, le niveau de service des urgences peut être de livrer aussitôt que possible. L'engagement n'étant pas ferme, cela doit se faire en toute transparence entre le client et le fournisseur. Sinon, un engagement sur une réactivité de quelques heures ou quelques jours des demandes urgentes est typique.

■ Niveau de service type pour la classe Standard

On peut typiquement avoir un objectif de 80 à 95 % d'atteinte du temps de traversée cible pour cette classe. Les temps de traversée types sont de l'ordre de quelques semaines.

■ Niveau de service type pour la classe Date fixe

Le niveau de service attendu des dates fixes est de 100 % si la demande est émise suffisamment tôt. C'est-à-dire pour que le délai de réalisation soit inférieur au temps de traversée maximum de la classe.

2. Une équipe Scrum peut suivre ce schéma, avec un engagement de moyen sur les premiers sprints le temps de stabiliser l'équipe/projet; puis dès qu'elle le peut, elle bascule sur un engagement lié à sa vélocité.

■ Niveau de service type pour la classe Intangible

Le niveau de service attendu est du même type que les autres mais généralement moins élevé en termes de performance à date d'échéance et avec des temps de traversée plus importants.

2.3 Retour sur les estimations des éléments

L'engagement de service du kanban porte sur le débit et les délais moyens. Il n'est pas nécessaire d'estimer individuellement la taille des éléments. Seule la taille moyenne est importante. L'enjeu pour le kanban n'est pas d'avoir la bonne estimation des éléments mais la bonne granularité (ce qui est malgré tout presque pareil mais déclenche moins de biais cognitifs liés à l'idée d'estimation). Si l'analyse et le découpage de ces éléments restent très importants, l'estimation est une variable de second ordre pour la référence de performance.

Imaginons un système dont l'efficience est de 10 %. Un élément de travail passe 90 % de son temps à attendre dans ce système, et 10 % à valeur ajoutée.

Prenons deux éléments ayant 20 % de différence de charge de réalisation. Cette différence a un impact sur les 10 % de temps à valeur ajoutée. C'est-à-dire 2 % d'impact sur le temps de cycle[3]. L'impact est noyé dans les limites de variabilité naturelle du système. Compte tenu de l'efficience des systèmes, cette variabilité de charge est bien de second ordre. Pour avoir un impact sur le délai, agir sur les temps d'attente est un levier bien plus important que sur les temps d'activités.

On estime les éléments lorsque cela apporte de la valeur, pour les éléments de type Date fixe par exemple. La catégorisation par classe compense le risque que couvrent d'habitude les estimations.

2.4 Package d'engagements de service par classe

Avec les classes et leurs niveaux de service, l'équipe est alors en mesure de proposer un package de services pour leur système kanban. Dans l'exemple suivant, le temps de cycle est mis en avant :

- ✓ *classe Urgence* : jusqu'à deux heures avec 95 % d'engagement ;
- ✓ *classe Date fixe* : 100 % d'engagement avec un délai de prévenance de 64 jours ;
- ✓ *classe Standard* : jusqu'à 50 jours avec 67 % d'engagement ;
- ✓ *classe Intangible* : jusqu'à 70 jours avec 50 % d'engagement.

Ce temps est différent selon qu'il s'agisse d'une urgence, d'une date fixe, d'une classe standard ou intangible. Le niveau de performance à date d'échéance (DDP) est lui aussi ajusté par classe. Ce package est de même nature que

3. Plus précisément, l'analyse doit porter sur ce qui a un coût pour le temps de cycle : le temps de charge passé dans la contrainte ou les goulets d'étranglement du système.

les engagements des contrats de maintenance applicative. Les classes de service sont juste un modèle, et à ce titre les caractéristiques et niveaux de services ne sont proposés qu'à titre d'exemple. Il faut adapter ce modèle au contexte et au modèle économique du projet et de l'organisation.

3. LA RÉFÉRENCE POUR L'AMÉLIORATION CONTINUE

La référence de capacité permet à l'équipe de se définir une cible quantitative d'amélioration continue. Les ajustements du système peuvent conduire à des *optima* locaux voire des dégradations. Avoir une référence basée sur la capacité globale permet de vérifier que ces ajustements améliorent effectivement le système. Les parties prenantes définissent les axes d'amélioration de la capacité. Plusieurs axes sont possibles et dépendent du contexte :

- ✓ augmenter le débit ;
- ✓ diminuer le temps de cycle (intervalle de confiance) à date d'échéance équivalente ;
- ✓ rapprocher la date d'échéance à temps de cycle (moyenne/confiance) équivalent.

Prenons la référence de la classe standard du package précédent. Le temps de cycle est de 50 jours à 67 % d'engagement et la moyenne est de 38 jours.

Les actions d'amélioration sont différentes si l'on cherche à diminuer la moyenne à 35 jours, à un engagement de 40 jours à 80 % ou encore de 60 jours à 99 %. Dans certains cas, la piste prioritaire est de travailler sur le flux, en s'appuyant sur la théorie des files d'attente ou la théorie des contraintes. Dans d'autres cas, un travail sur le gaspillage aura un impact sur le temps de cycle ; pour le troisième cas, l'effort portera avant tout sur le traitement de la variabilité en s'appuyant sur la maîtrise statistique des processus. Les actions d'améliorations sont très contextuelles.

Les trois indicateurs sont liés entre eux, agir sur l'un aura un impact sur les autres. Il est difficile dans la plupart des cas de prédire de combien.

4. STANDARDISER

La capitalisation se fait au niveau d'une équipe et de son processus. Il ne faut pas chercher à imposer des standards à d'autres équipes suite à un pilote kanban. La transition se fait équipe par équipe. On peut toutefois standardiser la manière dont le temps de traversée ou le temps de cycle sont calculés, celle dont les diagrammes de flux cumulés sont construits, la couleur des classes de service... Pour le reste, les standards sont également émergents.

19 Ajuster les règles du système kanban

Tout est en place pour permettre à l'équipe de prendre de bonnes décisions d'ajustement et d'évolution du système pour améliorer sa performance :

- ✓ une conception initiale pour réunir rapidement des faits et des mesures ;
- ✓ l'étude du système pour mieux le comprendre ;
- ✓ l'identification de modèles émergents pour les rendre explicites et partagés ;
- ✓ la définition d'une référence de performance pour s'assurer que les changements produisent effectivement des améliorations.

Le changement va être incrémental et porter sur le processus lui-même, les limites qui le régulent et les règles qui le gouvernent.

1. AJUSTER LE PROCESSUS

Avant tout, il faut s'assurer que le processus représente toujours bien le travail sur le terrain. Le tableau kanban correspondant est ajusté si le processus a évolué. L'équipe a ajouté une nouvelle étape de revue de code et un couloir car elle s'est agrandie. Cela justifie de revoir le tableau kanban. On répond ensuite aux dysfonctionnements révélés lors des phases précédentes.

L'équipe a ajouté une file d'attente en amont du goulet d'étranglement des tests. Cela ne change pas l'activité des membres de l'équipe mais le système kanban et son tableau. On cherche enfin à simplifier le processus dès que possible. Les analystes et les développeurs se sont regroupés pour constituer une même équipe pluridisciplinaire. Ils peuvent maintenant supprimer la file d'attente entre les deux activités d'analyse et de développement.

2. AJUSTER LES ÉLÉMENTS DE TRAVAIL

La taille des éléments

Il arrive fréquemment que l'équipe revoit le découpage ou la granularité des cartes kanban après quelque temps d'utilisation. La tendance est de découper plus finement pour fluidifier. Mais un découpage trop fin peut poser des problèmes d'adhérence entre éléments, par exemple lorsqu'il s'agit d'homologuer des scénarios métiers. La granularité la plus fine n'est pas toujours la meilleure des solutions. Existe-t-il une taille idéale pour les éléments ?

■ Coût de transaction et coût de possession

Prenons le cas d'une équipe d'homologation. Elle écrit le plan de tests, prépare la plateforme de tests, scripte les jeux de données… Cela prend un certain temps dont une partie est incompressible. C'est le coût de transaction. Plus la taille du lot à tester est petite, plus cette activité est fréquente, plus le coût de transaction s'accumule. Cela justifie, dans une perspective d'économie d'échelle, de travailler sur des lots plus importants.

Considérons maintenant une fonction X faisant partie du lot passé en homologation. Il contient dix fonctions à tester. Le délai total de la phase d'homologation de la fonction X ne représente qu'une fraction, autour de 1/10e, du temps total passé en homologation. C'est le coût de possession. Il augmente avec la taille du lot. Trouver la taille idéale des lots, donc la granularité des éléments de travail parcourant le flux, c'est trouver le compromis entre le coût de transaction et le coût de possession. Don Reinertsen[1] propose une optimisation de la taille des lots par rapport à leur coût total représenté par la courbe en U.

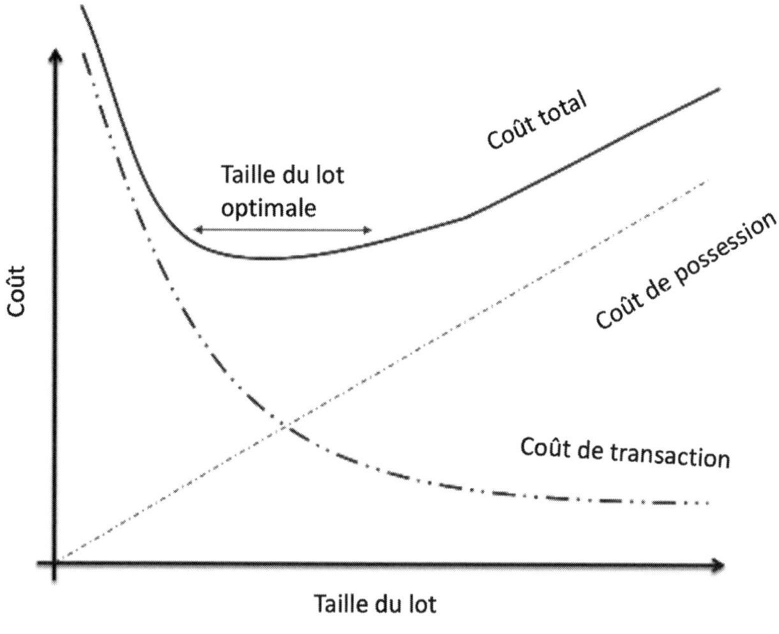

Figure 19.1 – Optimisation de la taille du lot par rapport à son coût.

1. Donald G. Reinertsen, *The principles of product development Flow, Second generation Lean Product Development*, Celeritas publishing, 2009, p. 36.

L'optimum pour la taille des lots est le minimum de la somme des coûts de transaction et de possession. C'est une plage plutôt qu'une valeur unique. Dans notre contexte, généralement complexe, modéliser cette courbe en U n'est pas simple. L'approche empirique permet d'expérimenter jusqu'à trouver une taille se rapprochant de l'idéal.

Comprenez par coût de possession qu'il s'agit de ce qu'il vous en coûte en risque, en manquement en opportunités, ainsi qu'en coût d'entretien, du lot sur lequel vous travaillez.

Comprenez par coût de transaction qu'il s'agit de ce qu'il vous en coûte pour initier et délivrer le lot, ouverture et fermeture en quelque sorte.

Naturellement, tout cela dépend de la nature des éléments sur lesquels vous travaillez, mais cela vous donne une perspective sur les axes sur lesquels s'interroger.

3. AJUSTER LES LIMITES KANBAN

3.1 Pourquoi les ajuster ?

Les limites sont définies de manière empirique. Les valeurs initiales de ces limites ne sont sûrement pas les bonnes. Il convient de les ajuster selon les résultats ou les dysfonctionnements observés :

- ✓ en les diminuant, plus elles sont basses plus la capacité du système s'améliore car cela fait baisser la variabilité. Cela reste vrai tant que le travail est fluide ;
- ✓ en les augmentant, car elles posent trop de problèmes : les blocages sont trop fréquents, une ressource n'est finalement pas suffisamment disponible, etc.

Réduisez les limites sur une cadence régulière, tous les mois par exemple, de 10 à 30 %. Des limites initiales qui n'évoluent pas sont souvent le signe d'une équipe qui reste dans le *statu quo* et ne recherche pas l'amélioration.

3.2 Comment gérer la diminution des limites ?

Lorsque l'on diminue une limite, deux options se présentent pour gérer le surplus d'éléments :

- ✓ attendre que le surplus se résorbe avant d'accepter de nouveaux éléments dans la file ;
- ✓ supprimer le surplus dès que la décision de diminuer la limite est prise.

La première approche a un effet lissé sur le diagramme de flux cumulé. La seconde permet de réduire plus rapidement les temps de cycle mais rend l'analyse du diagramme plus compliquée.

Souvent la première solution est à privilégier, le premier des engagements du kanban est de réaliser les éléments qui entrent dans le système.

4. AJUSTER LES RÈGLES

Ce sont toutes les autres règles ayant un impact sur la capacité : la définition des classes de service, les règles de sélection, de purge, les cadences...

Ces ajustements sont sélectionnés en gardant à l'esprit le filtre de décision suivant.

4.1 La valeur l'emporte sur le flux

L'équipe a la permission de perturber le flux si c'est pour créer plus de valeur. Cela justifie par exemple l'existence de la classe Urgence, la priorisation par la valeur ou le *versioning*.

4.2 Le flux l'emporte sur la chasse aux gaspillages

Cela justifie l'utilisation des files d'attente. Cela justifie également de ne pas optimiser la performance individuelle au profit du flux global. On cherche d'abord à augmenter la capacité du système avant de chercher à diminuer les limites (les stocks) et le gaspillage (les coûts opérationnels).

5. AJUSTER LE MANAGEMENT VISUEL

Les ajustements du système sont l'occasion de remanier le tableau kanban et les contrôles visuels.

Par exemple, l'équipe peut intégrer les SLA (contrats sur les temps d'intervention, de résolution) définis précédemment en les reportant visuellement sur le tableau par couloir (figure 19.2).

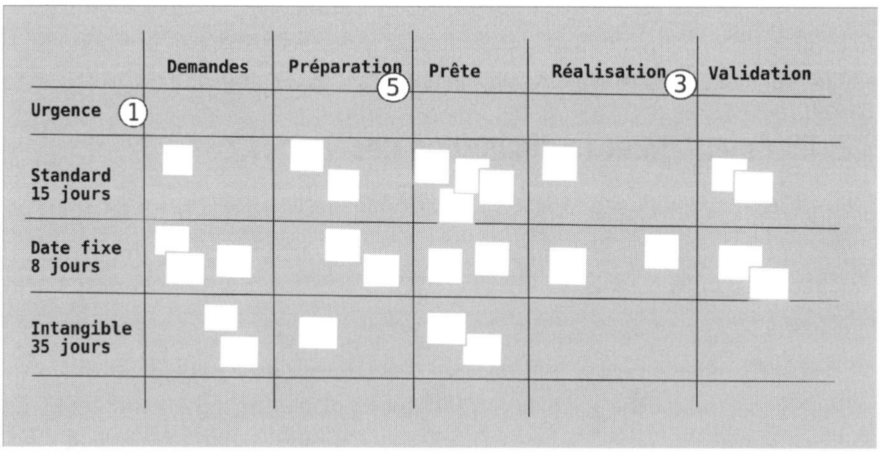

Figure 19.2 – SLA et couloirs.

Si le tableau kanban de l'équipe ne change pas durant les premiers mois d'une démarche kanban, ce n'est pas un bon signal. Il y a de grandes chances que l'équipe n'ait pas bien fait du premier coup.

6. QUI PEUT PROPOSER LES AJUSTEMENTS ?

En tant qu'outil collaboratif, la décision de faire évoluer le système kanban est de préférence collective et repose généralement sur un consensus d'équipe. Changer la granularité des tâches ou augmenter la limite d'une activité peuvent être deux ajustements possibles pour régler un même dysfonctionnement. Il faut laisser l'équipe décider de la prochaine expérimentation à tenter pour résoudre ses difficultés.

7. QUAND FAIRE CES AJUSTEMENTS ?

On peut distinguer trois moments privilégiés où l'on fait évoluer le système.

7.1 Les micro-ajustements pour améliorer l'usage

Ce sont les petites évolutions non structurantes du tableau et des règles qui permettent à l'équipe d'avoir un outil efficace. Il peut s'agir de simple cosmétique, remplacement des Post-it manuels par des supports aimantés, affichage de nouvelles informations pas encore présentes… La réunion quotidienne est le moment privilégié pour identifier ou effectuer ces micro-ajustements.

7.2 Les expérimentations pour résoudre les problèmes

Dans une démarche empirique, avant de changer réellement, il est bon de régulièrement expérimenter des changements du système kanban. Un rythme hebdomadaire ou bimensuel (pour suivre le rythme des itérations par exemple) est une bonne cadence. Les discussions ont lieu lors de la revue de capacité du système. On se posera typiquement les questions suivantes :

- ✓ L'équipe utilise-t-elle le tableau au quotidien ?
- ✓ Tout le monde s'est-il approprié l'outil ?
- ✓ L'équipe a-t-elle vu des dysfonctionnements ?
- ✓ A-t-on dépassé les limites et pourquoi ?
- ✓ Est-ce que l'équipe suit bien les règles ?

L'équipe teste une première limite sur une file d'attente, sans être trop stricte, avant de la suivre de manière disciplinée. Elle se met en situation réelle pour voir les questions ou les difficultés que la limite soulève. Elle pense que telle colonne ne semble plus servir. En la grisant sur le tableau pendant un certain temps, elle va le confirmer avant de la supprimer.

Ces expérimentations servent à valider qualitativement les solutions possibles. Plusieurs solutions peuvent être testées avant d'en choisir une et d'acter le changement.

7.3 Les ajustements structurants pour améliorer la performance

Régulièrement, le système évolue de manière structurante, c'est-à-dire avec un impact sensible sur la performance. Des files d'attente sont ajoutées, d'autres sont supprimées, une ligne est ajoutée pour une nouvelle équipe, l'équipe passe des types de travail aux classes de service...

Ces évolutions sont l'occasion de revisiter les règles explicites pour qu'elles s'accordent avec la nouvelle version du système, d'acter toutes les petites évolutions, micro-ajustements ou expérimentations, et de refaire le management visuel en les intégrant proprement. Les modifications sont alors communiquées aux parties prenantes extérieures à l'équipe.

Après une évolution du système kanban, il faut attendre quelque temps de cycle, avant de le remanier pour obtenir des informations fiables sur l'impact plus quantitatif et plus global de cette évolution. Typiquement, la cadence des remaniements est de deux à trois temps de cycle. Ils sont déclenchés dès que l'équipe a appris quelque chose de significatif sur son système justifiant de le faire évoluer. Sinon l'équipe peut décider de mettre en place une cadence de revue orientée processus.

En résumé, la part d'émergence et d'ajustement dans l'approche kanban est primordiale. Le concepteur du système kanban doit accepter cette évolution, qu'elle porte sur le processus, les règles ou sur la représentation visuelle du système. Le management doit donner le droit à l'équipe de se tromper sur les règles initialement définies et la permission de les faire évoluer. Le bénéfice pour lui est d'être assuré que le système kanban est, à ce stade, la meilleure manière connue de l'équipe de faire son travail aujourd'hui.

Il s'agit typiquement :

- ✓ de micro-ajustements pour améliorer l'efficacité de l'outil ;
- ✓ d'expérimentations pour résoudre des problèmes ;
- ✓ d'ajustements structurants pour améliorer la performance.

20 Étudier un système kanban variable

Le travail en cours a tendance à augmenter : L'une des raisons majeures à ce phénomène est la variabilité du système.

Le modèle scientifique pour cette étude est la *maîtrise statistique des processus*. Il donne des pistes d'étude pour les systèmes variables en s'appuyant sur l'analyse des cartes de contrôle.

1. POURQUOI LA VARIABILITÉ ?

1.1 La variabilité est une cause de perturbation du flux

Prenons l'exemple d'un trafic dense mais fluide de voitures. L'une d'elles freine puis redémarre. La voiture suivante pile à son tour. La voiture qui la suit également. Alors que la première voiture a redémarré depuis longtemps, des voitures continueront plus loin à freiner, suite à cette perturbation. C'est l'onde cinématique du trafic, remontant le flux de circulation. La file de véhicules propage cette onde en subissant une forte variation de vitesse, en amplifiant potentiellement son amplitude jusqu'à créer un bouchon.

Ces ondes résultent des variations de vitesse des véhicules. Cela arrive lorsqu'un véhicule freine et également lorsqu'il accélère. Une fois compris ce phénomène, il est possible d'établir une stratégie pour diminuer son impact, voire l'éviter : diminuer la variabilité en régulant la vitesse des véhicules. Pour le Kanban, il s'agit de faire avancer les éléments ni trop vite ni trop lentement, en cherchant à réduire la variation de vitesse. Réguler la vitesse dans le système va se traduire par une réduction de variation du délai de traversée.

1.2 La variabilité augmente le nombre d'éléments

La variabilité augmente également le nombre d'éléments dans le système, alors même que nous cherchons à diminuer ce nombre.

Pour s'en convaincre, il faut chercher du côté de la théorie des files d'attente.

Reprenons le schéma de l'approximation d'Allen-Cuneen, avec cette fois la famille de courbes due à la variation du coefficient de variation du service. Précédemment la courbe ne proposait que la valeur 1 du coefficient Cs.

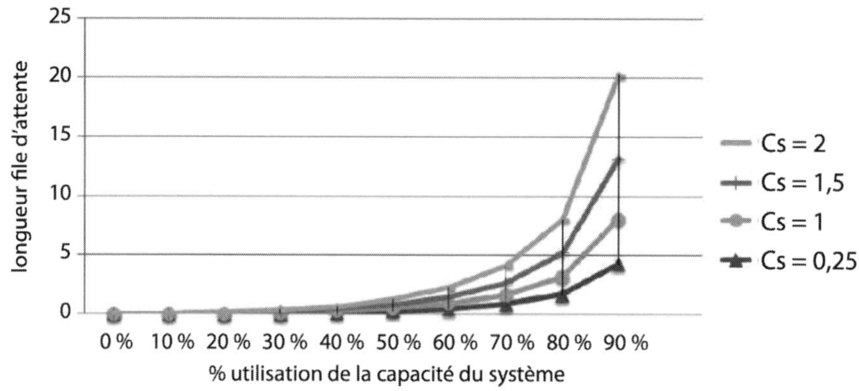

Figure 20.1 – Lien entre la longueur de file d'attente, la variabilité et le pourcentage[1].

La figure 20.1 suggère que plus le service est variable, plus la longueur de la file d'attente augmente. Ce phénomène s'amplifie avec l'utilisation de la capacité du système. À 80 % d'utilisation de la capacité du système, une augmentation de 25 % de la variabilité augmente la longueur de la file d'attente de près de 30 %.

La variable de premier ordre pour réduire les files d'attente est bien l'utilisation de la capacité du système. En second ordre, réduire la variabilité du système est une bonne opportunité.

2. LE SYSTÈME EST VARIABLE

2.1 La maîtrise statistique des processus

La maîtrise statistique des processus a pour objet une meilleure qualité par l'utilisation d'outils statistiques visant à une production centrée, la moins dispersée possible. Elle va permettre à l'équipe de se doter d'outils pour étudier et réduire la variabilité de son système kanban. Cette variabilité va se retrouver dans l'indicateur : performance à la date d'échéance (DDP).

Un système est dit sous contrôle statistique si ses résultats sont à l'intérieur de la plage $\pm 3\sigma$ (c'est de là que vient la méthode six sigma) autour de la moyenne des résultats, σ étant l'écart-type. Cette plage définit les limites naturelles de variabilité du système. Si ce n'est pas le cas, le système n'est pas sous contrôle.

De cette discipline, retenons essentiellement l'interprétation des cartes de contrôle de Walter Shewhart. Le principe des cartes vise à identifier la dispersion du système pour vérifier si le processus est sous contrôle statistique.

1. Approximation Allen Cuneen – Cs étant le coefficient de variation du service – Allen AO. *Probability, Statistics, and Queueing Theory: with Computer Science Applications*, London, Academic Press, Inc., 1978.

Nous avons déjà utilisé cette carte sous la forme d'une distribution spectrale pour définir la performance du système en s'appuyant sur les intervalles de confiance, définis en utilisant la moyenne et l'écart-type.

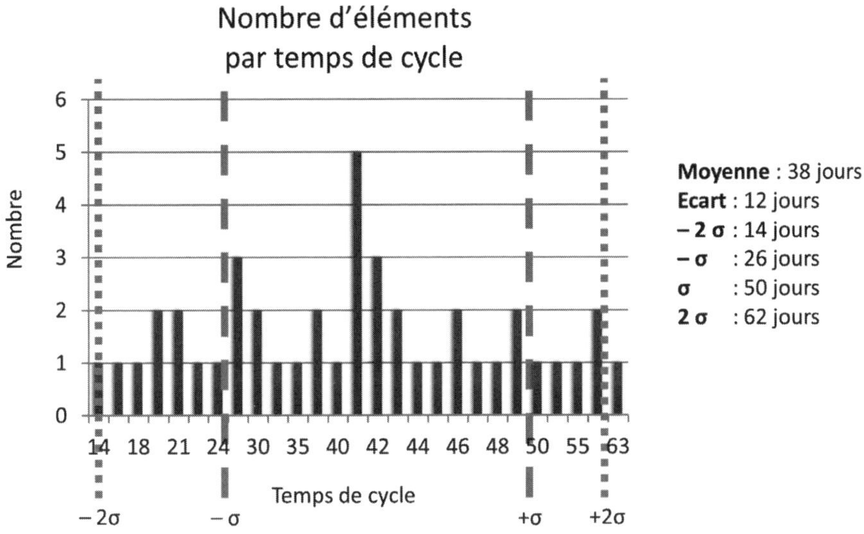

Figure 20.2 – Définir la référence à partir de la distribution spectrale.

Sur la figure 20.2, il y a 43 éléments sur cette distribution. En dehors du second intervalle de confiance, en dehors de la plage ±2σ, on compte 2 éléments. En dehors du premier intervalle de confiance, c'est-à-dire en dehors de la plage ±σ, on compte 14 éléments. L'équipe décide de manière empirique où mettre le seuil : ±σ ou ±2σ.

Certaines équipes préfèrent utiliser un autre critère pour définir un seuil de variabilité, tel que le 85 percentile, ce qui donnerait dans ce cas 50 jours. On retrouve la même valeur que le premier intervalle de confiance en raison de la nature de la distribution normale.

C'est un filtre à appliquer sur les temps de cycle pour distinguer les limites naturelles des perturbations à améliorer. À l'intérieur de ces plages, nous considérons que la variabilité est normale, pas de besoin d'action. Alors qu'en dehors, il se passe quelque chose d'anormal, c'est la dispersion sur laquelle il va falloir agir, après analyse pour en découvrir les causes.

2.2 Les causes de dispersion

La dispersion peut provenir de différentes causes qu'il faut savoir reconnaître. W. Shewhart les a catégorisés en deux types : les causes communes et les causes spéciales de dispersion.

Les causes communes

Les *causes communes* représentent toutes les causes internes de variabilités du système avec lesquelles il faut traiter. Elles sont sous le contrôle de l'équipe et du management au travers des règles du système. Le taux d'anomalies par fonctionnalité est une cause commune de variation. Les revues de pairs, binômages ou automatisations de tests sont des réponses pour en réduire les effets. Les erreurs d'estimation de la charge sont également une cause commune de variation.

Les causes spéciales

Les *causes spéciales* sont des causes de dispersion faciles à identifier mais difficiles à prévoir, souvent irrégulières. Elles sont peu nombreuses. Si elles sont dans les mains de l'équipe, une analyse est effectuée pour les éradiquer, sinon il faut en limiter l'impact par de la gestion de risque.

Le choix de réaliser en urgence une fonctionnalité avec une mise en production non planifiée va perturber le système. C'est une cause spéciale typique.

2.3 Des limites pour réagir et investiguer

Définir les limites de variation permet de réagir sur les points hors contrôle, c'est-à-dire hors des limites. Elles fournissent des seuils au-delà desquels l'équipe déclenche des analyses sans disperser son effort d'investigation. Ces seuils sont reportés et visualisés sur les cartes de contrôle (figure 20.3).

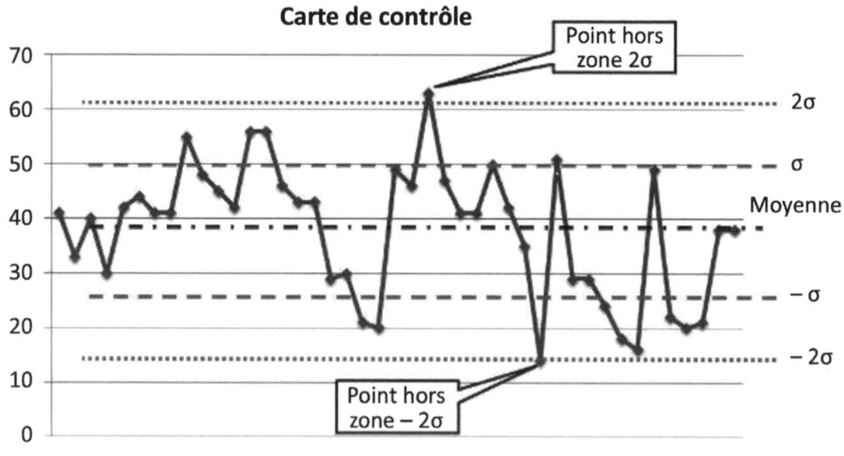

Figure 20.3 – Carte de contrôle et limites naturelles (1/2).

La limite à $\pm 2\sigma$ identifie deux éléments en dehors de la cible en deux mois, soit 5 % du volume total. Potentiellement, 14 éléments, soit 25 % du volume total, sont à analyser pour passer le seuil suivant de dispersion ±σ. L'effort d'analyse est bien limité. Il faut étudier les éléments en retard, au-dessus de la courbe, autant que les éléments en avance, en dessous de la courbe. Quelquefois, la cause d'un travail en retard est simplement due à un autre qui est sorti plus vite car on l'a priorisé par rapport au premier.

L'analyse peut amener l'équipe à affiner les règles du système, à redéfinir les catégories d'éléments de travail ou simplement revoir sa manière de travailler. Les premières causes sont souvent la granularité des éléments, généralement trop grande, ou des blocages externes, manques d'informations ou de disponibilités.

2.4 Des limites pour être proactif sur les temps de cycle

Le système kanban a été mis en place depuis quelque temps. Une première analyse de la distribution spectrale a été réalisée. Elle a permis d'obtenir la moyenne et de se fixer la limite naturelle des temps de cycle.

L'équipe a maintenant les moyens d'être proactive sur ces temps. Elle porte plus d'attention aux éléments qui arrivent dans la zone de focus, entre la moyenne constatée de temps de cycle et la limite haute (figure 20.4).

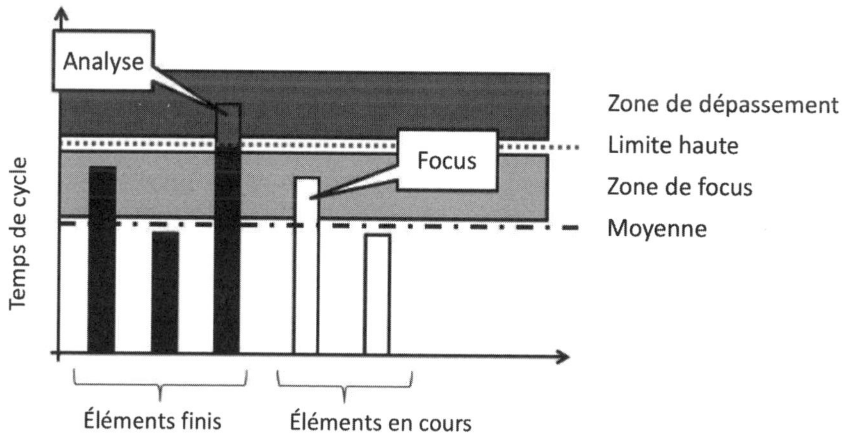

Figure 20.4 – Carte de contrôle et limites naturelles (2/2).

L'équipe sait facilement à partir de quel écart elle doit intervenir sur le processus.

2.5 Analyse des cartes de contrôle étendues

En suivant les résultats des cartes sur des périodes plus longues, des phénomènes plus macroscopiques apparaissent : causes spéciales, tendances. La carte de contrôle en figure 20.5 couvre une période de cinq mois.

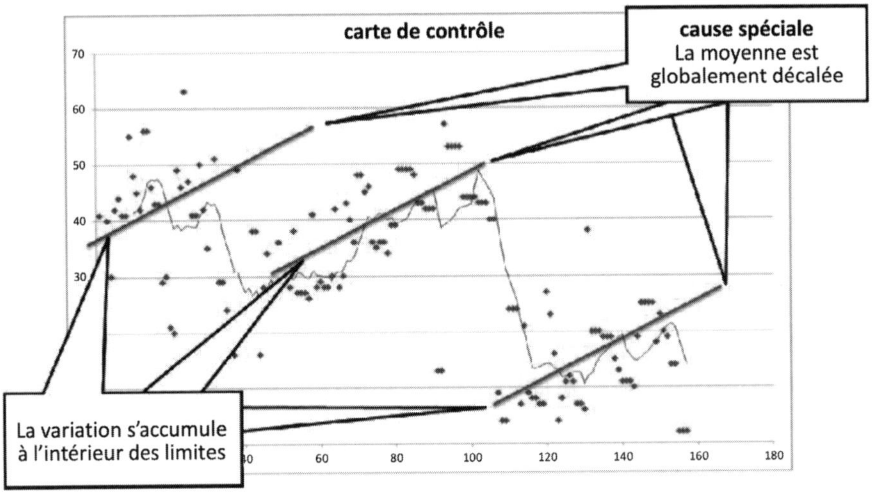

Figure 20.5 – Carte de contrôle sur cinq mois.

On distingue trois phases sur cette carte (figure 20.6). Et pour chacune d'elles, les variations s'accumulent. Entre chaque phase, une cause spéciale a modifié le centrage des temps de cycle moyens. En rendant visibles les phénomènes plus macroscopiques, les cartes étendues permettent de définir les plages de temps pertinentes pour analyser la distribution spectrale.

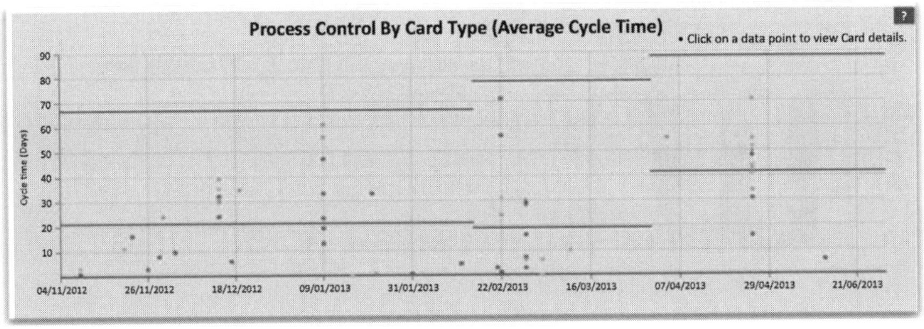

Figure 20.6 – Plage glissante.

Généralement, la période glissante d'analyse est de l'ordre de deux à trois temps de cycle. Au-delà, il y a plus de chances d'avoir eu des changements structurants, dus à des causes spéciales, qui rendent la lecture et la définition de la référence de performance plus délicates.

2.6 Suivre les tendances

La variabilité est une question de moyenne et de tendance. L'équipe répond au signal du processus avec l'identification des points hors limites. Elle suit également la tendance du signal à l'intérieur des limites pour réagir lorsque la tendance des temps de cycle est croissante (figure 20.7).

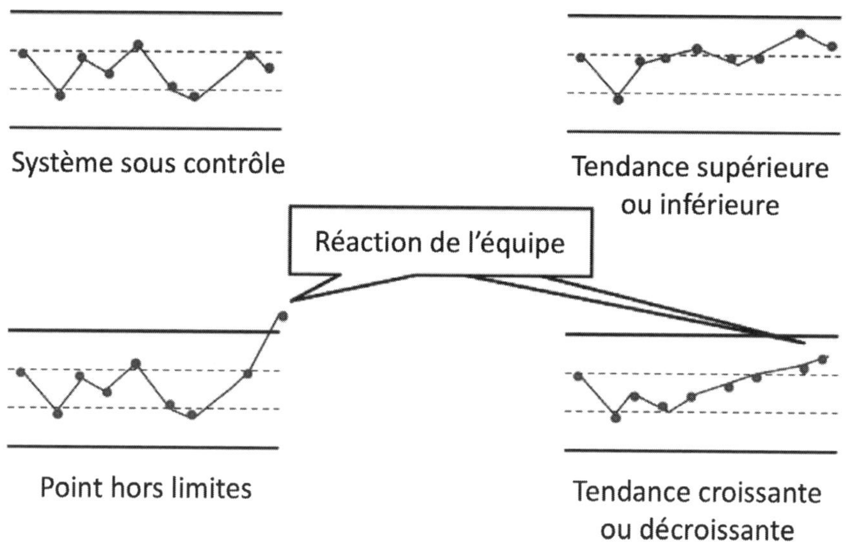

Figure 20.7 – Interprétation des cartes de contrôle.

3. LES LIMITES DE L'APPROCHE STATISTIQUE POUR L'APPROCHE KANBAN

Les limites sont d'abord d'ordre technique. Dans le développement informatique, le volume d'éléments n'est généralement pas suffisant pour une analyse statistique des résultats. Et leur distribution est rarement normale. Les calculs sont certes à revoir, mais le seuil est de toute façon défini par l'équipe de manière empirique. Les calculs sont juste une aide. Les limites pourraient être définies visuellement à partir de la distribution spectrale.

D'autre part, si dans l'industrie une réduction systématique de la variabilité est possible et recherchée, dans le développement informatique les processus ne sont ni répétitifs ni homogènes. Même pour une activité de maintenance qui est constituée à la fois de correctifs et d'évolutifs.

Développer en flux revient à savoir travailler avec de la variabilité. D'ailleurs, la variabilité est moins importante en soi que son impact économique, ce que ne traite pas l'approche statistique.

En résumé, la variabilité des systèmes kanban augmente le nombre d'éléments présents dans le système. La maîtrise statistique des processus est proposée comme modèle pour savoir définir et gérer cette variabilité. Comme pour les autres modèles, son principe est intéressant si son utilisation est faite avec suffisamment de recul. Une analyse de la distribution spectrale des temps de cycle est réalisée grâce aux informations recueillies sur les cartes de contrôle. Cette analyse, sur des pages glissantes, détermine les limites naturelles du système. Ces seuils sont des aides actionnables par l'équipe et limitent son effort d'investigation.

Il faut veiller à ne pas sur-réagir à la variabilité en se fixant des seuils raisonnables. Cela reste une variable de second ordre pour l'étude du système kanban, dont le bénéfice attendu est de réduire les files d'attente et d'améliorer la prédictibilité.

21 Diminuer les délais par la résolution des blocages

Ce chapitre propose de suivre plus précisément cette source de gaspillage que sont les blocages. Les blocages sont une source d'attente ayant une influence sensible sur les délais dans une approche en flux. Diminuer le délai de résolution de blocages est une piste pour améliorer le flux du travail.

1. VISUALISER LES BLOQUEURS

Un blocage est simplement tout ce qui empêche de faire avancer la carte kanban, hormis le travail lui-même, que la source soit interne à l'équipe ou externe. Les blocages augmentent les délais et la variabilité. L'équipe doit apprendre à résoudre chaque blocage le plus vite possible et en supprimer les causes pour que le blocage ne réapparaisse plus. Dans la partie visualisation, les bloqueurs ont été rendus visibles en ajoutant un Post-it de couleur rouge sur la carte bloquée (figure 21.1). Dans la partie mise en œuvre du kanban, lors de la réunion quotidienne, l'équipe s'est demandé s'il y avait de nouveaux blocages ou s'il y en avait de résolus.

Identifier, voir et résoudre sont les premiers pas pour aider l'équipe à monter en autonomie sur la résolution de blocages. L'objectif suivant est de maîtriser puis de réduire les délais de résolution de ces blocages. Nous allons donc suivre ces délais.

Sur chaque nouvelle carte de blocage, la date de détection de ce blocage et la date de résolution sont maintenant notées.

Suite à un blocage, généralement, une action à court terme et une action correctrice à plus long terme, pour éviter que le problème ne ressurgisse, sont lancées. Le conseil dans ce contexte consiste à considérer le blocage levé (donc la date de résolution écrite sur le Post-it) dès lors que l'action à court terme est finie et que l'action à long terme, si elle existe, est identifiée et sa carte kanban créée dans le *backlog*. Le point de vue est bien celui du flux : le blocage est levé dès que la carte bloquée peut à nouveau avancer dans le tableau. La mise à jour de ces dates est faite par l'équipe soit lors de la réunion quotidienne, soit dès que l'obstacle apparaît ou disparaît.

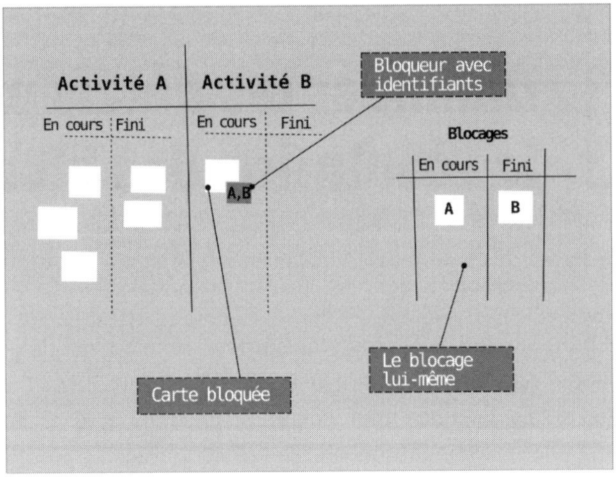

Figure 21.1 – Visualiser les bloqueurs.

Sur la carte « blocage », l'identifiant du blocage permet de suivre l'impact sur les cartes en cours. Un même blocage peut impacter plusieurs cartes. Le porteur du blocage (et de sa résolution), la date de création et de résolution, et quelquefois les actions de résolution en cours, sont également notés.

2. SUIVRE LES DÉLAIS DE RÉSOLUTION

Les cartes de blocage permettent de suivre les délais de résolution des blocages. À intervalle de temps régulier, typiquement la semaine ou un sprint, le délai moyen de résolution des derniers blocages est reporté sur un histogramme pour en suivre l'évolution dans le temps. Cet indicateur peut alimenter les rétrospectives. Selon les contextes, le suivi des blocages peut être différencié par type ou par source (externe/interne), le principe restant le même (figure 21.2).

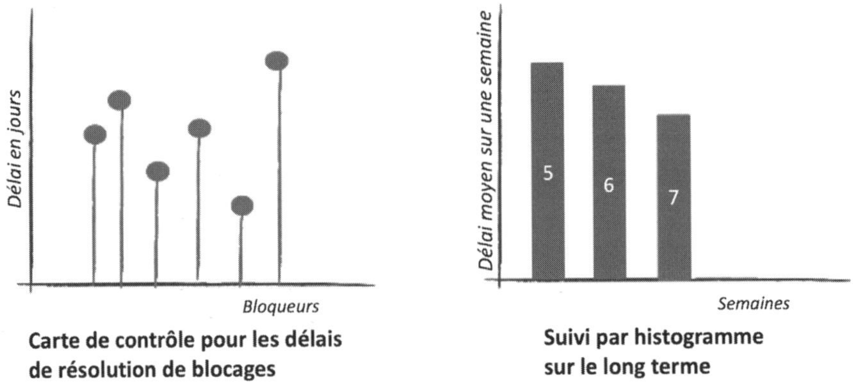

Figure 21.2 – Suivre les délais de résolution de blocages.

3. APPLIQUER UNE DÉMARCHE KANBAN AUX BLOCAGES

Le suivi systématique des blocages a comme premier effet d'augmenter significativement le nombre de blocages identifiés. Plusieurs dizaines à une centaine lors du premier mois ne sont pas déraisonnables.

Au vu de ce nombre, après le management visuel et le suivi du délai, pourquoi ne pas appliquer, à la résolution de blocages, une démarche kanban ?

D'abord en identifiant le processus de résolution de blocages avec un tableau plus spécifique : typiquement « blocages identifiés », « en cours de résolution », « résolus », « en attente de validation », « clôturés ».

Puis, en régulant le nombre de blocages « en cours de résolution », voire sur les files d'attente « en attente de validation » par exemple. Nous avons alors un nouveau tableau kanban des blocages, avec ses indicateurs associés de cartes de contrôle et de diagramme de flux cumulés.

En résumé, pour améliorer la performance du système kanban en termes de délais, une autre piste significative est de travailler sur les délais de résolution des blocages. Pour s'améliorer sur ce point, la démarche kanban est appliquée aux blocages. Cela contribue à fluidifier le travail, à réduire les limites et à réduire les temps de traversée.

Les points clefs à retenir sont :

- ✓ faire un focus sur les blocages ;
- ✓ et sur les délais de résolution de blocages ;
- ✓ lors de réunions quotidiennes ;
- ✓ et s'améliorer par du kanban.

22 Boucles de feedback (ou boucles de rétroaction)

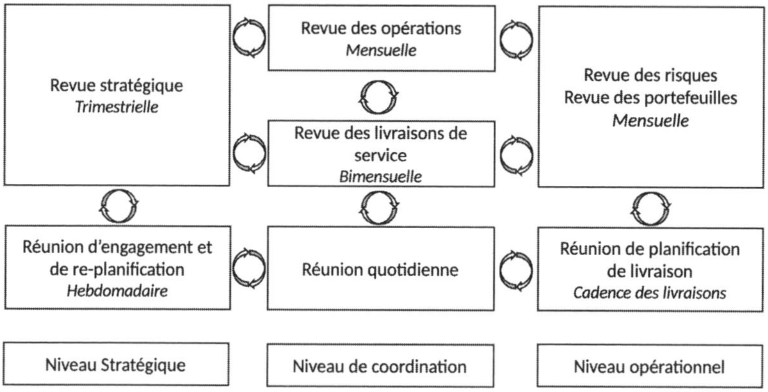

Figure 22.1 Boucles de feedback

LES BOUCLES DE RÉTROACTIONS

Les boucles de rétroactions sont au cœur du Kanban. On les retrouve à tous les niveaux de prise de décisions de l'entreprise, des prises de décisions opérationnelles au niveau des équipes, aux prises de décisions stratégiques au niveau de la direction. Cette approche soutient l'un des quatre principes du Kanban : Encourager les actes de leadership à tous les niveaux de l'entreprise.

Niveau stratégique

Revue stratégique

La revue stratégique permet d'évaluer et d'ajuster la vision, la mission et les objectifs à long terme de l'organisation. Elle inclut l'analyse des performances globales, l'alignement des initiatives stratégiques et l'identification des ajustements nécessaires pour répondre aux évolutions du marché et aux priorités de l'entreprise. Sont revus au cours de cette réunion : marchés, position stratégique, stratégie de mise sur le marché, KPI, alignement stratégique et capacité. Elle est typiquement trimestrielle.

Niveau tactique

Les revues du niveau tactique sont typiquement mensuelles. La tactique est la mise en œuvre terrain de la stratégie.

Revue des opérations

La revue des opérations se concentre sur la mise en œuvre des stratégies à travers les programmes et les portefeuilles. Elle est destinée à couvrir un réseau de services interdépendants au niveau des systèmes de systèmes. Le focus est sur les dépendances. Elle évalue l'efficacité des processus opérationnels, la coordination des différentes initiatives et l'atteinte des objectifs tactiques. Elle ajuste les plans en fonction des performances et des feedbacks. Elle est typiquement mensuelle.

Revue des risques et des portefeuilles

Cette revue identifie et évalue les risques potentiels qui peuvent affecter la réalisation des objectifs stratégiques et tactiques. Elle permet de mettre en place des mesures d'atténuation et de s'assurer que les risques sont gérés de manière proactive à travers l'organisation.

La revue des portefeuilles a pour objectif de sélectionner les produits et services à développer durant le prochain cycle, alignés avec la stratégie, basé sur les dépendances, les risques associés et la capacité disponible.

Niveau opérationnel

Réunion de livraison de service (Service Delivery meeting)

Cette revue se concentre sur l'évaluation de la qualité et de l'efficacité des services fournis. Elle examine les performances par rapport aux attentes des clients, les SLA (Service Level Agreements) et les opportunités d'amélioration continue. Elle est typiquement bimensuelle.

Réunion de replanification et d'Engagement (Replenishment/Commitment meeting)

La revue de réapprovisionnement et d'engagement permet de planifier et de gérer les ressources nécessaires pour répondre aux demandes opérationnelles. Elle assure que les équipes disposent des ressources et du soutien nécessaires pour atteindre leurs objectifs. Elle est typiquement hebdomadaire.

Réunion quotidienne/réunion de planification de livraison

Les réunions quotidiennes (stand-up meetings) et les réunions de planification de livraison permettent aux équipes de synchroniser leurs activités, de discuter des obstacles et de planifier les tâches à venir. Elles sont essentielles pour maintenir l'alignement opérationnel et la réactivité.

Ces mécanismes de feedback assurent une intégration efficace des niveaux stratégiques, tactiques et opérationnels, permettant à l'organisation de s'adapter rapidement et de continuer à créer de la valeur tout en répondant aux exigences du marché et aux besoins des clients. La mise en place d'un tel système nécessite une forte maturité organisationnelle.

Vous adaptez et vous décidez de faire l'une, certaines ou toutes ces réunions selon toujours un curseur effort/valeur. Cela va beaucoup dépendre de votre contexte, ne vous surchargez pas, ne sous-estimez pas la valeur de la synchronisation et de l'amélioration continue.

Comme toujours, il est préconisé de ritualiser ces réunions : toujours la même heure, toujours la même heure de la semaine, du mois, du jour, etc. Idéalement toujours le même lieu. Si vous estimez que la réunion n'a pas lieu d'être, maintenez-la, expliquez dès le début pourquoi elle n'a pas lieu d'être, ne dépassez pas quelques minutes. Il est toujours préférable de maintenir le rituel. Vous pouvez le raccourcir autant que nécessaire, ne dépassez pas la durée maximum limite : vous aurez un autre cycle de feedback et d'amélioration à venir.

23 Le kanban portfolio, une vue d'ensemble

Il est rare, dans une organisation, de ne travailler que sur un projet à la fois, voire même sur un seul produit. Une organisation a souvent à faire à plusieurs flux de valeur. L'objectif de la gestion de portefeuille en kanban, ou kanban portfolio, est de piloter ces différents flux avec un seul tableau kanban, pour une vision multi-projets, multiservices ou multiclients, rien que ça !

Très attendu par les décideurs et la direction de projets, le kanban portfolio apporte une vision dynamique du pilotage et un outil d'aide à la décision.

1. LE CONTEXTE PORTFOLIO

Les kanban portfolio sont à destination des directions métiers et informatiques gérant plusieurs projets en parallèle, pour d'abord avoir une vision d'ensemble et prendre des décisions de pilotage.

Avec des cycles longs de développement, de quelques mois à quelques années, les décisions pouvaient être prises tous les mois ou tous les trimestres, lors de comités de pilotage. La réduction des temps de cycle à quelques semaines nécessite un pilotage plus fréquent du portefeuille. Nous assistons au changement de point de vue du pilotage, d'une vision statique, capacitaire à base de plan de charges, à une vision dynamique, en flux à base de délai.

Encore faut-il avoir un débit suffisant de projets pour piloter en flux. C'est le cas des grands départements informatiques, ou des *« digital factory »,* amenés à gérer plusieurs centaines de projets par an, se traduisant par plusieurs dizaines de projets en simultané. C'est un flux de projets où chaque élément du flux représente une charge de quelques semaines à quelques mois.

Les éditeurs logiciels gèrent des demandes de plusieurs dizaines, voire centaines, de demandes clients, avec leur lot de demandes spécifiques à réaliser en parallèle du développement des produits maison. C'est un flux d'affaires où chaque élément représente une charge de quelques jours à quelques semaines.

Dans les deux cas, c'est plusieurs projets qui commencent et se terminent toutes les semaines ou tous les mois. Un débit suffisant pour une approche en flux, à la variabilité de la taille des projets « prêt », même si la réalité n'est pas aussi lissée.

1.1 Poser le cadre stratégique

La gestion du portefeuille commence souvent par un plan budgétaire annuel pour définir la feuille de route des investissements. Aujourd'hui l'approche la plus intéressante serait d'aborder le portefeuille par une vision métier, à la recherche d'impacts, et d'envisager les budgets avec une approche de type *beyond budgeting*[1], c'est-à-dire en affectant les budgets en visibilité d'un potentiel impact au fil de l'eau (cela est grossièrement résumé, il est suggéré de vous plonger dans le sujet si la question se pose). Ce n'est pas du pilotage mais du cadrage. C'est un consensus entre la capacité théorique des équipes et les estimations des projets. Elle repose sur une vision statique des charges et permet de définir le cadre stratégique. Le pilotage se fait, ensuite, au niveau de chaque projet.

La demande étant généralement supérieure à la capacité, le plan de charge est ajusté au maximum de la capacité théorique des équipes, sur la base d'estimations souvent peu fiables. Peu de marge de manœuvre autour de décisions prises très tôt. La pression est mise d'emblée sur les managers, les leaders.

1.2 Piloter en dynamique

L'approche capacitaire reste nécessaire car le cadre stratégique doit être posé. Mais cette approche n'est pas suffisante et trouve ses limites dans le quotidien où la réalité met à mal les plans initiaux. Le pilotage est délégué à chaque projet pour que chacun fasse de son mieux. Si les projets peuvent amortir des problèmes à leur niveau, notamment avec une gestion agile des projets, il reste des problèmes structurants à régler au niveau du portefeuille, c'est-à-dire de l'organisation.

L'enjeu est de coupler cette vision statique et stratégique à un pilotage dynamique et tactique pour exploiter les opportunités projets ou faire face aux perturbations rencontrées. D'emblée, la difficulté de pilotage d'un portefeuille saute aux yeux dès la mise en place d'un système kanban à ce niveau, par le nombre de cartes qu'il porte souvent.

Faire des choix de priorisation parmi plusieurs centaines de cartes, dans différents états, dans un système saturé avec des goulets d'étranglement, est un exercice difficile et un art subtil ! Le kanban, à ce niveau, cherche à :

- ✓ mettre le focus sur le mouvement et les attentes des demandes entre les activités ;
- ✓ anticiper les blocages et ralentissements à venir ;
- ✓ découper la demande en lots plus fins pour fluidifier le travail et augmenter les opportunités de pilotage ;
- ✓ voir ces opportunités et les saisir.

1. Bjarte Bogsnes, *Implementing Beyond Budgeting: Unlocking the Performance Potential*, John Wiley & Sons, 2008.

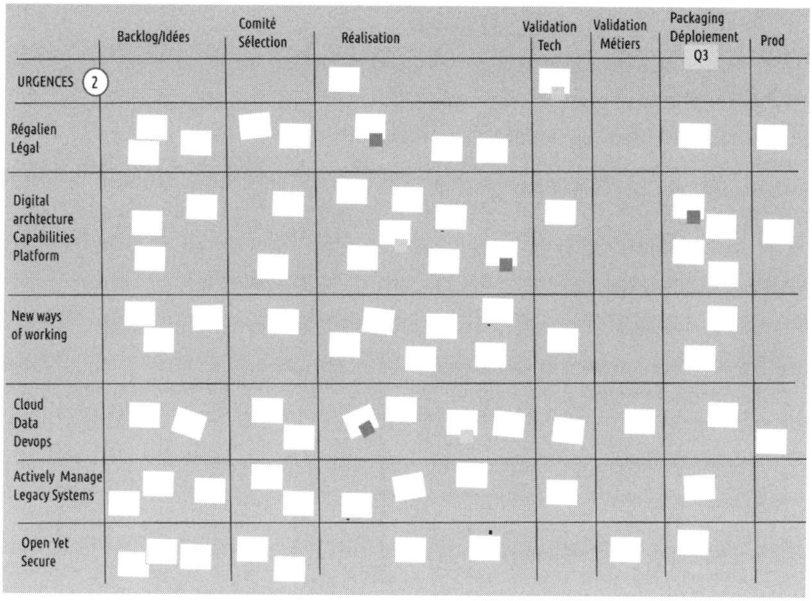

Figure 23.1 – Exemple d'un kanban portfolio.

1.3 Concevoir un outil d'aide à la décision

Le deuxième enjeu est d'avoir un outil d'aide à la décision pour savoir, une fois le flux établi, en amont, quel nouveau projet injecter et à quel moment, et en aval, quel projet livrer et à quel moment. Le kanban portfolio aide les comités de pilotage à :

- ✓ mettre l'effort de mûrissement ou de réalisation sur les bons projets au meilleur moment ;
- ✓ s'engager sur les demandes au bon moment, lorsque la capacité le permet ;
- ✓ aligner ces décisions sur un modèle de valeur ajoutée, comme le modèle de coût du délai évoqué dans cet ouvrage.

La réponse du kanban est, face à cette complexité, d'apporter une vue d'ensemble simple, et de réduire le nombre de paramètres et de décisions à prendre à un instant donné, avec un système et des règles simples, notamment les limites hautes et basses.

Un des freins rencontrés, avec le kanban portfolio en tant qu'outil d'aide à la décision, est, pour les décideurs, d'apprendre à travailler avec des options.

2. KANBAN PORTFOLIO

Parcourons les premières pratiques kanban pour mieux comprendre les spécificités du kanban portfolio.

2.1 Visualiser le flux de travail

■ Les activités

Pour modéliser l'ensemble des activités de transformation d'une demande ou d'une idée jusqu'à son déploiement, là plus qu'ailleurs, il est important de rester simple (figure 23.2). Souvent, le souhait de tous est de pouvoir visualiser l'ensemble des activités de la société avec cet outil. Cela conduit en général à une usine à gaz trop détaillée.

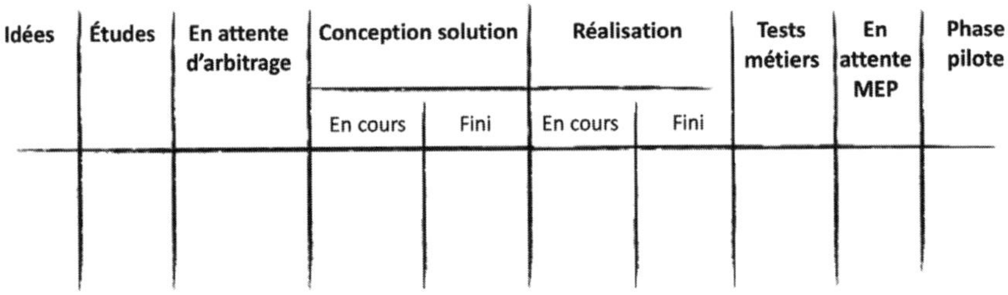

Figure 23.2 – Exemple de modélisation d'un kanban portfolio.

Il ne faut pas aller dans le détail trop tôt, le modèle va évoluer rapidement les premières semaines. Et avec le modèle, la photo du flux également, c'est-à-dire les centaines de cartes qui le composent.

■ Les éléments de travail

Les éléments d'un portefeuille sont des affaires ou des projets, des éléments livrables et facturables. Leur nombre peut être important mais leur temps de traversée l'est également. Cela justifie de visualiser chaque élément. Diminuer le temps de traversée de chaque élément accélère la facturation et diminue le besoin en fonds de roulement, cela a un impact business important.

Commencez par définir un périmètre de projets pilotes à suivre. Puis concevez un système kanban qui marche pour l'essentiel des projets, en mettant de côté les cas particuliers ou projets non standards. Une première version traitant 80 % du portefeuille est une bonne cible et un bon message à passer au groupe de travail. Ne soyez pas surpris si les projets transverses souffrent au démarrage. Ils ont trop de dépendances pour être simplement gérés dans un premier temps. Ils peuvent être injectés dans le kanban portfolio plus tard si vous le souhaitez.

Rappelons que l'approche kanban est une approche empirique. Nous ne cherchons pas à faire un système parfait, mais un premier système kanban qui permet d'apprendre rapidement et de faire évoluer en connaissance de cause.

Processus métiers ou processus IT ?

Avec le portefeuille, c'est tout le processus qui est modélisé. Il y a un risque de confusion à parler processus, selon qu'il s'agisse des processus métiers ou des processus IT, bien que le vocabulaire soit quelquefois le même. Une autre source d'incompréhension concerne les projets. Parle-t-on de projet au sens métier, une nouvelle offre marketing par exemple, ou de projet au sens IT, la version d'une application logicielle ?

Un projet métier peut impacter plusieurs applications dans un système d'information. Si c'est le cas, un tableau kanban à deux niveaux sera une bonne réponse de conception, avec les cartes mères pour le projet métier et les cartes filles pour les projets applicatifs impactés.

Il ne faut pas hésiter à passer suffisamment de temps sur ces définitions lors de la conception initiale, en prenant des cas concrets, dans différents états, pour éviter des discussions trop abstraites.

L'outillage kanban

Les limites du management visuel sont également atteintes pour la partie Portfolio : de nombreuses cartes, une mise à jour répartie sur nombre de managers, des personnes souvent distribuées géographiquement… Le choix de passer à des outils numériques kanban, permettant d'allier à la fois une représentation proche du management visuel et des fonctionnalités plus avancées, est vite fait. Les fonctionnalités de zoom, de tri, de filtre sont nécessaires pour une utilisation efficace du tableau.

2.2 Limiter le travail en cours

Les limites kanban au niveau portefeuille sont un vrai challenge, elles posent directement la question de la gouvernance de ce portefeuille :

- ✓ Quelle instance peut décider des limites ?
- ✓ Quelle instance va les suivre et les faire suivre ?
- ✓ Quelle instance a le droit de les modifier ?

Il est, à ce titre, important de rapidement poser des limites là où c'est possible, pour engager rapidement les discussions sur la gouvernance.

Nous proposons, pour cela, d'identifier la contrainte principale du système, souvent la capacité de réalisation, et de limiter le travail en amont de cette contrainte, comme le nombre de projets en étude ou à arbitrer. Cela fait généralement consensus et facilite la mise en place des premières limites.

D'un point de vue technique, mettre des limites sur le nombre de projets, compte tenu de la diversité de leur taille, est hasardeux. Les catégories liées à la taille des projets, de types simple, moyen et complexe, apparaissent très rapidement.

2.3 Gérer le flux de travail

Le flux est très lent lorsqu'on suit des éléments dont le cycle de vie est de quelques mois. Il faut adapter la fréquence de suivi du système, une réunion quotidienne n'ayant pas de sens. La cadence de réunion de suivi est liée à la fréquence de livraison, avec du flux tiré. Nous cherchons à avoir assez de points de visibilité et d'opportunités pour un pilotage dynamique : autour de trois réunions de suivi par cadence de livraison est un bon ordre de grandeur constaté.

La fréquence de réunion se situe typiquement entre la semaine, pour des organisations ayant une cadence de livraison mensuelle ou pour la gestion de flux d'affaires, et le mois, pour le reste.

2.4 Rendre explicites les règles de gestion

Les règles explicites au niveau portfolio sont souvent liées aux jalons et livrables déjà définis dans l'organisation. Nous ne revenons pas sur ces règles classiques.

La bonne granularité des cartes

L'approche en flux pose rapidement la question de la granularité des éléments qui le constituent et donc des critères d'entrée dans le système. Généralement, les projets ne sont pas la bonne granularité pour piloter un portefeuille : trop gros, pas assez fluide, de taille trop variable. À l'inverse, les fonctionnalités sont trop fines et trop nombreuses pour piloter à ce niveau. C'est un véritable enjeu que de trouver la bonne granularité des éléments à piloter, entre le projet et les fonctionnalités.

Nous avons déjà évoqué les *minimum marketable features* (MMF) sur les éléments de travail. Elles représentent le lotissement le plus petit, constitué de macrofonctionnalités, permettant la création de valeur pour l'utilisateur. C'est la bonne unité de pilotage pour un portefeuille.

La création de valeur

Le kanban portfolio pose ensuite d'autres questions structurantes concernant les règles d'injection et de priorisation, utilisées lors des réunions de pilotage. Avec elles, la question du modèle de valeur de l'entreprise s'installe très vite dans le débat, qu'il s'agisse de ROI (*return on investment*, retour sur investissement) ou de coût du délai… Le modèle de valeur va évoluer pour prendre en compte l'approche en flux, avec par exemple des ROI basés sur les temps de traversées, mais cela dépasse le cadre du kanban.

3. LA STRATÉGIE D'IMPLÉMENTATION

Lors du démarrage, il faut prévoir des représentants de toutes les activités dans le groupe de travail, parmi la direction métier et informatique, généralement des managers et des représentants du comité de pilotage du portefeuille.

Ce groupe va concevoir et expérimenter le kanban pilote sur les premiers mois. Le pilote, même s'il porte sur un périmètre restreint de projets, doit avoir une volumétrie suffisamment représentative, typiquement deux tiers des projets.

Les premiers bénéfices attendus sont une prise de conscience collégiale de la photo du portefeuille et des dysfonctionnements :

✓ un arbitrage douloureux, trop de demandes sont injectées ;

✓ des files d'attente trop importantes dues au sempiternel exercice budgétaire annuel ;

✓ une mise à jour des informations difficiles, une réalité qui pose bien le problème de pilotage ;

✓ un lotissement en cours de route par manque de capacité réelle ;

✓ la présence de goulets d'étranglement.

Cette prise de conscience est le premier pas vers une meilleure gouvernance et une dynamique d'amélioration continue au niveau de la société : simplifier le processus, ajuster les limites, affiner les règles d'entrée, ajuster les filtres de décisions, faire évoluer une compréhension commune du portefeuille, faire un meilleur lotissement, discuter du modèle de valeur, réduire les cadences de livraison…

En résumé, le kanban portfolio est un outil d'aide à la décision. Il est complémentaire à l'approche capacité, plus orientée stratégie, et propose un outil de pilotage plus tactique. C'est un formidable outil de discussion au niveau manager et décideur car il pose rapidement des questions de gouvernance du portefeuille.

24 Approche orientée service

« Kanban introduit l'approche orientée service dans la gestion de projet[1]. »

En se focalisant sur le flux, les règles et processus sont définis et suivis de manière consistante. Des systèmes kanban d'équipes aux kanban portfolio, en passant par les kanban produit, cette méthode nous rapproche des clients, du business. La performance des systèmes kanban, les résultats, notamment économiques, doivent également être au rendez-vous de manière répétable et prévisible. Cela marque le passage d'une organisation axée sur ses processus à une organisation orientée service, capable de s'engager sur des niveaux de service et de se concentrer sur l'optimisation continue de ces services.

Avec cette orientation vers les services, une question se pose : quelle performance visons-nous réellement ?

Jusqu'aux années 1990, les entreprises se focalisaient sur l'optimisation de leurs ressources internes critiques, considérées comme le cœur de leur avantage compétitif. Elles organisaient leurs structures pour maximiser la productivité, en veillant à ce que chaque ressource soit constamment utilisée.

À partir des années 1990, le paradigme change. Les entreprises commencent à comprendre que l'efficacité ne réside plus seulement dans les ressources mais dans l'optimisation des processus. Elles adoptent une vision transversale, axée sur la création de valeur à chaque étape. C'est l'époque de la qualité totale, du Lean et de la réingénierie des processus, où chaque tâche doit contribuer à un objectif global.

Aujourd'hui, l'accent est mis sur le flux. Les entreprises cherchent à accélérer la livraison continue de valeur, inspirées par les principes d'Agile et de DevOps. L'objectif n'est plus simplement d'améliorer les processus mais de maximiser la fluidité et la réactivité pour répondre aux changements du marché. Le Time To Market devient la nouvelle priorité, suivi par le temps de traversée dans un système kanban, dépassant les préoccupations traditionnelles de productivité et d'efficience.

1. David Anderson, *Kanban Maturity Model: Evolving Fit For Purpose Organizations.*

Dans ce contexte, la performance se mesure par l'engagement sur les services, souvent formalisé par des accords de niveau de service (SLA). L'accent est mis sur :

- ✓ l'amélioration de la qualité de service : optimiser les processus pour fournir un service répétable et fiable ;
- ✓ la réduction des coûts opérationnels : identifier et éliminer les inefficacités ;
- ✓ la satisfaction client : répondre efficacement aux attentes des clients pour maintenir un haut niveau de satisfaction.

Chaque système kanban de l'entreprise devient un fournisseur de services pour l'organisation, tout en consommant les services des autres systèmes. Pour pouvoir s'engager sur un niveau de service, ces systèmes doivent avoir confiance dans les services offerts par les autres. On comprend pourquoi la prédictibilité du système va rapidement devenir un enjeu important. Avec, l'organisation construit progressivement un réseau d'interactions orienté service, fondé sur des systèmes kanban interconnectés. L'ADN du Kanban est bien orienté service avec une notion d'engagements de service entre équipes.

PASSAGE À L'ÉCHELLE DE L'ORGANISATION ORIENTÉE SERVICE : ENTERPRISE SERVICE PLANNING

Il se pose donc la question du passage du kanban à l'échelle de l'entreprise afin d'étendre le flux à travers toute l'organisation. Il existe trois mécanismes de passage à l'échelle qui se complètent :

- ✓ Le premier est l'**extension horizontale** en passant du kanban personnel au kanban produit, bout en bout sur toute la chaîne de valeur.

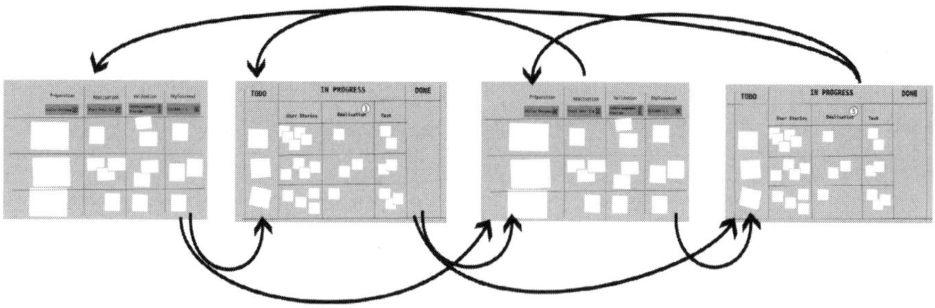

Figure 24.1 – Extension horizontale.

- ✓ Le second est l'**extension verticale** à tous les niveaux de l'entreprise, du kanban équipe au kanban portfolio.

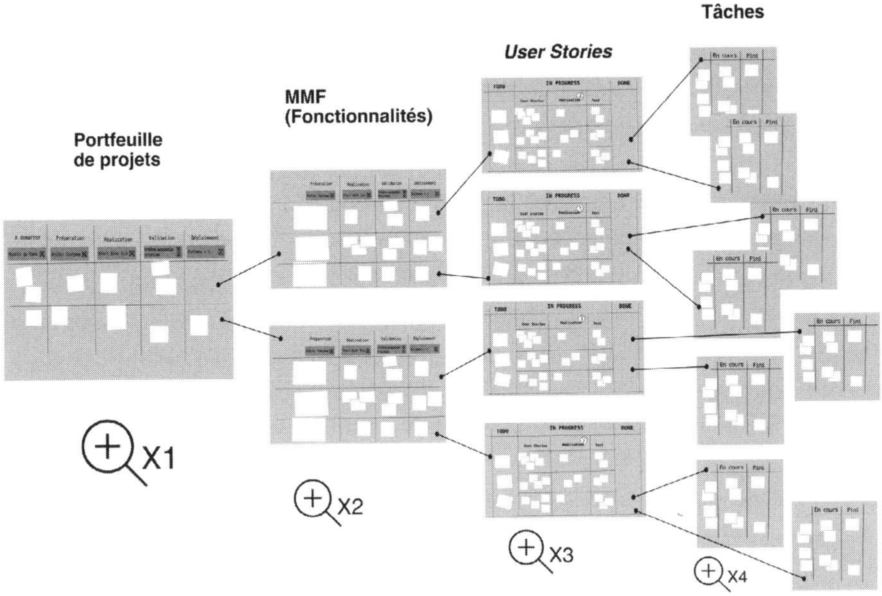

Figure 24.2 – Extension verticale.

✓ Le dernier est l'**extension à travers un réseau** : ainsi, l'organisation construit progressivement un réseau d'interactions orienté service, fondé sur des systèmes kanban opérant de manière indépendante mais interconnectés.

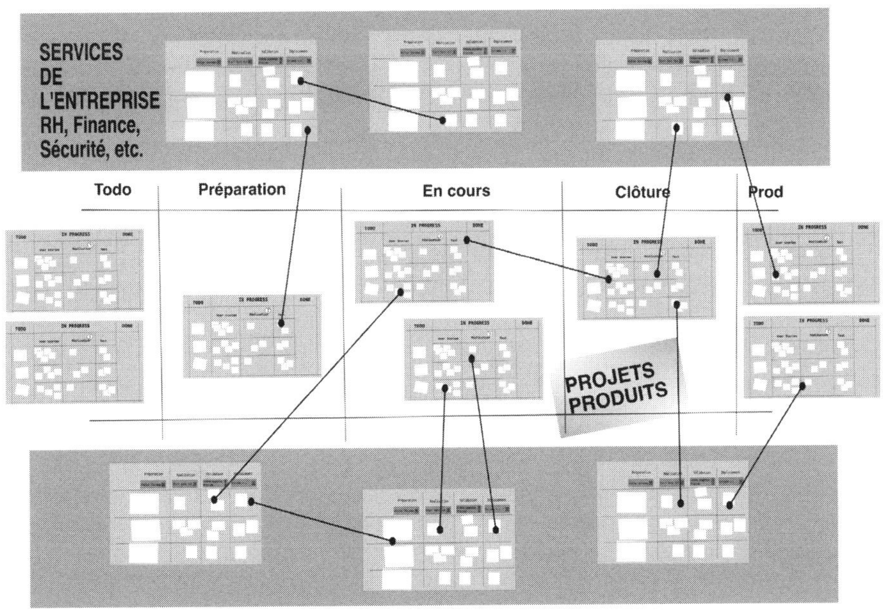

Figure 24.3 – Extension à travers un réseau.

C'est le concept proposé par l'**Enterprise Service Planning** (ESP) de la Kanban University, développé depuis 2015. C'est une solution de gestion à l'échelle de l'entreprise qui utilise le Kanban pour améliorer chaque service au sein de l'entreprise.

ESP vise à étendre les principes et pratiques du Kanban au-delà des équipes individuelles pour les appliquer à l'ensemble de l'organisation. L'objectif est d'améliorer la livraison des services en alignant étroitement les opérations sur les stratégies et objectifs commerciaux de l'entreprise.

Concrètement, ESP est un réseau de services interdépendants, un système de systèmes. Le but est de livrer un service de manière efficiente au travers un réseau de services avec des dépendances complexes qui peut rapidement se reconfigurer. C'est là que se loge l'agilité de l'entreprise. Chaque service, chaîne de valeur, processus métier et services partagés, est un système kanban à part entière, conçu séparément. Le réseau de systèmes kanban est, lui, conçu sur la base des dépendances entre les services. Le principe de l'interconnexion réside dans le contrôle des files d'attente entre les services connectés. Ce réseau permet une organisation en flux. Pour fonctionner efficacement malgré les dépendances complexes, des mécanismes de synchronisation fréquents, voire à la demande, sont mis en place à tous les niveaux : kanban, service, stratégie. C'est le modèle de boucles de feedbacks décrits au chapitre 23.

PARTIE 4

Kanban, scénarios d'entreprises

L'appropriation de Kanban observé en France laisse sur sa faim. Pourquoi si peu d'engagement ? Les systèmes kanban sont des dispositifs légers et rigoureux : il y a peu de lois (mais vous pouvez générer de nombreuses règles), peu de principes, peu de processus, peu de contraintes. En contrepartie, on attend beaucoup de discipline sur ces outils et une compréhension bien ancrée des principes sous-jacents.

Pourquoi si peu d'appropriation *a priori* de systèmes kanban dans l'entreprise au-delà du simple (mais très utile) management visuel ? Probablement parce que pour aller au-delà, il faut s'interroger plus profondément sur ce que l'on veut, ce que l'on recherche, avec les systèmes kanban, et aussi sur ce que l'on est pour bien conduire le changement. Cela touche aux valeurs liées à cette méthode. Au-delà des règles des systèmes kanban, une bonne appropriation passe par l'intégration et l'adaptation de vos systèmes kanban à la maturité, à la nature, à la culture de votre entreprise.

Ainsi dans cette dernière partie, nous plongeons au milieu de scénarios d'entreprises, nous proposons des systèmes kanban dans différents contextes avec différents points de vue. Nous aimerions vous sensibiliser à l'environnement dans lequel vous faites évoluer votre système kanban et aux adaptations nécessaires pour chaque situation.

Ces situations peuvent se lire au travers de plusieurs grilles de lecture.

Il y a des situations qui se produisent assez souvent pour que l'on puisse les appeler des scénarios classiques. Des systèmes kanban globalement ou localement saturés sont des scénarios classiques que nous allons aborder, ou celui de l'utilisation de limites trop hautes pour la capacité.

Mais au-delà de ces scénarios classiques, bien d'autres situations sont possibles. Elles sont liées à la nature de votre entreprise, à sa culture, à sa maturité. Qu'est-ce que nous entendons par nature ? Par culture ? Par maturité ?

La nature pour nous c'est la typologie, la catégorie de votre entreprise. Est-elle une entreprise de service, une entreprise qui fabrique un ou des produits, une entreprise de conseil, une industrie, une maison de luxe, une entreprise avec saisonnalité très forte, ou un flux continu indispensable, etc. Selon la nature de votre entreprise, appréhender un système kanban devrait se dérouler différemment.

La culture de l'organisation, c'est un ensemble comportements, c'est ce qui est accepté et ce qui est acceptable, et ce qui ne l'est pas, ce sont les rites et les conventions, les croyances, l'identité qui se dégage des personnes de l'entreprise, leurs symboles communs, le résultat de leurs comportements. Le *Larousse* en donne deux définitions, la première définition étant « ensemble des phénomènes matériels et idéologiques qui caractérisent un groupe ethnique ou une nation, une civilisation, par opposition à un autre groupe ou à une autre nation », nous ajoutons « ou une entreprise », et la seconde définition « dans un groupe social, ensemble de signes caractéristiques du comportement de quelqu'un (langage, gestes, vêtements, etc.) qui le différencient de quelqu'un appartenant à une autre couche sociale que lui», on peut ajouter «où dans l'entreprise». Mais la culture d'entreprise est une chose, la culture de ce département dans l'entreprise une autre, la culture de ce petit groupe dans ce département, une autre.

Et la maturité alors? Disons que c'est le niveau auquel vous êtes avancé dans l'usage, l'appropriation, voire le raffinement que vous avez de vos systèmes kanban. On va imaginer qu'une entreprise qui utilise du management visuel (physique ou digital), sans rien d'autre, est moins mature, qu'une entreprise qui utilise des limites, possède des systèmes kanban imbriqués, consolide des control charts. Mais l'exemple est caduc. Cela ne dit rien de la qualité. Et cela ne veut pas dire nécessairement non plus, malgré notre exemple, qu'ajouter le maximum d'éléments à vos systèmes le rend mature. La discipline, la rigueur, la compréhension, la cohérence, vont aussi compter. Cette question de maturité nous allons l'aborder dans ce chapitre avec le modèle KMM (Kanban Maturity Model).

Naturellement, les trois à la fois sont toujours liés, votre entreprise a toujours une certaine nature, une certaine culture, une certaine maturité à l'instant T.

Démarrons avec des scénarios classiques, puis des scénarios en lien avec la nature de l'organisation, puis des scénarios en lien avec sa culture, enfin des scénarios en lien avec sa maturité.

25 Étudier un système kanban globalement saturé

Ce chapitre étudie le dysfonctionnement d'un système kanban globalement saturé ne permettant pas de suivre les limites kanban. C'est un scénario classique. Le modèle scientifique pour cette étude est la théorie des files d'attente, plus particulièrement la loi de Little. Elle permet d'ajuster l'utilisation de la capacité du système pour pouvoir utiliser les limites kanban.

1. ÉTUDIER LE SYSTÈME KANBAN

Étudier le système, c'est étudier l'impact des nouvelles règles définies lors de la phase de conception (limites, cadences, file d'attente...) sur ses résultats et son comportement. On ne réalise pas cette étude à l'initialisation du système kanban, lorsque le système se remplit d'éléments, au démarrage d'un projet par exemple. Cette initialisation peut durer quelques semaines. L'étude a lieu après quelque temps de cycle lorsque le système a une activité nominale.

Pour cette étude, l'équipe doit se poser les questions suivantes :

- ✓ Les règles du système kanban ont-elles pu être suivies ?

Les difficultés ou dysfonctionnements générés par la mise en place de limites sont riches d'informations pour comprendre le système.

- ✓ Si c'est le cas, le système est-il sous contrôle ?

Il s'agit de valider les hypothèses de départ. L'équipe s'assure qu'il va être possible de définir la référence de capacité du système.

- ✓ S'il est sous contrôle, est-il optimisé ?

Y a-t-il des opportunités d'amélioration du système et de sa capacité ?

L'étude s'appuie sur des modèles qui ne sont pas spécifiques à l'approche kanban. Nous allons voir que ces modèles aident à comprendre les symptômes révélés par les règles d'un système kanban :

- ✓ la *théorie des contraintes* donne des pistes pour savoir comment travailler avec des goulets d'étranglement pour les systèmes localement saturés (chapitre 20) ;
- ✓ la *maîtrise statistique des processus* donne des pistes d'étude pour les systèmes variables en s'appuyant sur l'analyse des cartes de contrôle (chapitre 21) ;

- ✓ la chasse au gaspillage issue du Lean, ainsi que des outils, comme la cartographie de flux de valeur *(value stream mapping)*, aident à réduire les limites sur les activités (chapitre 22) ;
- ✓ et enfin, les effets des règles et des ajustements sur le système kanban sont suivis par l'analyse des diagrammes de flux cumulé (chapitre 15).

2. UN SYSTÈME KANBAN GLOBALEMENT SATURÉ

Il arrive que les limites kanban soient difficiles à respecter au quotidien, sans pouvoir identifier spécifiquement une activité qui en soit la cause. C'est un signal d'alerte d'une utilisation trop importante du système. Cela est généralement dû à une demande extérieure excédant la capacité de réalisation du système. Cet excédent provoque une surcharge du système et entraîne le cercle vicieux de la figure 25.1.

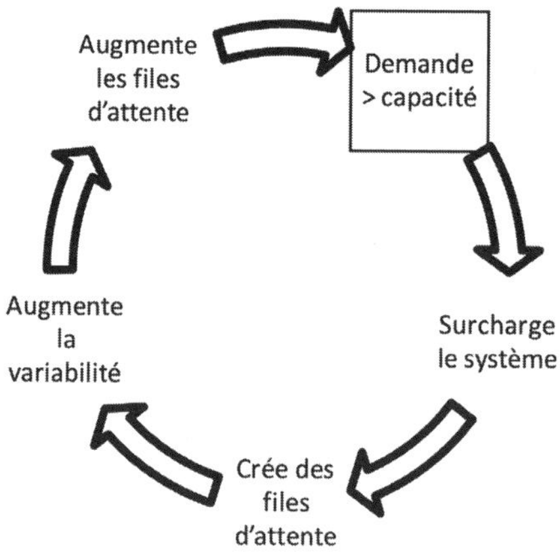

Figure 25.1 – Effet d'une trop grande utilisation de la capacité du système.

On surcharge le système. Le travail n'étant pas réalisé plus vite, des files d'attente se créent ou augmentent. Les files d'attente augmentent la variabilité du système. La taille des files d'attente, qui sont là pour amortir la variabilité, augmente à son tour. La demande reste plus longtemps dans les files d'attente, surchargeant le système.

3. LA THÉORIE DES FILES D'ATTENTE

Pour comprendre ce phénomène, il est nécessaire d'introduire la théorie des files d'attente. C'est une théorie mathématique[1] relevant du domaine des probabilités, qui étudie les solutions optimales de gestion des files d'attente, ou queues.

1. Source Wikipedia, page Théorie des files d'attente.

Une file d'attente est nécessaire et se créera d'elle-même dans tous les cas où l'offre est inférieure à la demande, même temporairement, si ce n'est pas anticipé.

Cette théorie permet d'établir un lien entre la longueur d'une file d'attente et l'utilisation de la capacité du système, comme le montre la figure 25.2.

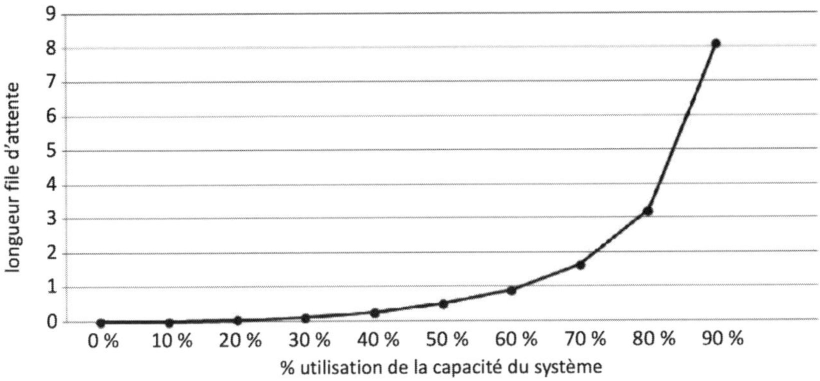

Figure 25.2 – Lien entre la longueur d'une file d'attente et l'utilisation de la capacité du système[2]

La longueur d'une file d'attente représente le nombre d'éléments qui la constitue. Le graphe signifie que, en passant d'une utilisation de 60 % de la capacité à 80 %, la taille de la file d'attente triple ; elle quadruple en passant de 70 % à 90 %. Le lien est exponentiel.

Cela veut dire qu'une petite variation d'utilisation du système peut avoir des conséquences importantes sur ses résultats. C'est d'autant plus vrai dans une approche où l'on cherche à maîtriser et à réduire ces files d'attente.

Les symptômes d'un système dont les limites ne sont pas tenables peuvent bien refléter un système trop utilisé. Pour corriger cela, on peut réduire l'utilisation de la capacité du système. La plage optimale[3] se situe autour de 60 à 80 % d'utilisation.

Prenons un exemple. Vous avez une équipe RH (gardons notre fil conducteur) qui travaille au recrutement. Il y a plus de candidats et d'entretiens que de capacité à les réaliser. L'offre est inférieure à la demande, il se crée une file d'attente des candidats et des entretiens. Mais l'équipe est chargée entre 60 % et 80 % de sa capacité. Elle sait gérer la file d'attente qui reste convenable. Mais soudainement, il faut faire beaucoup d'entretiens, l'équipe passe à 90 % de sa capacité.

---

2. Approximation Allen-Cuneen – Cs = 1 où Cs est le coefficient de variation du service, pour une file d'attente M/M/1 – Allen AO. *Probability, Statistics, and Queueing Theory with Computer Science Applications*, London, Academic Press, Inc., 1978.

3. Pour les systèmes en réseau et les transferts de données, un maximum de 80 % d'utilisation est la norme pour qu'un système soit efficace.

Avant, l'équipe avait des créneaux disponibles pour gérer les rendez-vous décalés, les opportunités de voir des candidats tout de suite, etc. Désormais, avec un planning plein, aucun changement n'est possible. Et pourtant, les changements sont toujours là. Cela augmente sa variabilité. La densité crée des blocages, des durées qui changent, etc. Cela ralentit le traitement. La file d'attente augmente car le moindre décalage reporte de plusieurs un rendez-vous en raison d'un agenda déjà surchargé. La file d'attente augmente et cela surcharge l'équipe encore plus, cela crée encore plus de variabilité, etc. Il faudrait moins utiliser l'équipe, lui donner du mou, qu'elle gère bien et mieux la demande, cela lui donnera de la souplesse, et le débit sera meilleur. On peut moins utiliser l'équipe en traitant moins de candidats à la fois (ce qui contre-intuitivement va accélérer les traitements) ou en faisant grossir l'équipe (mais cette solution introduit d'autres problématiques).

4. LA LOI DE LITTLE

4.1 Définition de la loi de Little

Comme exprimé, la plage optimale se situe autour de 60 à 80 % d'utilisation, ce dernier résultat est contre-intuitif. La demande reste toujours présente et risque au contraire de s'accumuler. Pour comprendre cela, il faut faire un détour par la loi de Little. Cette loi dit que le nombre moyen de clients dans un système stable est égal à leur fréquence moyenne d'arrivée multipliée par leur temps moyen passé dans le système.

4.2 La loi de Little illustrée

La figure 25.3 illustre la loi de Little sur un diagramme de flux cumulé.

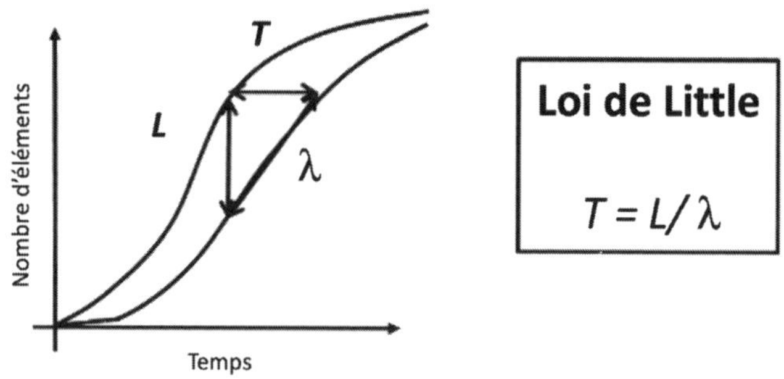

Figure 25.3 – La loi de Little illustrée.

La loi de Little est utilisée dans le contexte kanban avec :

- ✓ *T* : le temps de traversée moyen ;
- ✓ *L* : le nombre d'éléments en cours (WIP) ;
- ✓ λ : le débit moyen.

Une équipe de développement a une capacité à implémenter (WIP) *L* 10 fonctionnalités avec un débit λ de 5 par semaine (5 finies par semaine). Il lui faudra en moyenne un délai *T* de 2 semaines pour qu'une fonctionnalité soit réalisée. Inversement, si l'équipe implémente 10 fonctionnalités en 2 semaines, le débit moyen est de 5 fonctionnalités par semaine.

Et avec notre équipe de recrutement, nous sommes capables de traiter 20 candidats à la fois (le nombre d'éléments en cours, *L*), le temps moyen de traitement (temps de traversée des étapes du système, *T*) par candidat est de 2 jours. Et il nous faut 10 jours pour traiter les 20 candidats (c'est notre débit moyen, λ). Reprenons la formule :

$T = L/\lambda$

2 jours = 20/10 jours

temps de traversée = travail en cours/débit moyen

ou

$L = T \times \lambda$

20 = 2 jours x 10 jours

travail en cours (nb éléments) = temps de traversée x débit moyen

ou

$\lambda = L/T$

10 jours = 20/2 jours

débit moyen = travail en cours (nb éléments)/temps de traversée

Autrement dit, il existe un lien entre le nombre d'éléments en cours que l'on peut traiter (le travail en cours, le WIP, *L*), le débit moyen, λ, (combien de « fini » tous les *t*) et le temps de traversée, *T*, du système.

Ce sont les trois indicateurs choisis pour gérer le flux de travail. Grâce au lien qui les unit et en limitant le nombre d'éléments (en limitant le WIP, notre capacité de travail en cours), cela permet de ramener le pilotage du système kanban à deux indicateurs : le temps de traversée et le débit car comme l'augmentation des équipes soulève de nombreuses autres questions et problématiques, ainsi souvent le travail en cours (le WIP) est l'élément fixe.

Pour en revenir au système saturé, un cercle vertueux se met maintenant en place.

- ✓ En réduisant le travail en cours de 30 à 10 :

  3 = 30/10 (temps de traversée = travail en cours/débit moyen)

  devient (30 devient 10)

  1 = 10/10 (temps de traversée = travail en cours/débit moyen)

- ✓ Le temps de cycle, de traversée, est plus court.
- ✓ La variabilité devient meilleure et ainsi le débit pourrait augmenter.
- ✓ Le système absorbe plus de demandes.

Ce principe est vécu au quotidien sur la route où une différence légère de trafic peut faire basculer d'une circulation fluide à un embouteillage.

Mais attention, les candidats ou les fonctionnalités à développer ne sont pas des voitures sur une route. Pour que ces calculs fonctionnent bien, la matière sur laquelle vous travailler doit s'y prêter, pas si simple, ou vous devez travailler à ce qu'elle s'y prête.

4.3 Un système disponible

Réduire l'utilisation du système (et non des personnes qui l'utilisent) le rend disponible pour amortir les événements non prévus sans trop perturber le travail en cours. Cela vient en complément, pour un système globalement saturé, des règles de purge, évoquées lors de la phase de conception du système :

- ✓ les règles de purge permettent de repartir rapidement sur une bonne base ;
- ✓ la disponibilité permet d'anticiper l'engorgement pour rester dans les limites kanban.

Cette idée se traduit concrètement par le fait qu'un système kanban régulé travaille en dessous de ses limites hautes. Nous ne cherchons pas systématiquement à atteindre les limites de chaque colonne, mais qu'elles soient atteintes régulièrement. La disponibilité du système étant un point sensible, il faut partager avec le management les règles qui permettent de gérer cette disponibilité. Certaines équipes travaillent sur des tâches de fond, telles que l'automatisation de tâches de packaging, ou ajoutent de nouvelles règles de qualité de code, lorsqu'elles en ont la possibilité.

4.4 Les hypothèses de la loi de Little

Ce modèle reste vrai dans le domaine linéaire d'utilisation d'un système. Or, il y a beaucoup d'autres paramètres qui rendent le système non linéaire. Ne serait-ce que lorsqu'apparaît un goulet d'étranglement.

Il faut également que le système soit équilibré et le flux conservé, c'est-à-dire que les éléments le traversent complètement. S'il y a un taux significatif de cartes mises à la poubelle en cours de route, la loi de Little ne s'applique plus. C'est le cas dans des phases exploratoires de projet, ou dans un kanban amont (partie métier).

4.5 La loi de Little n'est qu'un modèle

Si les tendances annoncées par le modèle restent vraies, les valeurs absolues le sont moins. Si l'on réduit le WIP (travail en cours), le temps de cycle va réduire mais sans qu'on puisse prédire de combien exactement. L'approche reste empirique.

Ne vous lancez pas dans des calculs prédictifs de temps de traversée sur la base de cette loi. Utilisez-la plutôt comme un modèle simple à partager avec l'équipe ou les décideurs pour faire passer des messages et aligner tout le monde sur la cible d'évolution du système. Par exemple, si vous cherchez à diminuer les délais d'un projet, il est fréquent de souhaiter avoir plus de collaborateurs, pour augmenter le débit. Souvent cette solution n'apporte pas le résultat attendu à court terme, ce que nous confirme la loi de Little. De son point de vue, on cherchera de préférence à diminuer le WIP (travail en cours) pour un effet plus rapide sur la diminution de délai.

Toujours pour améliorer le débit, le manager, le leader, peut décider d'améliorer l'efficacité individuelle du travail en évitant le plus possible les blocages ou les attentes, par du multitâche. Cela conduit naturellement à une augmentation du nombre d'éléments dans le système, donc le délai augmente.

4.6 Et lorsque tout cela n'est pas suffisant ?

Les causes de la saturation des systèmes kanban peuvent être multiples : un afflux de demandes supérieur à la capacité, une équipe incapable de refuser de nouvelles tâches, pas de gestion de priorités, voire des changements de priorités alors que les travaux sont déjà en cours.

Cependant, bien souvent, le problème est plus structurel et affecte l'ensemble de l'organisation. Celle-ci s'engage sur trop d'initiatives stratégiques ou de projets à la fois, ou doit gérer un portefeuille de produits et services en maintenance trop important. Les équipes se retrouvent submergées, incapables de prioriser ou de faire des arbitrages clairs.

Dans ces cas, il est nécessaire d'intervenir à plus haut niveau, de manière plus impactante. Le kanban portfolio offre une première réponse pour gérer le flux d'initiatives. Mais quand cette approche ne suffit plus, quand la feuille de route elle-même est saturée et qu'il devient difficile de faire des choix entre les projets, que faire ?

Les OKR[4] (objectifs et résultats clés) apportent une aide précieuse pour reprendre le contrôle. C'est une méthode agile de gestion des objectifs d'entreprise. Elle est associée à l'exécution de la stratégie. Bien qu'elle ne soit pas une pratique Kanban à proprement parler, elle repose sur des principes similaires :

- ✓ alignement entre décisions et actions : axé sur la chaîne de valeur dans Kanban, et à la fois vertical et horizontal avec les OKR ;
- ✓ limitation par le nombre : Kanban limite le travail en cours, là ou les OKR limitent le nombre d'objectifs. Typiquement, un collectif se fixe trois OKR maximum. Cette limite ne dépend pas de la capacité des équipes ou d'un budget mais de la capacité de concentration de l'organisation sur les sujets les plus importants. Ce n'est pas une gestion de priorités, il s'agit d'arbitrage,

4. Laurent Morisseau, *La boîte à outils de la méthode OKR*, Dunod, 2023.

savoir dire non. Et cela limite de fait les projets en cours, et donc les tâches à réaliser au niveau des équipes ;

- ✓ Approche juste-à-temps : Kanban injecte le travail au moment opportun et les OKR se définissent à chaque cycle : on ne définit pas les OKR pour chaque trimestre de l'année mais d'un trimestre sur l'autre, alors que le trimestre en cours est en train de se terminer, à la manière des sprints de Scrum qui s'enchaînent.

Une distinction importante réside dans le rythme de prise de décision. Les OKR se définissent et se pilotent sur des cycles de trois mois typiquement. Ce ne sont pas les OKR que l'on gère en flux mais les initiatives qui permettent aux équipes de progresser vers leurs objectifs. C'est pourquoi, OKR et Kanban se complètent en intervenant à des niveaux différents, tout en partageant des principes cohérents.

26 Étudier un système kanban localement saturé

Imaginons maintenant que le système ne soit pas globalement saturé. Les limites kanban ont pu être suivies. Mais localement, sur une activité, l'équipe a eu des difficultés à tenir la limite.

Pour étudier ce dysfonctionnement, l'équipe s'appuie sur la *théorie des contraintes*. Elle vise à savoir travailler avec un système ayant des goulets d'étranglement.

1. LA THÉORIE DES CONTRAINTES

1.1 Définir la théorie des contraintes

La difficulté de suivre une limite kanban traduit sûrement la présence d'un goulet d'étranglement en aval (dans les étapes suivantes) du processus. Pour mieux comprendre les goulets d'étranglement et surtout savoir les traiter, faisons un détour par la théorie des contraintes.

La théorie des contraintes (TOC)[1] : Le flux généré par un système est limité par au moins un processus (c'est-à-dire la contrainte du système). La production de valeur ne peut donc être augmentée qu'en augmentant la capacité de production au niveau de cette contrainte. Si la demande excède la capacité de la contrainte du système, elle devient un goulet d'étranglement.

En identifiant la contrainte du système et en améliorant localement sa capacité, l'objectif de la TOC est d'optimiser la performance globale du système.

Dans ce chapitre, nous parlerons de contrainte en parlant de la TOC et de goulet d'étranglement en passant au Kanban, puisqu'on aborde ce sujet pour étudier un système localement saturé.

1.2 Les types de contraintes

Une contrainte est tout ce qui empêche le système d'atteindre une performance plus haute par rapport à son objectif global. Eliyahu Goldratt, l'auteur de cette théorie, précise qu'un système a très peu de contraintes, mais qu'il en a toujours au moins une[2].

1. Source : Wikipedia, page Théorie des contraintes.
2. Eliyahu Goldratt, *Theory of Constraints*, North River press, 1990, p. 4.

La contrainte d'un système peut être à la fois des personnes, des caractéristiques du processus, des ressources machines… Il en existe deux catégories :

- ✓ des collaborateurs ou des ressources dont la capacité est limitée. L'automatisation des tâches est une stratégie pour augmenter la capacité d'une telle contrainte ;
- ✓ des collaborateurs ou des ressources non disponibles instantanément. C'est le cas par exemple des experts transverses travaillant sur plusieurs tâches en parallèle. Leur activité peut typiquement être gérée avec leur propre système kanban pour réguler le travail entre équipes.

Dans un projet informatique, la plateforme d'intégration continue d'une équipe devenait une contrainte pour l'équipe. Les « builds » (consolidation des développements à réaliser très fréquemment) duraient plus de dix minutes, une douzaine de développeurs validaient leur modification de code plusieurs fois par jour sur cette plateforme. Résultat, la liste des « builds » en attente s'allongeait. Le serveur était surchargé et les temps d'attente augmentaient.

Le choix des développeurs a été de mettre en place un contrôle visuel sur la taille de la file d'attente des « builds ». Un feu tricolore a été branché sur la plateforme d'intégration continue. Feu vert lorsque la taille de la file d'attente était inférieure à 3, orange inférieure à 5 et rouge ensuite avec l'interdiction de valider leur modification. Cela a permis à l'équipe de s'autoréguler par un simple coup d'œil au feu tricolore. Face à un processus ayant une ressource de capacité limitée, la réponse de l'équipe a été de limiter ce travail en amont de la contrainte. Une réponse TOC (théorie des contraintes) qui a très bien fonctionné.

2. AMÉLIORER UN SYSTÈME À CONTRAINTES

2.1 Les cinq étapes de la démarche « théorie des contraintes » (TOC)

Pour gérer un système à contraintes, le principe est de réguler le travail en amont de la contrainte par une limite. Le but est de s'assurer que la contrainte est toujours productive et qu'un des processus ne se transforme pas en goulet. Pour améliorer un tel système, la démarche se décompose en cinq étapes :

- ✓ *étape n° 1* : identifier les contraintes du système ;
- ✓ *étape n° 2* : décider comment exploiter la contrainte du système ;
- ✓ *étape n° 3* : subordonner le reste du système à la contrainte ;
- ✓ *étape n° 4* : élever la contrainte du système ;
- ✓ *étape n° 5* : recommencer à la première étape si la contrainte a changé.

2.2 Identifier les contraintes du système

Les limites kanban et le management visuel permettent facilement d'identifier la contrainte d'un système. L'empilement de tâches dans une colonne illustre cela.

2.3 Décider comment exploiter la contrainte du système

Une fois la contrainte identifiée, il faut l'exploiter au mieux car c'est elle qui fixe la capacité globale du système. La principale piste est de s'assurer que la contrainte a toujours du travail utile et de qualité. Le coût de la non-qualité ou non-productivité est plus important pour une contrainte.

2.4 Règle d'aiguillage du travail pour exploiter une contrainte

Le travail de la contrainte est priorisé par rapport à la valeur ajoutée qu'elle crée. Une règle peut être mise en place en amont pour aiguiller le travail sur tel ou tel membre de l'équipe selon le risque qu'il porte (figure 26.1) :

- ✓ le *travail sans risque* est attribué à des non-experts (ou des généralistes), voire il est automatisé ;
- ✓ le *travail à risque* est réalisé par la contrainte ou sous-traité à des experts.

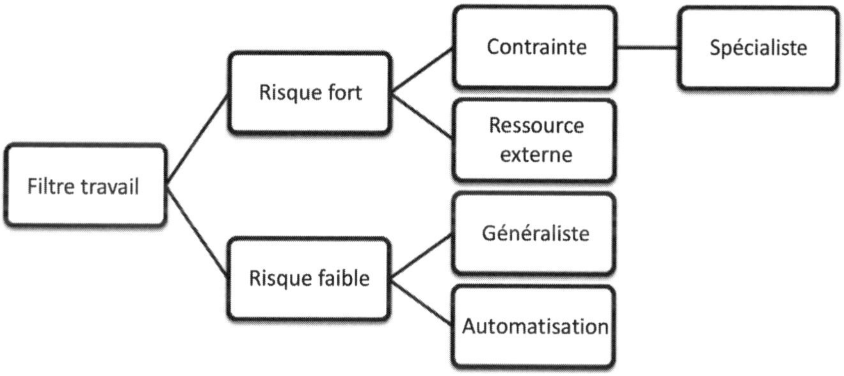

Figure 26.1 – Exemple de règle d'aiguillage pour exploiter une contrainte.

2.5 Le travail de la contrainte est sécurisé par une file d'attente

Pour s'assurer que la contrainte a toujours du travail, la TOC propose de sécuriser son travail par la mise en place d'une file d'attente juste en amont de la contrainte (figure 26.2). C'est une file d'attente de type particulier avec une limite haute et une limite basse :

- ✓ la *limite basse* sert de déclencheur pour une planification de travail à la demande. L'objectif est d'assurer à la contrainte toujours assez de travail, quelle que soit la variabilité du processus amont. Il serait catastrophique pour la performance globale du système que la contrainte n'ait plus de travail, même temporairement ;

✓ la *limite haute* permet de maîtriser le nombre d'éléments dans la file d'attente et d'assurer le flux tiré. Cette limite doit être suffisamment haute pour que la contrainte ne travaille pas par à-coups, elle vise à conserver un bon flux malgré la contrainte.

Munie d'une limite basse et d'une limite haute proches, une file d'attente a un nombre quasi constant d'éléments.

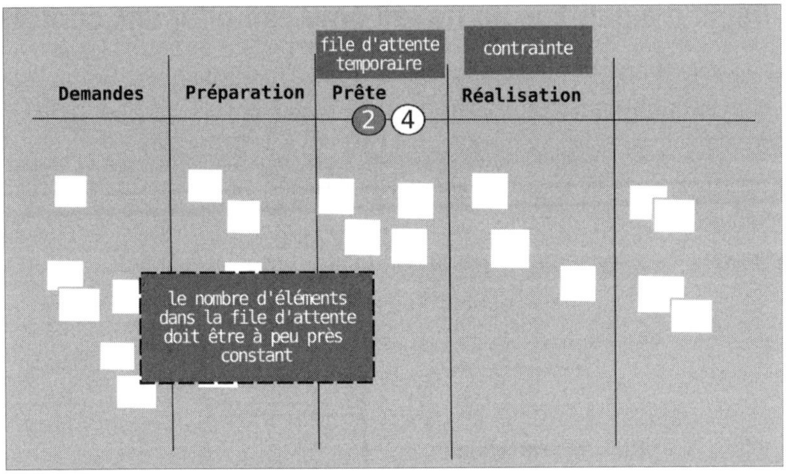

Figure 26.2 – Insérer une file d'attente en amont de la contrainte.

2.6 Subordonner le reste du système à la contrainte

Pour bien comprendre cette troisième étape de l'approche TOC, on peut utiliser un atelier « Expérimentez les processus »[3]. Dans cet atelier, une équipe doit résoudre une série d'équations, selon un processus de cinq activités, avec quatre approches différentes :

✓ une approche type cycle en V ;

✓ une approche type Scrum ;

✓ une approche type kanban ;

✓ une approche en système poussé.

Les résultats sont visualisés par un diagramme de flux cumulé, comme le montre la figure 26.3 :

✓ l'*approche en système poussé* montre une accumulation d'équations à résoudre. La personne chargée de résoudre l'équation, la seconde activité du processus, n'est pas douée en calcul mental. Le diagramme montre la formation rapide d'un goulet d'étranglement ;

3. http://www.slideshare.net/morisseau/experimentez-lesprocessus

- ✓ l'*approche type cycle en V* occulte complètement ce problème ne laissant pas l'opportunité à l'équipe de le traiter. Le débit n'est pas limité par le goulet mais par le processus lui-même (qui est la contrainte du système) ;
- ✓ l'*approche de type Scrum* montre que le goulet est toujours présent mais son impact est déjà moins grand qu'avec l'approche en système poussé ;
- ✓ l'*approche de type kanban* ne rend plus visible le goulet d'étranglement et pourtant la personne ne s'est pas améliorée en calcul mental. La raison est simple. Le système est maintenant subordonné à la productivité de cette personne. Grâce au processus, elle passe du statut de goulet d'étranglement à celui de contrainte du système. Le débit du processus augmente alors de manière significative.

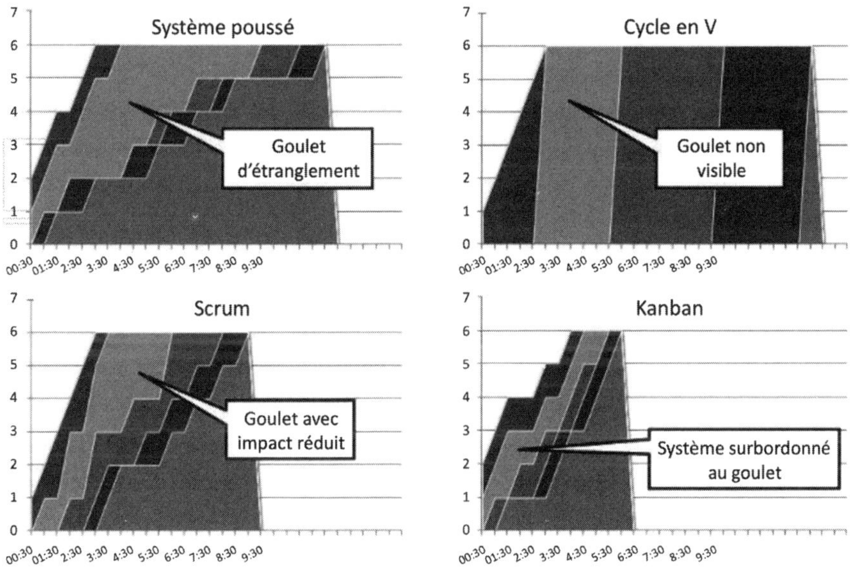

Figure 26.3 – Exemple de résultats de l'atelier « Expérimentez les processus ».

2.7 Subordonner le système à la contrainte par des limites

Les processus en amont et en aval doivent travailler au rythme de la contrainte. La théorie des contraintes (TOC) propose de mettre une limite globale en amont de la contrainte. En aval, le processus est en attente du travail et n'a, de fait, pas besoin de limite.

2.8 Ne pas perturber la contrainte

Les limites sont placées en amont, et non sur la contrainte elle-même, pour ne pas la perturber. Perturber la contrainte réduirait son débit et donc, par définition, le débit de tout le système. Pour illustrer cela, prenons l'image des travaux sur une voie d'autoroute (figure 26.4).

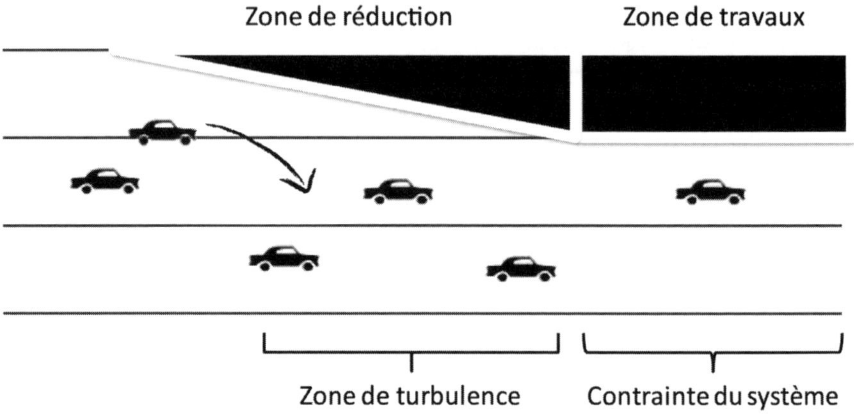

Figure 26.4 – Réduire les limites en amont de la contrainte du système.

La réduction du nombre de voies se fait bien avant les travaux de manière à ce que le flux de voitures soit le moins perturbé possible lorsqu'il arrive sur les deux voies. Ainsi, le débit est optimal dans la zone de travaux. Pour cela, les perturbations sont déclenchées avant la contrainte.

2.9 Application au kanban

Le flux de travail a été modélisé par un tableau mais l'équipe ne sait pas où mettre les premières limites. Le point de vue de la théorie des contraintes (TOC) peut l'aider à répondre à cette question si elle visualise rapidement un goulet d'étranglement. Dans ce cas, elle peut commencer par mettre une limite en amont du goulet pour stabiliser le système. Une fois cela mis en place, il sera alors temps de généraliser les limites.

2.10 Ajuster la capacité du système à celle de la contrainte

L'objectif de la théorie des contraintes (TOC) est d'équilibrer le processus de réalisation sur la capacité de la contrainte. Mettre une limite ne suffit pas, il faut également ajuster la capacité des ressources en amont et en aval. Après cet ajustement, il reste de la capacité supplémentaire car, par définition, la contrainte du système est la seule ressource restant chargée à 100 %. Cette capacité est réinvestie soit pour élever la contrainte, étape suivante, soit pour l'amélioration continue du système.

Un système kanban travaille en dessous de ses limites. Cela est vrai sauf pour la contrainte, qui, elle, travaille au maximum de sa limite.

2.11 Élever la performance de la contrainte

La contrainte est identifiée, son travail est optimisé et le reste du système travaille à son rythme. Pour augmenter la capacité du système, il suffit maintenant d'augmenter celle de la contrainte. Les pistes sont très contextuelles : formation, automatisation de tâches, plus de ressources...

Rappelons que les étapes précédentes ne coûtent rien et qu'elles peuvent déjà rapporter beaucoup. Cette dernière étape nécessite en général de l'investissement.

2.12 Recommencer à la première étape si la contrainte a changé

En élevant la capacité de la contrainte principale du système, une nouvelle contrainte peut apparaître. Il faut alors reprendre la première étape pour « *ne pas laisser l'inertie devenir la cause d'une contrainte système* ».[4]

L'approche théorie des contraintes (TOC) est une démarche d'amélioration continue. Il ne faut pas s'arrêter au *statu quo*. Les règles mises en place pour les anciennes contraintes doivent être revues. Autrefois justifiées, elles ne le sont plus forcément après évolution du système. L'apport d'un coach externe à l'équipe peut être essentiel pour challenger cette inertie.

3. LES LIMITES DE L'APPROCHE THÉORIE DES CONTRAINTES POUR L'APPROCHE KANBAN

Il existe des différences significatives entre un système « théorie des contraintes » et un système kanban :

- ✓ Un *système TOC* a une contrainte et évite l'émergence de goulet d'étranglement. Il ne gère pas bien les goulets temporaires. Un système TOC pose une limite globale en amont de la contrainte.
- ✓ Un *système kanban* ne préjuge pas de la place de la contrainte, laisse émerger des goulets d'étranglement et pose des limites locales sur toutes les activités. La contrepartie est d'arriver à bien équilibrer les limites pour établir un travail en flux sur toute la chaîne.

Gérer le blocage des éléments d'une contrainte

Dans un système kanban, l'équipe doit être particulièrement vigilante sur la gestion des blocages d'éléments d'un goulet d'étranglement. Elle doit se demander comment elle peut l'aider à débloquer l'élément. C'est la contre-mesure immédiate pour protéger le système. Inversement, lorsqu'une personne est bloquée et si elle est en amont du goulet, la théorie des contraintes (TOC) lui

4. Eliyahu Goldratt, *Theory of Constraints,* North River press, 1990, p. 6.

propose de travailler moins vite et de produire plus de qualité pour rendre le travail du goulet plus efficace. Elle peut également prendre une partie du travail du goulet pour en augmenter sa capacité.

Au cours de ce chapitre, des techniques avancées de règle d'aiguillage et de file d'attente ont été proposées pour sécuriser et améliorer la performance d'une contrainte. Il existe des différences entre les systèmes théorie des contraintes (TOC) et kanban mais le modèle peut être vu de manière plus dynamique. Une file d'attente doit typiquement être une solution temporaire à un dysfonctionnement d'un système kanban.

27 Des limites trop hautes pour la capacité

Nous vous proposons un dernier scénario "classique" sur les limites trop hautes pour la capacité.

En mode nominal, le système kanban opère en dessous de ses limites hautes. Mais lorsque la limite est trop haute par rapport à la capacité de l'équipe et qu'elle n'arrive pas à la diminuer, c'est le symptôme d'un système qui n'est pas optimisé.

Le modèle pour cette étude est la chasse au gaspillage du Lean pour réduire les limites sur les activités. Il s'appuie sur un outil : la cartographie de flux de valeur (*value stream mapping*).

Prenons l'exemple d'une équipe de cinq développeurs. La colonne représentant le développement a une limite de 15, soit 3 tâches par développeur si on veut arbitrairement diviser. Les tentatives de réduction de cette limite n'ont pas abouti. La limite est clairement trop forte par rapport à la capacité de l'équipe. Une limite de 9 (5 développeurs x 2 tâches – 1), si l'équipe ne binôme pas, serait plus acceptable.

Si les modèles précédents n'ont pas permis de comprendre pourquoi cette limite est trop haute, il faut alors explorer un autre modèle.

1. LA CARTOGRAPHIE DE FLUX DE VALEUR

La cartographie de flux de valeur (*value stream mapping*, ou VSM) est une pratique du *Lean Manufacturing* de cartographie d'un processus. Elle vise à cibler les gaspillages pour ensuite les réduire ou les supprimer. Taiichi Ohno, inventeur du juste à temps, explique cet outil dans le *Toyota Production System*[1] :

« *Tout ce que nous faisons est de regarder le temps depuis le moment où le client nous passe une commande jusqu'au moment où nous percevons l'argent. Et nous réduisons ce temps en supprimant les gaspillages sans valeur ajoutée.* »

Cet outil de cartographie apporte une vision globale du système et peut être utilisé dans la phase de conception du système kanban. L'analyse se fait en suivant l'élément sur toute la chaîne de valeur. Les temps passés avec valeur ajoutée et sans valeur ajoutée sont notés pour chaque activité du processus. La valeur ajoutée est considérée du point de vue de l'utilisateur.

1. Taiichi Ohno, *Toyota Production System: Beyond Large Scale production*, Productivity Press, 1978, p. 6.

Ces données permettent de calculer l'efficience du système, vu d'un élément de travail, comme étant le rapport du temps à valeur ajoutée sur le temps de traversée total (figure 27.1).

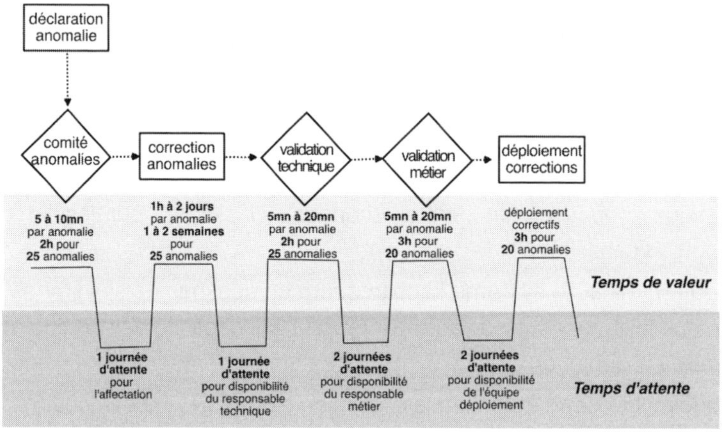

Figure 27.1 – Exemple de *value stream mapping* (VSM).

2. LES 7 GASPILLAGES

La VSM met en relief les activités à valeur ajoutée. L'étape suivante consiste à identifier les activités n'apportant pas de valeur. C'est la chasse au gaspillage :

- ✓ permettre à l'équipe d'identifier les gaspillages ;
- ✓ voir le processus pour les identifier ;
- ✓ trouver les gaspillages ;
- ✓ s'attaquer aux gaspillages.

Le Lean propose sept catégories pour identifier les gaspillages :

2.1 La surproduction

Lorsque l'on produit trop tôt ou trop tard. Par exemple, une fonctionnalité développée mais non démontrée, et surtout non déployée en production, est de la surproduction. C'est également le cas pour les documents ou indicateurs inutiles.

2.2 L'attente

C'est l'attente d'une personne pour avancer sur sa tâche ou l'attente d'une tâche pour être avancée :

- ✓ attendre de finir autre chose avant de commencer un travail ;
- ✓ attendre un email, une réunion par manque d'informations (ou de dépendances) pour commencer et/ou avancer ;

- ✓ attendre car nous avons décidé de faire autre chose à la place ;
- ✓ attendre entre deux activités.

C'est aussi tout ce qui concerne les temps de réponse : problème réseau, temps de compilation trop important, application trop lente.

2.3 Le stock

Tout élément de travail dans le processus attendant une nouvelle information pour avancer dans les étapes suivantes est du stock. Il est souvent lié à des problèmes de validation ou de synchronisation.

2.4 Les corrections/retouches

Cela concerne à la fois le temps pour identifier un problème de qualité et le temps pour le corriger.

2.5 Le traitement excessif

Faire trop d'actions sur une tâche, comme trop de validations ou trop de contrôles, est du gaspillage. Cela concerne également la réalisation de tâches inutiles telles que des réunions où rien n'est appris ni décidé. La surqualité est un traitement excessif.

Un processus de réalisation avec trop d'étapes est également du gaspillage et contribue à augmenter d'autres gaspillages tels que le transport.

2.6 Le transport

C'est le transport excessif d'informations telles que la circulation de documents. L'approche en cycle en V favorise ce gaspillage. Les e-mails avec trop de monde en copie constituent à la fois du traitement excessif et du transport s'ils sont suivis d'un « répondre à tous ».

2.7 Les gestes inutiles

Tous les gestes ou activités inutiles qui poussent par exemple à réinventer des solutions existantes sont du gaspillage. Mais attention de ne pas se fossiliser non plus. Pas simple.

3. DIMINUER LES LIMITES DES FILES D'ATTENTE

Dans une démarche kanban, la chasse aux gaspillages a pour objectif de pouvoir diminuer les limites sur les activités. Ses effets doivent se traduire par de la capacité supplémentaire, soit une augmentation du débit, soit une diminution du temps de traversée. Prenons une activité de validation de spécifications réalisée par un responsable métier. Sa limite est fixée à 4. Les spécifications sont indépendantes les unes des autres et ne justifient pas de travailler par lot de 4.

L'équipe n'arrive cependant pas à baisser cette limite car le responsable n'est pas disponible. L'attente est un premier gaspillage. La cause plus profonde est sûrement un traitement excessif, trop de validation, un second gaspillage. Travailler sur cette surqualité potentielle permettrait de réduire l'attente et donc les limites.

Jusqu'où diminuer ces limites ?

L'objectif n'est pas d'avoir des limites à 0. Dans ce cas, le flux tiré devient un flux tendu. Ce qui peut marcher dans l'industrie n'est pas souhaité ni adapté dans le domaine de l'IT par exemple. On cherche à trouver le bon équilibre entre avoir suffisamment de stock pour protéger le débit actuel et diminuer ce stock pour augmenter le débit futur. C'est ce qu'on appelle en Lean du gaspillage nécessaire.

Par exemple, lors d'un projet en flux de 35 personnes réparties en deux équipes spécialisées, le pilotage concernait essentiellement le stock entre les deux équipes. Un report de version avait été anticipé dans le pilotage du stock. Ce report ayant pris 10 jours de retard, le stock a rapidement été consommé. Cela a obligé à piloter en flux tendu les deux équipes pendant plus d'une semaine. Si la situation était stimulante car nouvelle et exceptionnelle, elle était source de stress pour l'équipe et imposait un rythme qui n'était pas soutenable. Qui plus est, le projet, hormis ces perturbations, n'avait que très peu de variabilités. Il est déconseillé d'avoir cet objectif pour votre système.

En résumé, le Lean identifie trois sources de perturbation du flux :

- ✓ la variation et les irrégularités ;
- ✓ la surcharge de travail ;
- ✓ les gaspillages.

Lorsqu'il est difficile de diminuer des limites trop hautes par rapport à la capacité réelle du système, une des sources de perturbation à explorer est le gaspillage. Pour sensibiliser l'équipe, on peut le visualiser à l'aide d'une VSM. Le calcul de l'efficience permet ensuite de prendre conscience du problème de manière factuelle.

Il est intéressant de partager ce modèle avec l'équipe et de s'aligner sur ce que le gaspillage représente. La chasse au gaspillage n'est pas une fin en soi. Il faut trouver le bon équilibre entre un travail fluide et des limites optimisées.

Avant d'attaquer des scénarios plus spécifiques essayons de résumer certaines de nos propositions par le tableau suivant.

Scénario	Proposition	Référence
Système kanban globalement saturé	Système trop plein qui augmente la variabilité. Observer la loi de Little, réduire le travail en cours.	Théorie des files d'attente
Système kanban localement saturé	Détecter la contrainte, la sécuriser avec un tampon en amont, adapter les limites pour optimiser le passage par cette contrainte.	Théorie des contraintes
Système trop variable	Abaisser la variabilité en utilisant des marges (des écarts types), analyser les éléments au-delà de la marge, hors contrôle.	Maîtrise statistique des processus
Trop de gaspillages	Identifier et supprimer les gaspillages	Outils et approches du Lean

Figure 27.2 – Résumé des scénarios classiques.

28 Un Kanban adapté aux valeurs profondes de l'organisation, La nature de votre organisation ?

Comme nous l'avons présenté dans l'introduction de cette partie, il faut aussi envisager vos systèmes kanban au regard de ce que votre entreprise est, en fonction de sa nature, de sa culture, de sa maturité vis-à-vis de Kanban, au-delà des scénarios classiques évoqués précédemment.

Comment pourrions-nous décrire la nature d'une entreprise ? Il peut y avoir de nombreuses façons. Nous en proposons deux ici, à vous de vous les approprier ou de forger les vôtres, l'important est de comprendre qu'au-delà de la simple application des systèmes kanban comme des outils, ils doivent s'intégrer et s'adapter au contexte.

1. TYPOLOGIE DE HENRY MINTZBERG

Nous pourrions décrire la nature d'une entreprise au travers du prisme de la catégorisation opérée par Henry Mintzberg[1] : il existe des organisations de type industrielle, d'autres de type fournisseuses de service, d'une expertise professionnelle, d'autres de type fabricants de produits. Et forcément lié à leur objectif et à leur taille, leur structure et leur mode de fonctionnement peuvent varier énormément. Est-ce une adhocratie ? Y a-t-il des divisions autonomes déclinées sur les territoires ou un grand centre opérationnel de contrôle ? Comment s'organisent les différents éléments de l'entreprise entre le « sommet stratégique », la « technostructure », « les fonctions supports et logistiques » et le « centre opérationnel » (pour reprendre les termes de Mintzberg) ? Quelle est leur part dans l'organisation ? Comment se structurent la division du travail et la coordination de celui-ci ? Toutes ces questions devraient vous amener à penser vos systèmes kanban spécifiquement à votre situation.

1. Henri Mintzberg, *Power in and around organizations*, 1978.

2. GRILLE DE LECTURE *AGILE FLUENCY*

Nous pourrions aussi utiliser la grille de lecture qui s'appelle *Agile Fluency*.

Cette grille vient donc des observations de deux personnes reconnues du monde agile, Diana Larsen et James Shore, et se base sur leurs observations au fil des années. Au risque de perturber les statisticiens, il s'agit d'observations et non pas de relevés terrain (souvent faux) prétendument officiels. Mais les acteurs du mouvement agile qui abordent cette grille sont tous d'accord pour en valider la pertinence. Au travers du schéma de la figure 28.1, on observe quatre lieux d'une « transformation agile », c'est-à-dire d'un cheminement pour repenser l'organisation et la création de valeur.

Ici, ce qui nous intéresse ce sont les lieux, pas forcément le cheminement qui n'a pas autant de sens.

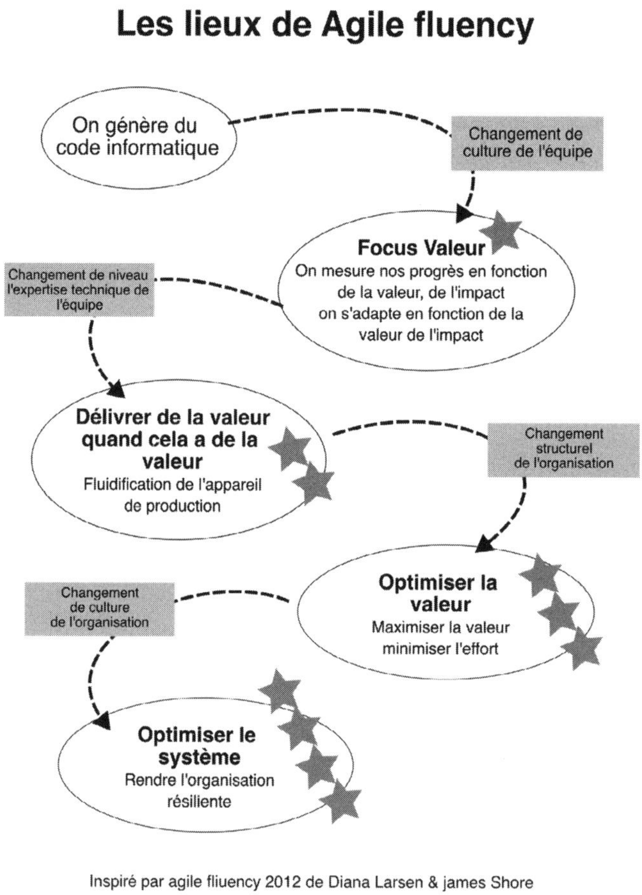

Figure 28.1 – *Agile Fluency* de Diana Larsen et James Shore.

2.1 Se focaliser sur la valeur

Un premier lieu est de comprendre qu'il faut produire de la valeur, de l'impact, et non du travail. La valeur, ce sont des choses finies : on réorganise donc les équipes pour qu'elles travaillent ensemble de façon hétérogène et de façon à produire tout ce qui est nécessaire pour avoir quelque chose de fini, d'utilisable, que l'on puisse mettre en production pour générer de la valeur. Un impact : quelque chose à changer, on a apporté, délivré, modifié la situation.

Car cela va pousser à s'interroger sur cette valeur, sur l'impact. Idéalement jusqu'à comprendre qu'il faudrait mesurer ce que nous avons réalisé, ou l'apprentissage que nous pouvons en tirer.

Questionnez votre entreprise/équipe : est-ce que l'on pense et on mesure la valeur ? Est-ce que l'on décide selon la valeur ?

2.2 Délivrer de la valeur quand cela a de la valeur

Un autre lieu est d'apprendre à délivrer de la valeur quand cela a de la valeur. C'est une étape qui nécessite une vraie technicité : on a acquis assez de savoir-faire (par exemple pour les équipes informatiques : *Test Driven Development*, *Pair Programming*, *tests automatisés*, plateformes d'intégration continue) pour que la question de la livraison soit uniquement une question métiers/business. L'expertise fait que nous saurons réaliser. Tous les rouages technologiques permettent à tout moment de basculer des éléments en production. On peut y associer le mouvement DevOps. Il s'agit ici d'une capacité à fluidifier l'appareil de production.

Pour les équipes RH de Didier que nous avons évoquées dans les premiers chapitres, cela serait la capacité, quand c'est nécessaire, à rapidement faire passer et avec qualité des candidats dans tout le tunnel de recrutement. Avec « Se focaliser sur la valeur », on cherche à comprendre, à donner de la valeur, à gouverner par la valeur nos actions RH. Avec « Délivrer de la valeur quand cela a de la valeur » on cherche à fluidifier et avoir de la qualité dans cet appareil de production de la valeur. Comprendre un focus sur la valeur peut se faire rapidement, mais avoir le savoir-faire pour rendre cela naturel c'est un autre effort.

Pour les équipes informatiques, les gens qui s'occupent des infrastructures, les DSI, les développeurs, c'est aussi la période de la sueur. Cet apprentissage n'est pas négligeable. Et cette infrastructure a un réel coût – avoir des plateformes à l'image de la production dont les jeux donnés sont constamment exploités – mais si vous comparez ce coût par rapport à ce que vous coûtent les infrastructures habituelles, très statiques, fossiles, en efficacité technique et business, vous comprenez rapidement que vous y gagnerez rapidement.

Si le démonstrateur a été un succès, on songe à déployer plus dans l'organisation. C'est donc aussi souvent un moment clef pour Kanban : il va probablement faire travailler sur les étapes en amont ou en aval (étendre le flux), ou alors il va y avoir des imbrications de systèmes kanban pour synchroniser différentes équipes.

Est-ce que l'on délivre au marché quand cela fait sens pour lui ? Avec de la qualité ? Voilà les questions auxquelles on essaye de répondre dans ce lieu.

2.3 Optimiser la valeur

Dès lors que l'on sait générer de la valeur, on peut s'orienter vers le lieu « délivrer de la valeur quand cela a de la valeur », mais on peut aussi se diriger vers le lieu « optimiser la valeur ». On souhaite maximiser la valeur, minimiser l'effort. On essaye d'apprendre au plus tôt de la valeur délivrée pour réajuster si besoin les mouvements suivants. On peut y associer le mouvement *Lean Startup*[2].

C'est le moment où les projets et la tierce maintenance applicative (TMA) laissent aussi place à une approche vision, métiers et équipes. On ne pense plus projet, on a pris du recul sur la cohérence globale, et replacé la valeur dans un ensemble plus grand, relié à la vision métiers de l'organisation.

Est-ce que l'on sait supprimer ce qui n'a pas assez de valeur ? Est-ce que l'on sait optimiser (maximiser la valeur et minimiser l'effort). Est-ce que vos équipes sont pluridisciplinaires pour répondre convenablement à ces questions ? Sommes-nous assez proches de l'utilisateur pour le comprendre assez bien ? Pour réagir à ses mutations ?

2.4 Optimiser le système

Un autre lieu, une autre façon de penser l'entreprise est de vouloir s'assurer qu'elle puisse être résiliente. Ah la résilience... « Capacité d'un écosystème, d'un biotope ou d'un groupe d'individus (population, espèce) à se rétablir après une perturbation extérieure » nous dit le *Larousse*. Ainsi donc comment organiser notre entreprise pour qu'elle puisse se rétablir suite à une perturbation extérieure. Quelles sont les bonnes pratiques associées ? Mais en tout cas, c'est notre objectif.

Quand on a ce modèle en tête, on comprend que la nature de son entreprise a généralement une tendance, un sens : soit celui de fluidifier l'appareil de production (« délivrer de la valeur quand cela a de la valeur »), soit d'être très impactant sur le marché (« optimiser la valeur »), soit d'être résilient (« optimiser le système »).

Et si on croise cette tendance avec la typologie de Mintzberg évoqué précédemment, on obtient des choses assez logiques : une petite entreprise adhocratique va probablement vouloir s'assurer une résilience, une grande industrie, ou une grande entreprise pourrait vouloir s'assurer de la fluidité de son appareil de production, une entreprise produit voudrait s'assurer d'avoir un impact fort sur

2. Eric Ries, *Lean Startup*, Pearson, 2011. Ash Maurya, *Running Lean*, O'Reilly, 2012.

le marché. Il ne s'agit pas de règles, juste de perspectives qui nous semblent logiques ici pour nos explications.

Mais si vous êtes une grande entreprise qui souhaite fluidifier son appareil de production, Henry Mintzberg décrira la structure que l'on retrouve habituellement pour ce type d'organisation, et *Agile Fluency* mettra en évidence toute une série de pratiques agiles liées à cette volonté. Et naturellement vos systèmes kanban vont refléter cette nature, ce désir. C'est notre propos.

Dans le scénario ci-après, vous souhaitez fluidifier votre appareil de production. Vous mettrez en place un ensemble de pratiques et principes agiles que l'on nomme devops. Vos systèmes kanban sont pensés dans ce contexte, on l'appelle Kanban Obs.

29 Le kanban Ops pour les activités de production

Avec le kanban métier et de réalisation, si l'on souhaite prendre en compte toute la chaîne de valeur, il reste à envisager les activités de production. C'est le domaine des équipes d'exploitation, de préproduction et de support.

Les retours sur du kanban appliqué à ces activités sont très récents et peu nombreux. Ce chapitre présente un modèle, basé sur les premiers retours d'expérience en France.

Le kanban Ops va aider le pilotage de l'équipe de production et l'aligner sur le flux de valeur. Le premier bénéfice va être une meilleure communication avec les clients, et va permettre également de passer d'un centre de coût et de problèmes à celui de distributeur de valeurs.

1. LE CONTEXTE OPS

1.1 Les activités Ops

On appelle traditionnellement Ops les équipes travaillant sur les activités liées à la production :

- ✓ le support fonctionnel ;
- ✓ le support technique ;
- ✓ les livraisons en production ;
- ✓ la gestion de l'infrastructure.

Ce chapitre concerne plus particulièrement les trois premières activités.

1.2 Le flux de demandes

Quelles sont les différences principales avec les équipes de développement logiciel justifiant un kanban spécifique pour les Ops ? Les Ops n'ont quasiment pas la possibilité de limiter le flux de demandes en entrée. L'anticipation des problèmes de production par de la formation, une meilleure qualité ou des demandes d'évolutions spécifiques, est un levier pour diminuer le nombre de demandes. Mais lorsque les équipes de développement et de production sont distinctes, cette anticipation n'est pas simple, pour ne pas dire difficile.

La création de procédures pour des demandes récurrentes permet de diminuer la charge sur chaque demande, mais non leur nombre. Le temps moyen passé sur chaque demande est faible, souvent exprimé en minutes. Nous nous trouvons donc en face d'un flux ayant un grand débit de petites demandes.

Et pour finir, ce flux est très peu prédictible. La production travaille surtout dans le réactif et l'urgence. S'il est difficile de planifier, toutes les demandes sont, en revanche, systématiquement assignées à quelqu'un. Il y a souvent beaucoup de tâches en cours par personne. La limitation du travail en cours et des files d'attente semble difficile dans ce contexte.

2. KANBAN OPS

Ces spécificités ont un impact sur les pratiques kanban, que nous allons parcourir.

2.1 Visualiser le flux de travail

Deux cents cartes kanban sur un mur ? Il semble compliqué de rendre visible chaque demande par une carte, comme cela a été fait côté kanban réalisation ou métier. Sans parler des aspects pratiques, la question de la valeur apportée par un tel management visuel se pose. Il est d'ailleurs courant que cela prenne plus de temps de créer la carte physique que de traiter la demande elle-même. Les tableaux kanban Ops ne ressembleront pas aux autres tableaux.

Or, l'important n'est pas de représenter les demandes de manière élémentaire, mais bien de visualiser le travail en cours. La première idée est de représenter uniquement le nombre de demandes dans le système.

Le suivi des activités de production repose souvent sur des processus génériques simples : « À faire/En cours/Fait ». Il y a parfois des étapes de revue, soit par les pairs, soit par le client final. Il est exceptionnel de voir des spécialisations qui correspondent à des étapes du processus.

Plutôt qu'une estimation de la charge nécessaire à la résolution d'une demande, cela revient souvent à résoudre la demande elle-même, une estimation de l'avancement est donnée avec des colonnes du type « Travail en cours 0-50 % », « Travail en cours 50 %-100 % ». Une première version du tableau kanban Ops serait alors celle en figure 29.1.

A faire	En cours		Fait
	0-50	50-100	
140	43	37	220

Figure 29.1 – Tableau kanban Ops V1.0.

En complément du flux de demandes, il est intéressant d'avoir une représentation visuelle des activités de productions récurrentes ou à date fixe telles que le passage de relais d'une zone géographique à une autre. Cette visualisation complémentaire des demandes peut se faire sur un autre tableau, de type calendrier (figure 29.2).

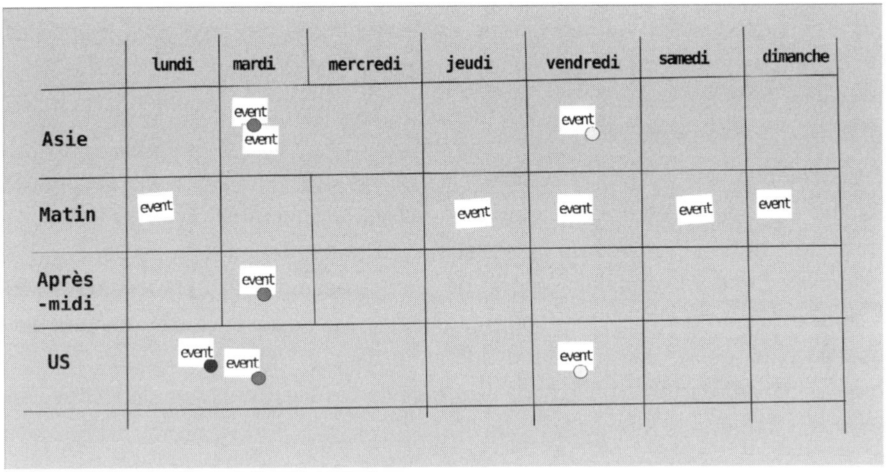

Figure 29.2 – Visualisation des activités Ops récurrentes.

2.2 Limiter le travail en cours

Un des grands défis des équipes de production est de limiter la tendance naturelle au multitâche, en commençant par le nombre de demandes en cours de traitement. Nous pouvons aussi limiter le nombre de demandes par personne, plus facile à mettre en place. En revanche, limiter le nombre de demandes en cours par classe de service est difficile à mettre en place en pratique.

2.3 Gérer le flux de travail

Gérer le flux de travail, c'est savoir répondre aux questions suivantes :

✓ Quelles sont les informations permettant à l'équipe de faire les bons choix ?

✓ Quelles sont les demandes qui méritent une attention particulière ?

■ Des classes de service aux classes pilotables

L'avantage, avec la production, c'est que l'engagement est généralement contractualisé. Les contrats de service sont connus. La première idée consiste à classer chaque demande en entrée en fonction de sa classe de service, de déterminer la date d'engagement pour prioriser les tâches.

Cette stratégie se heurte à plusieurs problèmes : il y a une profusion de classes de service avec des engagements différents. La question de la cohérence d'ensemble n'est qu'exceptionnellement posée, pour ne pas dire jamais. La démultiplication des types de demandes rend *in fine* le flux difficilement pilotable. Une des premières actions vers la mise en place d'un kanban Ops est de regrouper les engagements en classes pilotables, plus génériques.

■ Représenter les statuts des demandes

La deuxième raison qui rend cette stratégie difficile est qu'elle ne prend pas en compte le temps de résolution très variable d'une demande à une autre. Pour respecter la date d'engagement, il faut connaître la date limite de début de travail et trouver une règle simple que l'équipe puisse effectivement suivre au quotidien.

La solution est de rendre visibles les demandes prioritaires en découpant l'étape « En cours » en trois statuts « Normal/Alerte/En retard ». Bien qu'il s'agisse de statuts et non d'étapes du processus, l'usage est de les représenter par des colonnes. Cette visualisation apporte de la souplesse, le délai entre le début de l'alerte et la date d'engagement peut être variable par classe. Une bonne pratique est, en plus, de visualiser chaque demande dans les statuts « Alerte » et « En retard » par des cartes kanban et de suivre seulement le nombre en dehors de ces colonnes, comme le montre la figure 29.3.

A faire	En cours		Alerte	Retard	Fait
	0-50	50-100			
40	8	9	Ticket Ticket	Ticket	60

Figure 29.3 – Tableau kanban Ops V2.0.

2.4 Rendre explicites les règles de gestion

■ Les règles stratégiques

Le management visuel permet maintenant de prendre les bonnes décisions de pilotage du flux, en passant d'une priorisation du type « celui qui crie le plus fort » à une priorisation par génération de valeur pour les clients.

Ce management visuel doit être complété par une stratégie d'affectation des nouvelles demandes. Elle peut être conçue à partir d'un modèle utilisant les statistiques passées et affinées en fonction des objectifs actuels de la production.

Au début des règles simples comme « d'abord les incidents, ensuite les requêtes » émergent. Puis une matrice des règles de gestion prend forme, avec des priorités relatives à chaque case, comme le montre la matrice en figure 29.4.

	A faire	En cours	Alerte	Retard
***	4	3	2	1
**	5	4	3	2
*	6	5	4	3
Projet	7	6	5	4
Problème	7	6	5	4
Amélioration	7	6	5	4

Figure 29.4 – Exemple de matrice des règles de gestion.

Dans l'exemple ci-dessus sont présentes trois classes pilotables des demandes clients (les « * ») et trois classes pour l'anticipation des demandes de l'équipe et de l'organisation (projet, problème, amélioration).

Plus la valeur dans la cellule est basse, plus le travail est prioritaire. S'il y en a, l'équipe commencera par les tâches en retard de la classe « * », de priorité 1. S'il n'y en a pas, l'équipe considérera les tâches de priorité 2, en alerte de la classe « * » ou en retard de la classe « ** ».

Un système avec un flux peu prédictif de demandes nécessite de la disponibilité, comme nous l'avons vu aux chapitres sur les systèmes saturés. Et avec des demandes de natures différentes, calées sur le court, le moyen et le long terme, il est nécessaire de mettre en place des règles d'allocation de capacité, comme cela a été fait avec les classes de service. Ces deux principes sont appliqués aux classes pilotables (figure 29.5).

	Affectation	
***	10 %	
**	20 %	
*	40 %	
Projet Problème Amélioration	20 %	
	10 %	Réservé

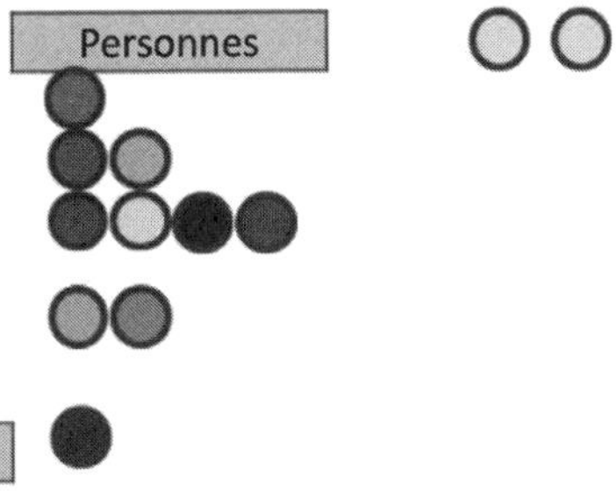

Figure 29.5 – Allocation de capacité par classe pilotable.

L'allocation se fait par nombre de jetons pour chaque équipier, répartis par classe pilotable. La limitation du travail en cours est de cinq avatars par personne. Les deux avatars mis sur le côté correspondent à une personne partiellement disponible. Ils permettent de visualiser la capacité retirée.

De la stratégie à la tactique

10 % de la capacité est réservée pour rendre le système réactif, capable de répondre aux perturbations et saisir des opportunités. Elle est affectée en fonction des besoins pour adapter la stratégie aux réalités opérationnelles de la production. Cette réserve est affectée à l'équipe, c'est la mieux placée pour faire ces choix tactiques au quotidien. Nous pouvons mettre à jour la troisième version du tableau (figure 29.6).

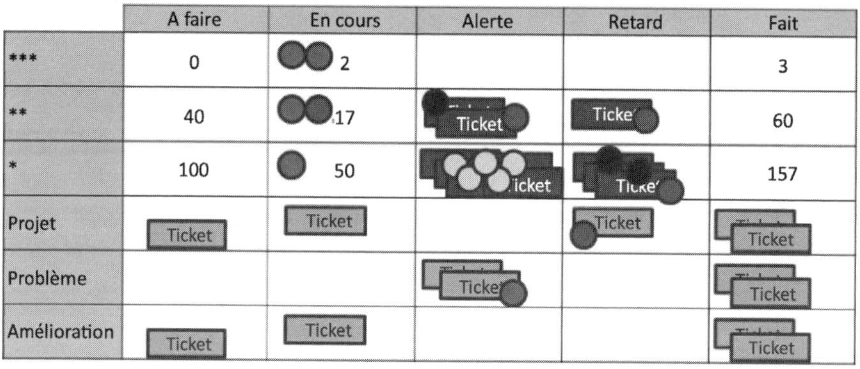

Figure 29.6 – Tableau kanban Ops V3.0.

3. LA STRATÉGIE D'IMPLÉMENTATION

La question que l'on peut se poser est de savoir si on conçoit le tableau kanban sur l'ensemble des activités Ops ou uniquement sur une partie. Les activités Ops étant de nature très différente les unes des autres, nous pouvons nous focaliser sur un type de demandes pour commencer.

Commencer sur les activités non liées à des demandes client (lignes « Projet », « Problème », « amélioration ») et laisser les activités des demandes clients (lignes « *** », « ** » et « * ») être contaminées par le kanban.

En résumé, l'activité de production ne semble *a priori* pas le lieu idéal pour mettre en place un kanban de par la nature de son flux de demandes. L'approche empirique du kanban a permis de gagner en maturité et de trouver des implémentations kanban qui aident les équipes à organiser leur quotidien.

Passant d'un mode réactif à un mode régulé, l'équipe de production arrive à développer des stratégies et des tactiques pour définir les meilleures réponses aux demandes et délivrer un maximum de valeur ajoutée pour une même capacité.

30 La culture de votre organisation ?

Avec la notion de culture d'entreprise les modèles et les grilles de lecture sont encore plus nombreux qu'au sujet de la nature. Nous en prendrons une en exemple, la spirale dynamique.

La Spirale Dynamique est une grille de lecture qui émerge des travaux de Clare Graves. Nous allons simplement la survoler ici, l'objectif est de faire comprendre l'intérêt d'avoir ce type de lecture d'une entreprise pour adapter son approche.

1. RAPPELS DE LA GRILLE DE LECTURE DE LA SPIRALE DYNAMIQUE

La Spirale Dynamique est née de l'observation d'apparition de niveaux de complexité dans l'histoire de l'humanité, et de sa façon – à l'humanité – de s'y adapter et de s'y mouvoir. Cette adaptation, cette appropriation, forge les valeurs profondes de ces groupes d'humains. Par *complexité*, on entend, par exemple, qu'un Inuit vivant dans un milieu tribal dans les régions arctiques n'est pas confronté à la même complexité qu'un scientifique parisien. Il n'y a aucun jugement de valeur entre ces deux personnes, mais elles doivent chacune appréhender et comprendre le monde très différemment, leurs niveaux de complexité, leurs niveaux d'existence sont différents.

La Spirale Dynamique a mis en évidence sept niveaux d'existence auxquels on va donner des couleurs pour rappeler qu'il n'y a pas de meilleurs niveaux et pas de jugement de valeur. Le BEIGE, le VIOLET, le ROUGE, le BLEU, l'ORANGE, le VERT, le JAUNE, et le TURQUOISE. Chacun de ses niveaux fait suite au précédent quand le précédent est devenu obsolète, invivable, non désiré.

Edgar Morin[1] ne disait pas autre chose quand il écrivait qu'il y avait une spirale d'évolution entre notre nature, notre culture, nos pratiques : notre nature amène une culture, qui développe des pratiques qui, elles-mêmes, changent notre nature, nature qui amène une nouvelle culture, avec de nouvelles pratiques…

Et, comme ces couches viennent se superposer, on a un vécu (et, à un certain niveau d'existence, une compréhension des couches inférieures).

1. Edgar Morin, *Le paradigme perdu : la nature humaine*, Le Seuil, 1973.

1.1 Beige

Le niveau BEIGE de la Spirale Dynamique décrit le premier des états de complexité, le premier niveau d'existence : celui, par exemple, des sans domicile fixe, des tout nouveau-né, des premiers hommes dans la savane sauvage il y a des milliers d'années. L'objectif principal est de survivre : manger, dormir, se reproduire. Subsister.

1.2 Violet

Cette existence est intolérable, dès que le contexte le permet, on peut basculer vers le niveau d'existence VIOLET. Quand on est usé de cet effort de survie constant, on se réfugie dans la tribu. L'appartenance au groupe permet de se protéger, mais il s'agira d'écouter les anciens et de suivre les rites. On peut imaginer encore de nombreux peuples à cette image de nos jours. Rappelez-vous que les niveaux de la Spirale Dynamique se superposent. Vous avez, probablement, vous-même des gestes et des attitudes du niveau VIOLET, cette appartenance tribale et mystique (et pas uniquement pendant la coupe du monde de football).

D'une personne qui exprimera son VIOLET vous entendrez des choses comme « Pourquoi changer ? Nous avons toujours fait comme ça » ou encore « Je souhaite être en sécurité, comme un membre d'une famille élargie qui s'occupe bien d'elle-même ». La crainte d'une personne au niveau VIOLET est de ne pas trouver de refuge fiable où être en sécurité.

C'est le lieu de la *tribu*.

Bizarrement, il est beaucoup plus fréquent qu'on ne l'imagine. Malgré le flux constaté au sein d'un grand département d'une belle entreprise pleine de succès, il a encore fallu cette année définir les dates de sortie d'un nouveau produit non pas en fonction de nos cadences mais des dates définies par l'astrologue local. Si nous voulions être sarcastiques, les cadences du cadre kanban c'est bien, le tarot c'est mieux (mais probablement ce qui sort du tarot se construit par ailleurs avec un autre procédé que nous ne comprenons pas).

Une organisation avec une forte tendance au VIOLET aura beaucoup de rites et de rituels.

On dit que les niveaux BEIGE et VIOLET sont des niveaux d'existence liés à la *subsistance*.

1.3 Rouge

À un moment, certaines personnes qui se sentent fortes ne veulent plus être soumises à l'autorité mystique des rites ou des anciens. Elles imposent leurs forces. Le monde est perçu comme chaotique et la force va prévaloir. C'est le royaume des gangs, des Hells Angels, des empires conquérants.

D'une personne en phase ROUGE vous entendrez des phrases comme « En tant que chef, je mets en place un leadership fort afin que les tâches soient faites rapidement », « Je décide qui travaille sur quel sujet, c'est normal » ou « Je souhaite être dominant et puissant parce que c'est la force et le respect qui comptent le plus », mais aussi « J'ai peur d'être la victime d'autrui ».

C'est le lieu du *gang* ou de l'*empire*.

Une organisation ROUGE va montrer une grande attention au respect, qui indique qui est le plus fort. Il se construira beaucoup de légendes et de mythes autour de grandes conquêtes ou d'actes héroïques (comme ceux qui sauvent des projets pendant leurs vacances de Noël).

1.4 Bleu

Mais la violence du niveau d'existence ROUGE peut devenir elle aussi insupportable aux autres. C'est alors le niveau d'existence BLEU qui prend le dessus. Ce niveau se caractérise par le suivi *en groupe* d'un ordre, d'une vérité ultime qui donne du sens à la vie comme à la mort, et pour laquelle on est prêt à se sacrifier. Au regard de cette vérité ultime, chacun respecte sa place, son rang, ce que l'on attend de lui. Il en est fier et ainsi tout se déroule bien. C'est le niveau des *ismes* (les religions du monde), de certaines grandes sociétés, des grandes organisations très structurées comme les armées.

Dans la bouche d'une personne dans une organisation BLEU, vous pourrez entendre des phrases comme « Le plus important est de suivre un processus et de s'assurer que tout se passera bien. Kanban va nous permettre de déployer l'agilité à l'échelle » ou « La fidélité offre la sécurité d'emploi et garantit des récompenses futures » ou « Je souhaite être déterminé et discipliné, car je suis dirigé par une raison supérieure légitime ». La peur de cette personne est d'être punie par la vérité ultime.

C'est le lieu de la *hiérarchie*.

Dans un groupe de dirigeants dont l'un d'eux est mené par de fortes convictions BLEU, nous abordons la proposition d'un portfolio de projets sous le format d'un système kanban. Cette personne émet de fortes résistances. Elle n'en comprend pas l'intérêt, on ne fait pas ainsi *normalement*. C'est à la suite de l'intervention du responsable de tout le groupe qu'elle est convaincue. C'est normal, il y a une forte discipline hiérarchique dans une mouvance BLEU. Au fil des semaines un constat apparaît clairement : ce système kanban ne fonctionne pas pour diverses raisons. Nous proposons donc de l'enlever. Refus du même dirigeant, cela a été une demande claire de sa hiérarchie, nous devons continuer.

Ici, nous tombons un peu dans la caricature (vécue pourtant au quotidien). Mais l'enseignement est que, confronté à une population BLEU, il va falloir passer par les instances officielles, édicter une doctrine officielle, apporter des références concrètes. Une des façons de faire bouger cette organisation a été de prendre référence auprès de son groupe voisin. Lequel « faisant du kanban » a octroyé le droit et même le devoir d'en faire aussi, peu importe si les deux implémentations différaient énormément. (Encore une fois Kanban n'est pas la cible, mais le moyen.)

Une organisation ancrée dans le BLEU aura gravé dans le marbre ses Tables de la Loi. La chaîne de commandement parcourt toute l'organisation du plus haut au plus bas, en respectant le rôle et la place de chacun. Ceux en bas se sacrifient pour un futur meilleur.

On dit que les niveaux ROUGE et BLEU sont des niveaux d'existence liés à la *construction d'une identité*.

1.5 Orange

Comme le mysticisme de la tribu était une aberration pour certaines personnes en phase ROUGE, les processus de l'organisation, de la hiérarchie, la vérité ultime deviennent intolérables pour des personnes qui se projettent sur une réussite personnelle (et immédiate) plus marquée qu'au milieu de cette « armée » BLEU. Le monde est là à portée de main, il faut s'en saisir. La technologie, le progrès, les nouvelles façons de faire, les nouvelles approches, et la compétition autour de cela, sont les sources de la réussite. Les autres étant des concurrents, il importe d'être autonome et indépendant. Les traders sont souvent l'image employée pour personnifier le niveau ORANGE.

Dans la bouche d'un orange vous pourrez entendre « Je souhaite avoir des succès, être indépendant, être innovant et compétitif », « Une opportunité existe pour les gens d'exceller et de devenir des gagnants » et « J'ai mis en place un système de mesures afin de connaître la performance de chacun et rendre mes équipes plus efficaces ». La personne ORANGE aura peur de ne pas avoir de statut obtenu par elle-même.

C'est le lieu d'une *hiérarchie non statique*.

Un groupe de personnes ORANGE va être très sensibilisé à l'impact de sa création de valeur. Bien souvent les colonnes d'un système kanban s'arrêtent quand la valeur hypothétique a été livrée, par exemple « Mise en production », « Livrer en boutique » ou « En fonction ». Avec un groupe ORANGE, on pourra aisément ajouter des colonnes plus loin dans le flux comme « Mesure » ou « Impact », qui vont renforcer probablement le sens qu'ils recherchent.

Une organisation ORANGE va promouvoir l'action individuelle et l'initiative de chacun. Le changement est amené par des prises de position personnelles, des réussites personnelles et des nouvelles opportunités de réussir.

1.6 Vert

Mais la sécheresse de la réussite de la personne ORANGE peut devenir intolérable. Savoir que l'on a vendu *n* % supplémentaires devient aride. Elle part, alors, en quête de sens : un sens personnel à sa vie, mais aussi du sens dans la communauté avec laquelle elle va vivre. La terre et les ressources naturelles deviennent source de réflexion.

Vous entendrez une personne dans un niveau VERT exprimer des phrases comme « Le plus important est que tout le monde soit heureux et que personne ne soit rejeté dans l'équipe. C'est pour cette raison que nous nous forçons à respecter un consensus », « Les gens et nos sentiments viennent en premier lorsque nous nous joignons à la communauté » ou encore « Je souhaite être chaleureux et plein de soutien afin que tout le monde puisse grandir et être satisfait ». Sa crainte est d'être rejetée et isolée socialement.

C'est le lieu de la *communauté*.

Une organisation VERTE va dépendre de l'état d'esprit de ses participants. Où est-ce qu'ils mettent leur cœur et leurs pensées. Dans cette organisation le groupe exprime et partage ces valeurs, c'est une condition pour que le changement soit accepté.

On dit que les niveaux ORANGE et VERT sont des niveaux d'existence liés à la *recherche de la satisfaction*.

1.7 Jaune et turquoise

Les deux derniers niveaux ont été découverts, en quelque sorte, par Clare Graves avant leur existence, par anticipation, par déduction[2]. Vous aurez peut-être noté l'alternance entre une approche individuelle (BEIGE, ROUGE, ORANGE) et une approche de groupe (VIOLET, BLEU, VERT). Avec les deux derniers niveaux, c'est plus entrelacé. Le niveau d'existence VERT est amené, dans des situations compliquées, à montrer trop de complaisance pour satisfaire le groupe, surtout si le groupe grossit beaucoup. Il est fragile.

Certains individus vont donc chercher ce sens intérieur et extérieur par eux-mêmes, sans communauté. Vivre de façon entière, avec ses valeurs et ses principes, en accord avec la complexité et la fragilité du monde. Il minimise son empreinte énergétique en optimisant la recherche d'excellence: Puis cette entièreté, il la pense à un niveau global. La somme de toutes les entièretés. C'est JAUNE, entièreté (*wholeness* en anglais, plus simple), et TURQUOISE avec une approche holistique, c'est le lieu du village global.

D'une personne principalement au niveau JAUNE vous entendrez « Je souhaite être fonctionnel et flexible dans mes propres principes personnels », « Les différences

2. Il y en a encore un « nouveau dernier », que l'on appelle *Corail*, mais qui est encore trop obscur pour en parler ici.

naturelles, les conflits inévitables et les changements constants m'énergisent», et «J'essaye de vivre de façon entière tout en étant composé de tout ce que je croise».

D'une personne ayant en perspective le tout, au niveau TURQUOISE, cela sera «Tout est lié», «Je souhaite être quelqu'un de responsable, conscient de la communauté et de la Terre» et enfin «La principale préoccupation est notre rôle dans le *système vivant*».

On dit que les niveaux JAUNE et TURQUOISE sont des niveaux d'existence liés à la *recherche d'une reconstruction, d'une nouvelle vision*.

C'est une grille de lecture que nous apprécions beaucoup[3]. Ici, elle est explicitée succinctement, nous vous recommandons, comme nous le disions, plus de lectures à ce sujet. Vous pouvez avoir votre grille de lecture, il en existe plusieurs. Nous apprécions la Spirale Dynamique car elle place la réflexion autour des valeurs profondes et des dynamiques entre les personnes.

Naturellement, il n'y a pas une organisation BLEU, il y a des groupes tendance BLEU mais qui mêlent du ROUGE et sont en train de doucement s'orienter vers du ORANGE. Pour une lecture individuelle, vous pourriez être majoritairement ORANGE sur le plan professionnel mais BLEU sur le plan personnel, etc.

Niveau de complexité	Objectif	Structure	Valeurs	Exemples de modèles
Turquoise	Appartenir à une communauté holarchique globale et expérimenter la plénitude de l'existence	Globale	Compassion, harmonie, globalité	À inventer
Jaune	Vivre pleinement et de manière responsable avec authenticité	*Ad hoc*, interactive	Adaptabilité, intégration, expertise, flexibilité	Les premiers exemples semblent poindre (entreprises libérées)
Vert	Appartenir à un groupe et vivre de façon égalitaire et harmonieuse	Le cercle	Égalité, Approbation, écoute, participation, relativisme	Démocratie participative, hippies…
Orange	Avoir du succès et de l'influence	Pyramide hiérarchique active	Autonomie, matérialisme, ambition	Lumières, révolution industrielle, traders…

3. Particulièrement Pablo.

Niveau de complexité	Objectif	Structure	Valeurs	Exemples de modèles
Bleu	Attribuer un sens à la vie et à l'écoulement du temps	Pyramide hiérarchique bureaucratique	Ordre, bien et mal, autorité	Civilisation médiévale, Églises, *isme, armée…
Rouge	Asseoir sa domination et avoir du pouvoir	Empire	Domination, force, impulsivité	Empire romain, vikings, Hells Angels, mafia…
Violet	Générer de la sécurité	Tribu	Appartenance, magie, sécurité, mysticisme, tradition	Société animiste, secte…
Beige	Survie et instinct	Bandes	Survie et instinct	Préhistoire, sans domicile fixe…

Figure 30.1 – Résumé de la Spirale Dynamique[4].

2. LES CONDITIONS DU CHANGEMENT OU DE L'AMÉLIORATION

Que cela prenne la forme de la grille de lecture de la Spirale Dynamique ou une autre, nous allons devoir être attentifs à la culture dans laquelle nous évoluons. Quelles sont les valeurs profondes de l'entreprise et des personnes qui la composent ? Quelles sont ses croyances, et comment ces personnes et cette organisation agissent en conséquence ? L'organisation et les personnes sont-elles en bon état ? L'organisation et les personnes en sont-elles conscientes et souhaitent-elles aller d'un point *a* vers un point *b* ?

Car les systèmes kanban vont mettre en évidence les façons de fonctionner, ils vont pousser à l'amélioration continue, mais vers où ? Est-ce qu'un système kanban permettra de mesurer les taux de réussite et pas seulement les mises en production (pour un contexte ORANGE), ou sera-t-il le reflet d'un bon ordonnancement du processus officiel (pour une organisation BLEU) ? Est-ce que les dirigeants d'une équipe BLEU sont prêts à accepter que la vérité ultime soit potentiellement mise à défaut par le management visuel apporté par un système kanban ? Les améliorations apportées au système kanban seront-elles liées au fait de gagner des parts de marché (ORANGE) ? Ou de mieux appliquer le processus demandé

4. Source : session conférence « Dynamic Kanban » par Yannick Grenzinger et Pablo Pernot.

(BLEU) ? De montrer qui sont les plus forts dans le service ou les exploits réalisés (ROUGE) ? Ou est-ce fait parce que les autres le font (BLEU ou VIOLET) ?

Plus globalement sans même se rapprocher d'un modèle de lecture : comment une équipe convaincue de son savoir-faire acceptera d'être potentiellement mise en doute par le côté disruptif du management visuel de kanban, ces personnes seront-elles ouvertes à cela si c'est le cas ? Comment des gens qui sont convaincus que travailler plus c'est travailler mieux vivront l'intérêt des limites ? Comment rapprocher la recherche de découverte de nouveaux marchés et l'utilisation d'un système kanban, et est-ce utile dans votre écosystème ? Pourquoi comprendre que la bonne application du système kanban afin d'aller vers la cible désirée est de rendre kanban comme étant la doctrine officielle, ou au contraire de la faire passer pour la nouvelle approche qui fera la différence entre les services ?

Déployer, installer un ou des systèmes kanban n'est pas la cible, c'est le moyen. Un moyen vers la création d'une valeur, d'un sens, pour le bénéficiaire. Mais pour que ce moyen aboutisse, son accompagnement est primordial. C'est l'idée du prisme d'abord au travers d'une grille comme la Spirale Dynamique (ou comme nous l'avons vu avec *Agile Fluency*). Il faut donc y être attentif[5].

Il faudra vite comprendre que souvent, mais pas toujours, les populations varient dans leur positionnement. On pourrait faire un raccourci en disant que souvent les cadres dirigeants sont ORANGE, et certaines équipes de production BLEU. Mais l'idée c'est surtout de comprendre qu'il ne faudra probablement pas s'adresser aux personnes de la même façon selon les populations. S'adresser à un seul niveau d'existence est souvent inefficace. D'autant que comme ces niveaux se superposent, il faut souvent s'adresser à plusieurs niveaux.

5. « The Agile Fluency Model » : https://martinfowler.com/articles/agileFluency.html

31 Scénarios liés à la culture d'entreprise

Voyons quelques exemples d'applications de cette compréhension de l'interaction entre la culture d'une entreprise et ses systèmes kanban en utilisant la spirale dynamique que nous venons d'aborder. Voici trois entreprises complètement fictives et bien différentes pour voir comment un système kanban peut répondre à ces différents contextes.

1. LA TRÈS GROSSE COMPAGNIE

Ici la très grosse compagnie. Une entreprise BLEU/orange, nous dirait la Spirale Dynamique. C'est-à-dire avec une organisation fortement basée sur des processus. Avec des rôles pour chacun clairement délimités où les « castes sociales » n'évoluent guère car c'est ainsi que vont les choses et que les choses fonctionnent. Mais face aux chamboulements du monde qui l'entoure, et à la montée accrue de la concurrence, un groupe de dirigeants dans l'un des départements de la grosse compagnie pousse pour transformer l'outil de travail. Ce groupe de dirigeants est plutôt ORANGE et il essaye de tirer la majorité BLEU vers lui. Transformer l'outil de travail pour regagner des marchés, indispensable à leurs yeux sous peine de voir s'effondrer ce géant aux pieds d'argile.

Ils se lancent dans l'utilisation de systèmes kanban. Pourquoi ? Pour avoir des leviers qui leur permettent de transformer, d'améliorer, de changer leur outil de travail rongé par la bureaucratie et les habitudes. Ils souhaitent une adhérence plus forte au marché qui est en train de changer. On essaye d'orienter l'entreprise vers un niveau d'existence ORANGE. On essaye de rendre son outil de production plus performant. Dans *Agile Fluency* on chercherait d'abord à atteindre le lieu du « focus sur la valeur » pour sortir des processus pour les processus et pour donner à la grosse compagnie plus de réactivité, de capacité ; soit dans un second temps, soit simultanément, on cherchera à atteindre le lieu « délivrer de la valeur quand cela a de la valeur, et avec qualité ». Un travail sur la fluidité de l'outil de travail : de bout en bout.

C'est une entreprise majoritairement BLEU. Il va falloir passer par un cadre « classique », par la voie officielle. On communique de façon traditionnelle et « corporate » sur les systèmes kanban à venir. On diffuse un guide, un référentiel, quelques retours d'expérience d'autres compagnies, des formations, on assiste à des conférences d'autres acteurs du domaine. Les managers endossent cette décision de s'orienter vers les systèmes kanban. Ils communiquent là-dessus au sein des équipes, ou lors des grand-messes de l'entreprise. Démarrer bille en tête, sans cette compréhension de la culture de cette organisation, aurait été contre-productif.

Mais les systèmes kanban montrent des choses qui ne sont pas visibles. Entre les processus officiels et la réalité, il y a une distorsion. Pour les équipes, majoritairement BLEU, c'est source de confusion et de gêne. Les managers doivent être présents, souvent, sur scène pour dire que c'est normal, au sein des équipes pour rappeler encore que c'est normal et protéger les personnes. C'est l'occasion de faire valider, d'officialiser, de nouvelles façons de travailler.

On veut un outil électronique. Par habitude. Poussé par la mémoire du muscle. Les personnes doivent comprendre qu'un outil électronique ne remplace pas un outil visuel ou tactile, cognitif en un mot. Ce n'est pas l'un ou l'autre, c'est l'un ET l'autre. Aux managers dans ce cadre d'être attentifs à promouvoir ces outils cognitifs, ce management visuel et tactile. Être présent autour, régulièrement, mettre en place des rituels avec. Penser les systèmes kanban avec du bon sens : les tableaux visuels sont accessibles, visibles, assez beaux (sans l'être trop sinon on n'ose plus y toucher). Le manager protège l'espace autour de ces tableaux visuels, connecte les personnes autour, participe aux conversations.

Dans cette organisation, les tableaux visuels démontrent l'obsolescence de beaucoup de pratiques et ainsi des voies d'amélioration. Mais il faut chambouler les habitudes et donc, dans une organisation BLEU, rendre ce chamboulement officiel, le faire apparaître précis et concret (pas émergent), telle une nouvelle vérité.

Mais les tableaux visuels déstabilisent aussi les managers. Dur pour leurs habitudes de se mêler aux personnes (surtout ceux encore BLEU qui estiment que chacun doit être à sa place dans l'organisation, que la hiérarchie doit être scrupuleusement respectée, qu'elle ne changera pas, et que c'est ainsi). S'ils voient des contradictions dans le système, ils les découvrent aussi désormais dans leurs décisions. Il va falloir étayer leurs décisions, il va falloir renforcer leurs priorisations. Et aussi probablement négocier avec leurs clients une approche un peu différente dans les livraisons.

On essaye de réduire la taille des éléments des systèmes kanban, on essaye de prioriser mieux, on essaye de réduire la taille des paquets pour livraison. Et de changer la stratégie pour une livraison cadencée, régulière avec des cycles plus courts. Bénéfice numéro un : une amélioration du coût du délai, ou un apprentissage plus fréquent.

Pour cela, il faut aussi améliorer la fluidité de l'outil de travail (intégration continue, tests automatisés, etc.).

La grosse difficulté pour cette organisation c'est l'acceptation de la *courbe d'apprentissage*[1]. Pour améliorer la fluidité de l'outil de travail, il faut accepter une

1. La courbe en J est une métaphore. Comme la lettre, cette courbe débute par un creux avant de remonter. Une *J-Curve* indique donc d'abord une dégradation avant une réelle amélioration.

baisse de la productivité due à l'apprentissage avant d'en sentir les bénéfices. Le changement de la « vérité » associé à cette baisse des résultats ne rend pas les choses aisées, c'est au début incompréhensible aux yeux des collaborateurs. Une implication encore plus grande est demandée aux managers. C'est encore plus dur pour eux, plutôt ORANGE, car la hiérarchie au-dessus d'eux est toujours BLEU. Leur expliquer que bientôt de meilleurs résultats très orientés marché vont voir le jour quand dans le même temps on déstabilise les processus en place (peu importe qu'ils soient efficients ou pas), expliquer cela à ce top management, c'est ardu. D'autant qu'il est plutôt *arrêté*. Il comprend bien lui aussi qu'il faut changer. Mais est-ce possible ? D'autant que l'organisation engrange des bénéfices… Et pourquoi changer quelque chose dont ils sont à la tête ?

Si vraiment l'organisation est en danger, il faut espérer l'arrivée de personnes ORANGE dans le top management, et que leurs postures soient plus *ouvertes*. Si l'organisation n'est pas foncièrement en danger, peut-être ont-ils raison et il suffirait d'améliorer les processus au travers des systèmes kanban sans tout remettre en cause.

Les systèmes kanban servent à rendre visibles les processus en place et à les améliorer. Avoir une meilleure gestion des priorisations, et une vue plus globale (avec des « portfolio projets » dans des systèmes kanban). On mettra probablement en évidence les délais dans les files d'attente. Enfin l'introduction par cette frange ORANGE de nouvelles métriques rendues visibles.

Tout cela est fictif bien sûr.

Propositions de scénario de lecture d'un département de la très grosse compagnie, et d'améliorations possibles au travers du système kanban avec la Spirale Dynamique en grille de lecture

Dans notre lecture, *la très grosse compagnie se révèle un contexte BLEU/orange* : c'est-à-dire une forte base BLEU au sein des équipes et des poches de management ORANGE de-ci de-là. L'objectif est de rendre fonctionnelle une organisation BLEU/orange dysfonctionnelle.

■ Sur le système kanban

- ✓ Accepter les incohérences entre les processus officiels et ce qui apparaît (protection par les managers, incarnation de l'effort par les managers).
- ✓ Renforcer les priorités au-delà des processus « cassés ou obsolètes » : faire apparaître clairement les priorités (ligne « Urgence », macaron « Urgence »).
- ✓ Bien rendre visibles et accessibles ces systèmes kanban (éviter de les enterrer dans un outil électronique uniquement).
- ✓ Essayer de réduire la taille des éléments pour gagner en souplesse.

- ✓ S'efforcer de cadencer les livraisons en ritualisant celles-ci (indiquer sur le système kanban « livraison tous les 3 mois », par exemple), ou indiquer la livraison cible sur les cartes kanban.
- ✓ Mettre en évidence (colonnes ?) une volonté d'automatiser packaging et tests automatisés d'intégration, ou, avant même d'automatiser, d'en avoir.
- ✓ Rendre visible là où les processus s'enlisent : mettre en évidence les files d'attente, les délais souvent cachés qui freinent le flux.

Hors du management visuel

- ✓ Communiquer de façon traditionnelle et « corporate » sur les systèmes kanban à venir.
- ✓ Par exemple, diffuser un guide, un référentiel, quelques retours d'expérience d'autres compagnies, des formations.
- ✓ Par exemple, communication régulière et lors des grand-messes par les managers.
- ✓ Soutien par les managers d'une possible *J-Curve* dans le renforcement de la cadence, d'une CI/CD[2].

Les figures 30.1 et 30.2 montrent le même système kanban que nous imaginons *avant* et *après* cette réflexion.

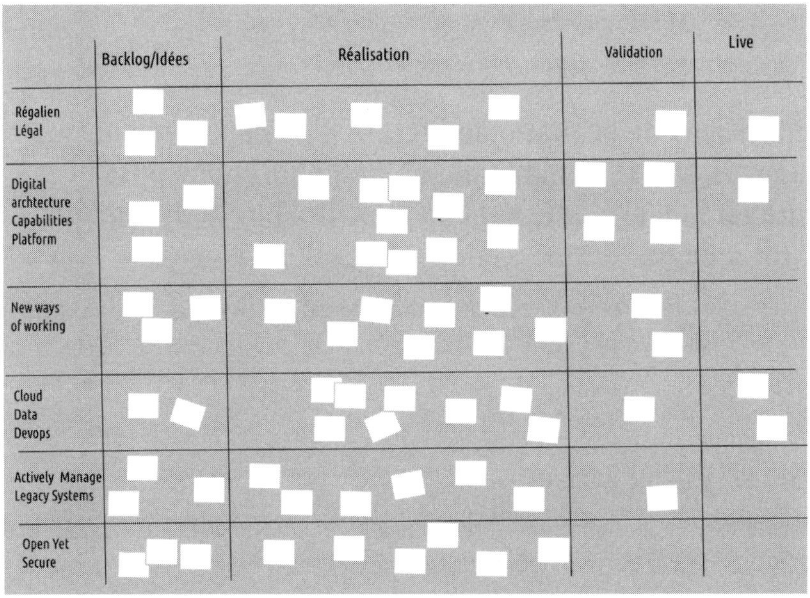

Figure 31.1 – Un département de la très grosse compagnie.

2. CI/CD : *continuous integration/continuous deployment* (intégration continue/déploiement continu). https://martinfowler.com/articles/continuousIntegration.html

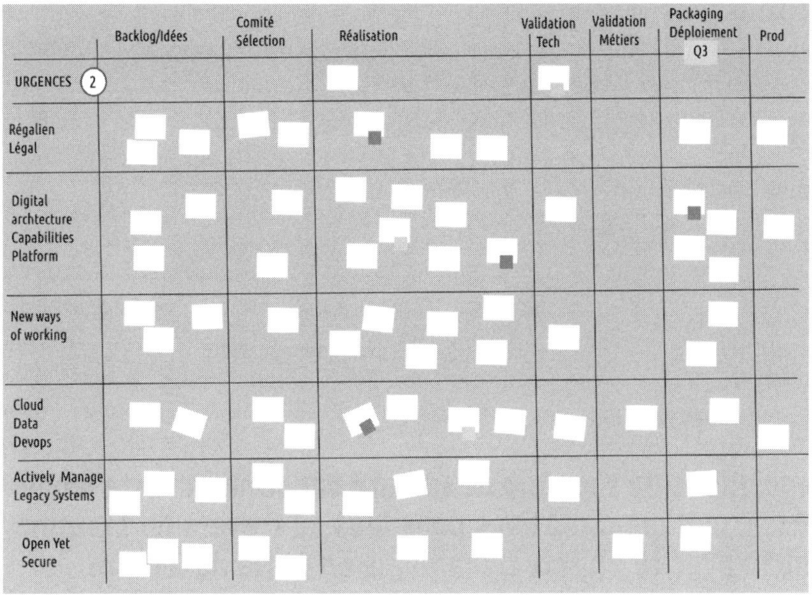

Figure 31.2 – Un département de la très grosse compagnie après des actions sur le système kanban.

2. LA JEUNE POUSSE PLEINE D'ENVIE ET D'AMBITION

Ici une start-up, pleine d'envie et d'ambition. Il s'agit d'un petit groupe de dix personnes, affûté. Leur idée de produit semble intéresser beaucoup de gens. En tout cas, beaucoup de gens veulent miser sur eux. L'ennemi c'est le temps. Il presse. Entre les marques d'intérêt et la validation du marché, il y a un espace immense qu'il faut franchir.

Ce groupe fondateur aux yeux de la Spirale Dynamique est ORANGE/vert. Il s'agit d'entrepreneurs en soif de réussite, mais aussi de personnes à la recherche de sens, avec des valeurs humanistes. Au regard de *Agile Fluency*, ils s'inscrivent typiquement avec comme destination « optimiser la valeur ». Peu importe la fluidité de leur outil de travail, pas de processus ni de véritable outil au sens propre, mais plus un commando qui doit valider son modèle, valider ses hypothèses et mesurer constamment la réception par le marché. Des « impact mapping », des tests A/B, etc. sont les pratiques cibles. Mais cela génère des tensions : les personnes chez qui le niveau d'existence VERT grandit se sentent frustrées par l'absence de sens et la recherche unique de résultat. Une start-up qui réussit, oui, mais pas à n'importe quel prix, pas uniquement pour une réussite financière.

Les systèmes kanban mis en œuvre vont mettre en évidence le temps de traversée et essayer de l'optimiser. Probablement une visibilité au travers des systèmes kanban sur les étapes de mesures et de tests du marché. Pas du management visuel dont la dernière étape serait « mise en production », mais bien « mesure », « impact ». On va répondre au besoin des personnes en quête de communauté et de sens en mettant en perspective le travail sur les systèmes kanban : les *swimlanes* vont indiquer des raisons d'être, des thèmes qui leur sont chers. Visuellement ils valideront ainsi ce sens. Cela pourra aussi apparaître sur les cartes kanban. Cela ne sera pas fictif, il s'agit de bien donner de la perspective, du sens, à chaque élément du système kanban.

Plus globalement, les nouveaux éléments seront introduits à partir des décisions prises dans des instances de type sociocratie ou holacratie, où la communauté est écoutée, et un système de flux tiré va responsabiliser chacun et aplanir la hiérarchie.

Tout cela est fictif bien sûr.

Propositions de scénario de lecture concernant cette jeune pousse, et d'améliorations possibles au travers du système kanban avec la Spirale Dynamique en grille de lecture

Dans notre lecture, *la jeune pousse se révèle un contexte paradoxal qui associe du VERT et du ORANGE.* Il faut réussir à réconcilier ces deux visions dans ce contexte.

■ Sur le système kanban

- ✓ Intégrer des colonnes de fin « impact/mesure » pour mettre en évidence la véritable valeur (et pas « production », ou « livré » ou « fini »).
- ✓ Mettre en évidence du sens dans les *swim lanes* (lignes horizontales, en rapport avec les fonctionnalités du produit) pour satisfaire cette quête chez ces personnes de raison d'être (ou sur les cartes kanban), ou aussi une mesure « sens/valeur » en intitulé de la colonne finale.
- ✓ Mettre en place un flux tiré (plus respectueux des personnes, d'un esprit de groupe, que *top down*, flux poussé).
- ✓ Introduire les nouveaux éléments dans une colonne dédiée (et qui viendrait de la création d'un mode de fonctionnement type sociocratie).

■ Hors du management visuel

- ✓ Créer des instances de fonctionnement type sociocratie/holacratie pour déléguer la décision.

Les figures 30.3 et 30.4 montrent le même système kanban que nous imaginons *avant* et *après* cette réflexion.

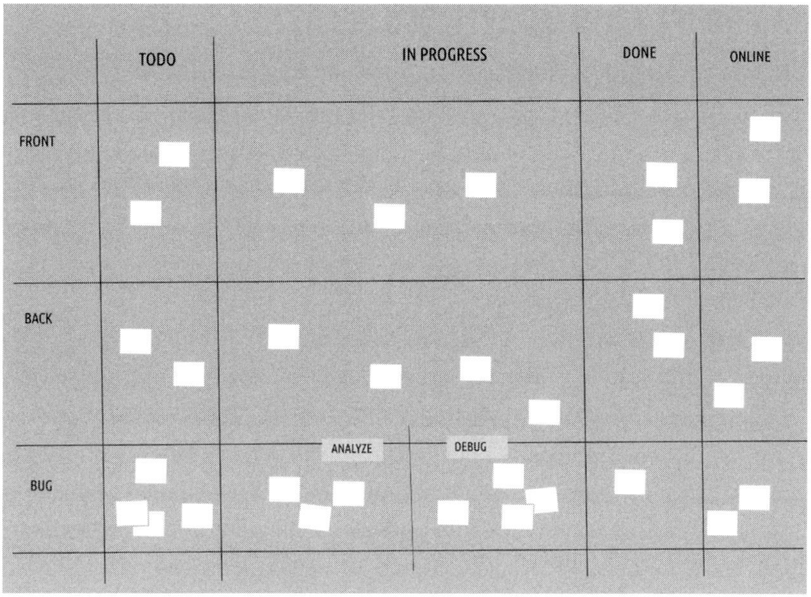

Figure 31.3 – Système kanban de la jeune pousse.

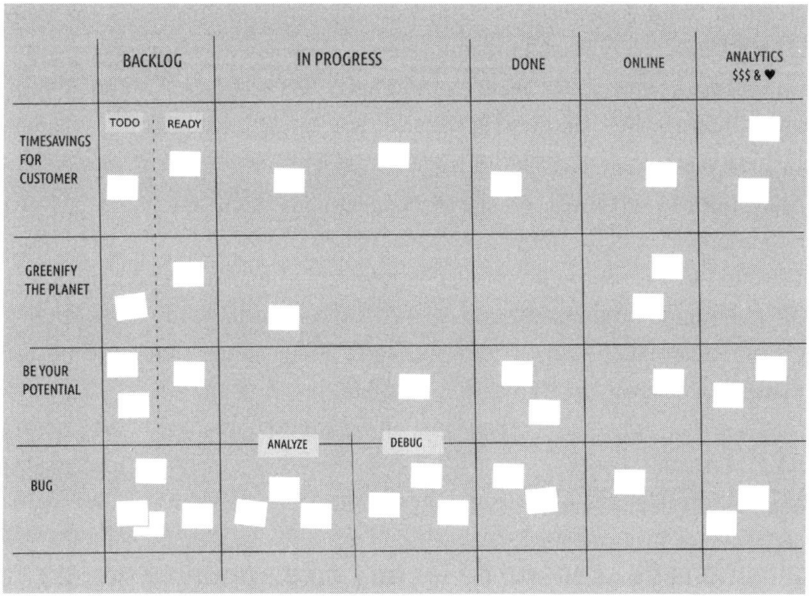

Figure 31.4 – Système kanban de la jeune pousse après des actions sur le système kanban.

3. LE GROUPE FAMILIAL AVEC SES SECRETS

Ici une PME. Autour de la famille, l'entreprise a bien évolué. Mais elle se heurte comme à une crise de croissance. On ne sait plus si l'organisation va bien ou mal. On a beaucoup de travail, mais tout semble se faire dans la douleur. Mais c'est ainsi, et cela semble avoir toujours été ainsi. Et l'entreprise vit bien depuis longtemps. D'ailleurs c'est un moment important qu'elle vit. Le fondateur part enfin à la retraite et l'un de ses fils prend la suite. Pour tout le monde, tout va bien ou mal, mais rien ne va changer.

Mais justement l'introduction de systèmes kanban dans l'entreprise indique le contraire. Le nouveau PDG, le fils de, n'est pas exactement sur la même longueur d'onde. Aux yeux d'une lecture Spirale Dynamique, l'entreprise est violet/ROUGE. Une tradition autour de la famille, qui se nourrit d'exploits et d'accès de rage. Il y a des sauveurs qui se tuent au travail pour la famille, pour l'entreprise. Et une équipe dirigeante qui se connaît par cœur et qui domine ses troupes. Mais le nouveau PDG comprend que ces attitudes vont user l'entreprise et qu'elles ne mèneront à rien. Il cherche finalement à pousser son entreprise familiale vers du rouge/BLEU. Il comprend qu'il doit introduire plus de sérénité, des processus.

Au regard de *Agile Fluency*, il est entendu que dans cette entreprise on travaille. Mais est-ce que l'on crée de la valeur ? Il est clair qu'il faudrait un « focus valeur ». Peu importe le travail, quelle valeur amène-t-on ? On va chercher à transformer les exploits du niveau ROUGE de « j'ai travaillé tout le week-end » à « j'ai eu plusieurs mails de satisfaction de… pour telle raison… ».

Les systèmes kanban sont d'abord cachés. Ils sont perçus comme des éléments perturbateurs : comment dominer ses troupes si la « vérité » est déjà au mur ? Ils sont perçus comme des éléments de pouvoir, on se les approprie donc. Il faut les rendre publics, communiquer autour d'eux. Du coup on voit rapidement qui sont les héros : ils apparaissent partout sur les tableaux. Dans un deuxième temps on « dépersonnalise », on s'attache à la valeur, pas à la personne, ou au travail ; on introduit des limites, des processus, on documente, on forme, on introduit du BLEU et un focus valeur.

Tout cela est fictif bien sûr.

Propositions de scénario de lecture concernant ce groupe familial, et d'améliorations possibles au travers du système kanban avec la Spirale Dynamique en grille de lecture

Dans notre lecture le groupe familial se révèle un contexte majoritairement ROUGE avec un fond de VIOLET, mais son nouveau dirigeant souhaite l'entraîner vers du BLEU pour le pacifier un peu.

■ Sur le système kanban

✓ Ne pas cacher les systèmes kanban.

✓ Ne pas personnaliser les *swim lanes* ou les cartes, promouvoir un travail de groupe (mettre des noms est une mauvaise pratique pour les *swim lanes*, on peut mettre les noms sur les cartes kanban plutôt).

✓ Clarifier les processus (en-tête colonnes systèmes kanban), règles d'entrée et de sortie.

✓ Renforcer les processus (bien rendre visibles les files d'attente des étapes de validation).

✓ Créer une ligne « Urgence » et la limiter ?

■ Hors du management visuel

✓ Introduire plus de sérénité : des processus, des règles.

Les figures 30.5 et 30.6 montrent le même système kanban que nous imaginons *avant* et *après* cette réflexion.

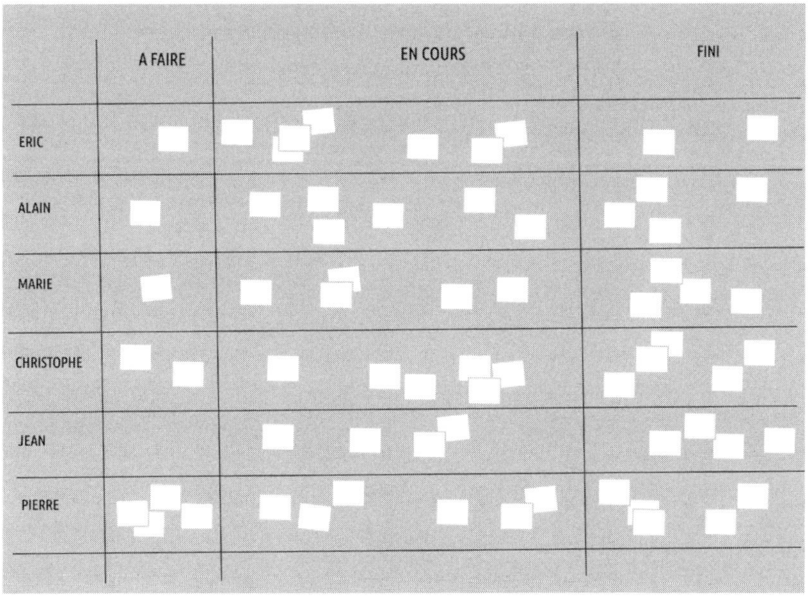

Figure 31.5 – Système kanban de la famille.

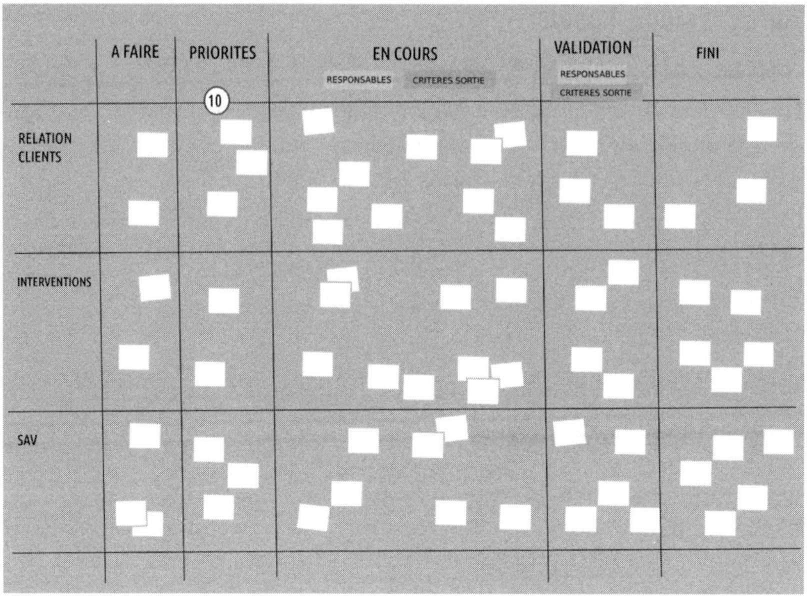

Figure 31.6 – Système kanban de la famille après des actions sur le système kanban.

32 Scénarios fictifs de cette orchestration liés à la maturité de l'entreprise

1. LE KANBAN MATURITY MODEL (KMM)

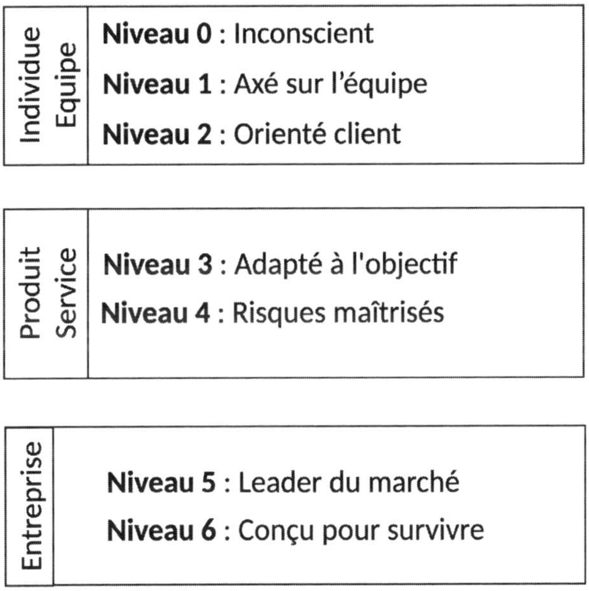

Figure 32.1 – Adapté du KMM.

Passer d'un système de kanban à une organisation orientée service basée sur un système de kanban demande du temps et de la maturité. Pour soutenir et guider cette évolution et le développement des capacités organisationnelles associées, il existe un modèle de maturité Kanban[1]. Ce modèle peut se mapper avec des modèles existants tels que le Capability Maturity Model Integration (CMMI) ou le Lean/TPS. Il s'appuie sur l'échelle de progression de Nassim Taleb d'exposition au risque : Fragile – Résilient – Robuste – Anti-fragile. On peut aussi y trouver des ressemblances avec *Agile Fluency* que nous avions évoqué.

1. David Anderson, *Kanban Maturity Model.*

Il comporte sept niveaux de maturité. Pour chaque niveau, des patterns sont proposés pour les cinq pratiques du kanban : visualiser, limiter le travail en cours, gérer le flux, rendre les règles explicites, implémenter les boucles de feedbacks, améliorer de manière collaborative et évoluer par expérimentation.

2. LES SEPT NIVEAUX DE MATURITÉ

2.1 Au niveau individuel et équipe

Niveau 0 : Inconscient (Oblivious)

À ce niveau, pas de processus suivi, pas de collaboration. Les décisions sont plutôt réactives, émotionnelles et spontanées. Le focus est sur les tâches personnelles, le kanban est individuel. L'organisation est fragile. À ce niveau, il y a une incapacité à comprendre le besoin d'un processus et une foi dans la capacité individuelle à réussir. Les mots-clés sont ici réalisation et réussite.

Niveau 1 : Axé sur l'équipe (Team-Focused)

À ce niveau, on reconnaît que le management, un peu de structure organisationnelle et de la transparence apportent de la valeur. Les règles, cadres de décisions et procédures sont naissants, le processus émergent, et pas encore suivis de manière consistante. Les livraisons sont très variables.

Le focus est cette fois sur les tâches de l'équipe, on observe un manque d'alignement entre les équipes, ce qui pose des problèmes au niveau de la conception du produit et de la livraison du service. Le système est surchargé. Les équipes comprennent qu'elles font partie d'une chaîne de valeur plus grande.

Le système kanban est celui de l'équipe. L'organisation reste fragile.

Pour ces deux premiers niveaux, les bénéfices du Kanban sont un soulagement de la surcharge de travail, par le suivi des tâches, et l'amélioration par la transparence.

Les mots-clés sont ici la collaboration et la transparence.

Niveau 2 : Orienté client (Customer-Driven)

Les règles, cadres, processus et procédures sont définis et suivis de manière consistante. Il manque encore de consistance sur les résultats attendus et perçus par les clients. On constate encore un manque d'alignement entre les équipes et les flux de travail interdépendants.

Les métriques sont axées sur la performance locale du travail, telles que les temps de cycle ou le débit, de certaines étapes.

On observe des activités, plutôt managériales, de coordination et des cadences découplées de planification, de sélection et de livraison. La collaboration s'améliore, la qualité également. Un manager du flux commence à émerger, sans encore parler de service delivery manager (SDM). La gestion est encore très réactive, sans boucle de feedback.

On observe une compréhension de base des flux de travail, de l'équilibre de la demande et de la capacité.

Les mots-clés sont ici les actes de leadership, le flux, le changement évolutif et la conscience du client.

2.2 Les niveaux de maturité au niveau Produit/Service

■ Niveau 3 : Adapté à l'objectif (Fit-for-Purpose)

Cette fois, les résultats attendus sont au rendez-vous, de manière répétable. Il n'y a plus d'actes héroïques, ni des équipiers, ni des managers. Le concept de chaîne de valeur et de collaboration tout au long de cette chaîne est présent. Une première capacité de triage est observée tout au long de la chaîne pour prioriser le travail.

L'organisation est explicitement orientée service du point de vue de la perspective client. On recherche des délais de traitement plus court, un flux de travail plus rapide et équilibré, une prédictibilité accrue, un respect des accords de niveaux de service. On suit les métriques et les clients sont satisfaits.

La notion que l'organisation consiste en un réseau de services interdépendants commence à émerger, et avec elle l'intérêt des services partagés. On commence à conduire des revues opérationnelles pour adresser les dépendances entre services.

De nouveaux mécanismes de feedback sont mis en place, notamment pour la gestion de produit/service, tels que la réunion de livraison de service et la réunion de replanification et d'engagement. Les kanban sont orientés produit ou service. L'organisation recherche la résilience.

Les mots-clés sont les engagements, l'équilibre, le service client, du leadership à tous les niveaux et les résultats à court terme.

■ Niveau 4 : Risques maîtrisés (Risk-Hedged)

Le suivi des processus est consistant ainsi que les résultats obtenus. On cherche maintenant à développer la robustesse du système face aux événements imprévus et circonstances exceptionnelles.

On passe des métriques de performance locales aux métriques économiques et à la gestion quantitative du risque. Le travail est catégorisé par le risque client au travers des classes de services.

Les services partagés sont reconnus comme étant une approche efficace et efficiente. Ils sont vus comme apportant un avantage à l'agilité organisationnelle, par leur capacité à se configurer rapidement aux changements du marché.

Les kanban sont orientés produit ou service. L'organisation devient robuste avec la gestion du risque et de la performance économique. C'est à ce niveau qu'apparaissent les boucles de feedback des revues tactiques : opérations, risques et portefeuille produits/services.

Les mots-clés sont le focus business, la compétition, les décisions pilotées par les données, et le développement du leadership.

2.3 Les niveaux de maturité au niveau entreprise

Niveau 5 : Leader du marché (Market leader)

Il s'agit maintenant de rendre le système plus efficient et d'améliorer les résultats économiques, sans sacrifier la qualité, les classes de services. Le but est d'optimiser le système. Une culture de l'amélioration continue s'installe.

Le système sait également proposer de nouveaux services combinant différents services partagés. Reconfigurer l'organisation et les ressources pour répondre à d'autres marchés avec d'autres classes de services est maintenant une capacité qui ne cause peu ou pas de rupture de service.

Les kanban portfolio permettent de piloter le portefeuille de produits et de services. C'est à ce niveau qu'apparaissent les boucles de feedbacks de la revue stratégique.

Les mots-clés sont l'expérimentation, le perfectionnisme pour chercher les gains marginaux et la mobilité sociale basée sur la méritocratie.

Niveau 6 : Conçu pour survivre (Built for Survival)

À ce niveau de maturité, l'organisation assure le déploiement efficace de la stratégie. Mais le but de ce niveau est d'avoir un business durable. On observe ainsi une capacité d'apprentissage double boucle, à la fois sur l'identité et la stratégie de l'organisation. Elle est capable de se questionner sur le comment, le quoi, le pourquoi et le qui. Elle peut se remettre en question sur sa compétitivité, ses investissements, son portefeuille de produits/services, ses marchés, sa stratégie et son identité.

Lorsque la stratégie doit changer, l'organisation doit se configurer rapidement pour aligner ses capacités opérationnelles de manière cohérente. L'entreprise abandonne les anciennes lignes de produits et en lance de nouvelles.

Pour sa longévité, l'organisation doit savoir absorber les changements stratégiques sans impact significatif sur sa performance économique. L'organisation est entièrement orientée service et pilotée par la prestation de service, sur chacun de ses segments marché.

La gestion de l'identité de l'organisation doit être une capacité organisationnelle, reconnue par le leadership senior.

L'organisation, avec son portefeuille plus orienté ses domaines d'activité stratégiques que ses produits et son focus sur la durabilité, devient anti-fragile.

Les mots-clés sont la congruence, la survie à long terme, la tolérance et la diversité.

Ces deux derniers niveaux de maturité représentent réellement le modèle d'entreprise Service Planning (ESP) reposant sur un réseau de systèmes kanban.

Ce cadre de maturité nous emmène du focus individuel au focus de l'entreprise alignée, d'un mode fragile à un mode anti-fragile. Il propose les pratiques de base et des pratiques de transition pour passer d'un niveau de maturité au suivant.

Deux écueils cependant à bien garder en tête. Le premier est que KMM s'inspire de CMMi. Si CMMi est un bon outil d'apprentissage (on s'interroge constamment sur ses pratiques), il a périclité dans les années 2008/2012 parce que la mesure des résultats et des niveaux est devenue plus importante que l'interrogation et l'amélioration elle-même. Au début, le modèle interroge et fait progresser, puis l'obtention des chiffres, des certifications et l'idée de niveaux le rendent verbeux et peu efficace. En utilisant KMM, vous ne devez pas tomber dans le même travers.

Le deuxième écueil est très lié : dès que l'on adresse le terme de maturité, on projette qu'une maturité plus haute est meilleure qu'une maturité plus basse. On trouve le même risque avec *Agile Fluency* qui décrit un cheminement et on imagine qu'arriver au dernier lieu est l'objectif. Ou encore, avec la spirale dynamique, on sous-entend que les derniers niveaux sont mieux que les premiers. Dans tous les cas, c'est non. Il faut percevoir ces niveaux comme des lieux sans hiérarchie. Et vous devez garder en tête qu'il faut vous rendre au lieu qui vous convient.

D'autre part, chaque lieu a un coût. Décider d'avoir une haute maturité (KMM) ou la capacité à délivrer avec fluidité (*Agile Fluency*) implique un investissement à la mesure de la cible. Pour utiliser une image, vous pouvez avoir envie de manger soit un « jambon-beurre », soit dans un quatre étoiles. Ça dépend de votre envie, ce n'est pas le même coût, ce n'est pas le même résultat. Peut-être que le « jambon-beurre » convient tout à fait. Mais peut-être avez-vous besoin du quatre étoiles. C'est un choix de l'organisation, qui n'a pas le même investissement.

3. LA SCALE-UP QUI VEUT DEVENIR GRANDE

C'est une start-up qui a accéléré, très vite, peut-être un peu trop. Les équipes ont émergé au fil des besoins, au fil des projets, selon les affinités. Elles se sont consolidées et ont chacune leur processus qui tourne. C'est une organisation de niveau de maturité 2, orientée client, mais dont le delivery n'est pas consistant. Pour continuer à croître avec sérénité, il faut maintenant apprendre à délivrer régulièrement, sinon les clients ne vont pas suivre.

Il faut être plus adapté à la demande, au marché. Il faut passer de l'équipe au produit, de l'identité et la tribu au but et la raison d'être.

Le changement est profond, alors que les actes individuels étaient encouragés, toutes les initiatives d'amélioration de son processus, il faut maintenant se coordonner aux autres en s'engageant sur son niveau de service, avoir une approche plus consensuelle, peut-être moins pragmatique, dans le respect des autres équipes, de leur travail et de leurs engagements. Alors que le focus portait sur le flux, et rien que le flux en enlevant tous les obstacles qu'il le freinait, il devient maintenant tiré avec de nouvelles contraintes qui semblent nous ralentir, pour se mettre au service du client.

Tout cela est fictif bien sûr.

Propositions de scénario de lecture concernant cette scale-up, et d'améliorations possibles au travers du système kanban avec le modèle de maturité Kanban en grille de lecture

Cette entreprise souhaite évoluer du niveau 2 orienté client au niveau 3 adapté à l'objectif.

Sur les systèmes kanban

- ✓ Rendre visible les dépendances externes à l'équipe, en suivant la durée d'attente et le retard par rapport au niveau de service attendu.
- ✓ Fusionner les kanban équipes en un kanban produit, la colonne de sortie de la première équipe devenant la colonne d'entrée de l'équipe suivante.
- ✓ Avoir un kanban bout en bout, incluant le processus amont d'analyses et de conception.
- ✓ Rendre visible de l'âge des éléments de travail, un point par jour, ou une barre de progression.

Hors du management visuel

- ✓ Collaborer entre les deux équipes.
- ✓ Discuter des demandes, des fonctionnalités plutôt que des tâches.

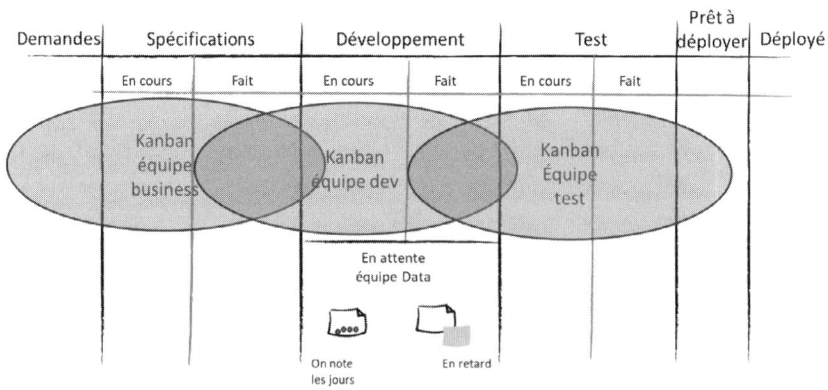

Figure 32.2 – Adapté du KMM.

CONCLUSION

Pour conclure cette deuxième édition, nous aimerions nous projeter. Kanban est là, qu'il s'agisse d'un début de management visuel prenant vie au sein d'une équipe, ou qu'il s'agisse d'une ramification de multiples systèmes kanban améliorant les flux de toute l'entreprise, de tous les services (RH, commercial, communication, etc.). Kanban constitue une approche protéiforme, applicable partout où le travail se pilote au fil de l'eau, en flux, avec un contexte incertain, des changements de priorité par exemple, rendant les décisions difficiles au quotidien. Autant dire, la majorité des services que l'on trouve aujourd'hui dans les entreprises.

Cela fait de cette approche à la fois un véritable cheval de Troie pour déployer l'agilité en dehors de l'IT (du service informatique) et une partie de la réponse pour rendre opérationnels les principes de l'agilité dans toute l'organisation.

Les nouveaux paradigmes pour les entreprises reposent entre autres sur une transparence des processus et des décisions, ainsi que sur les flux d'informations et de travail. Kanban répond parfaitement à ces deux points.

Mais il manque encore aujourd'hui la sédimentation de ces approches agiles au sens large au niveau de l'organisation dans sa globalité. C'est là le véritable enjeu de ces prochaines années. On confond allègrement entreprise agile et agile à l'échelle. C'est normal, les deux sont souvent entremêlées. Agile à l'échelle, c'est étendre à tout son appareil de production une façon de procéder en accord avec les principes de la culture agile. L'entreprise agile c'est étendre à toute son entreprise ces principes, cette culture, quelle que soit la taille de l'entreprise. Ce mouvement est déjà entamé depuis quelque temps et, bien que toutes les briques existent pour construire cette entreprise agile, il manque encore le lien. Kanban en fera partie, il sera peut-être ce liant car cette approche touche tous les services, nous l'avons évoqué, elle répond aux nouveaux paradigmes. Mais plus important encore, elle est suffisamment robuste pour constituer le système nerveux central de l'entreprise agile avec sa capacité à former des réseaux de kanban, principe opérationnel des entreprises en réseau de demain.

La force de kanban pour jouer ce rôle, c'est de posséder des principes forts mais de ne rien imposer au contexte dans lequel il sera utilisé. Ainsi les systèmes kanban peuvent se déployer partout dans l'entreprise, en laissant assez de liberté pour permettre l'appropriation tout en garantissant une compréhension commune à toutes ces implémentations au travers de ses principes.

La force de kanban pour jouer ce rôle c'est aussi de satisfaire toutes les natures, qu'elles soient analytiques ou plus imaginatives. Il n'y a pas de population mieux prédisposée qu'une autre pour s'en emparer.

Nous pensons donc que kanban pourra être la glu qui permettra de voir s'agréger les nouvelles approches organisationnelles des entreprises modernes. Il pourra servir d'approche pour mettre en évidence ces principes d'organisation, il pourra être un agrégateur des différents composants organisationnels qui naissent de-ci de-là ces dernières années, il pourra définir rapidement et visuellement vers quel archétype d'organisation nous souhaitons nous orienter, il pourra mettre en évidence les principes de la transformation entreprise.

Nous pensons que c'est le moment de Kanban.

RÉFÉRENCES BIBLIOGRAPHIQUES

1. WEBOGRAPHIE

Henrik Kniberg et Matthias Skarin (traduit en français par Claude Aubry, Frédéric Faure, Antoine Vernois et Fabrice Aimetti), *Kanban et Scrum, tirer le meilleur des deux*, http://www.aubryconseil.com/download/663

Harrison Owen, *Spirit* : http://www.openspaceworld.com/Spirit.pdf

Simon Wardley, Wardley Maps, Chapter "On being lost" : https://medium.com/wardleymaps/on-being-lost-2ef5f05eb1ec

Quotable Kanban, Blue Hole Press, 2011 : https://www.djaa.com/sites/default/files/quotablekanbanfinalrev.pdf

« XIT Microsoft case study » sur http://www.slideshare.net/deimos/david-anderson-kanban-at-q-con

Blogs

En anglais

David Anderson : http://www.djaa.com/

Benjamin Mitchell : http://blog.benjaminm.net/

Karl Scotland : http://availagility.co.uk/

En français

Laurent Morisseau : https://www.morisseauconsulting.com/index.php/category/Kanban

Pablo Pernot : https://pablopernot.fr/articles/ et chercher « kanban »

Fabrice Aimetti : https://wikiagile.cesi.fr/index.php?search=kanban

Claude Aubry : http://www.aubryconseil.com/tag/kanban

2. BIBLIOGRAPHIE

David Anderson, *Kanban, successful evolutionary change for your technology business*, Blue Hole Press, 2010.

David Anderson, *Kanban Maturity Model: Evolving Fit For Purpose Organizations*, Lean Kanban University Press, 2018.

Claude Aubry, *Scrum, pour une pratique vivante de l'agilité*, 6e édition, Dunod, 2025.

Helen Bailey, Mark McKergow, *Host: Six new roles of engagement for teams, organizations, communities and movements*, Solutions Books, 2014.

Don Edward Beck, Christopher C. Cowan, *Spiral Dynamics: Mastering Values, Leadership and Change*, Wiley-Blackwell, 1996.

Bjarte Bogsnes, *Implementing Beyond Budgeting: Unlocking the Performance Potential*, John Wiley & Sons, 2008.

Alistair Cockburn, *Writing Effective Use Cases*, Addison Wesley, 2000. Version française : *Rédiger des cas d'utilisation efficaces*, Eyrolles, 2001.

Eliyahu Goldratt, *Theory of Constraints*, North River Press, 1990.

Corey Ladas, Scrumban, *Essays on Kanban Systems for Lean Software Development*, Modus Cooperandi Lean Series, 2009.

Matthew D. Lieberman, *Social: Why Our Brains Are Wired to Connect*, OUP Oxford, 2013.

Ash Maurya, *Running Lean*, O'Reilly, 2012. Version française : *La méthode Running Lean*, Diateino, 2014.

Edgar Morin, *Le paradigme perdu : la nature humaine*, Le Seuil, 1973.

Taiichi Ohno, *Toyota Production System: Beyond Large Scale production*, Productivity Press, 1978.

Jeff Patton, *User Story Mapping*, O'Reilly, 2014. Version française : *Le story mapping : Visualisez vos user stories pour développer le bon produit*, Dunod, 2015.

Mary and Tom Poppendieck, *Implementing Lean Software Development: From Concept to Cash*, Addison-Wesley, 2007.

Mary and Tom Poppendieck, *Leading Lean Software Development*, Addison Wesley, 2010.

Donald G. Reinertsen, *Managing the design factory, a product developer's toolkit*, Free Press, 1997.

Donald G. Reinertsen, *The principles of product development Flow, Second generation Lean Product Development*, Celeritas publishing, 2009.

Eric Ries, *Lean Startup*, Pearson, 2011. Version française : Ash Maurya, *Running Lean*, O'Reilly, 2012.

86621 – (I) – OSB 80° – PCA – MGS

Dupliprint
733 rue Saint-Léonard, 53100 MAYENNE
Dépôt légal : mai 2025
N° 2997969U

Imprimé en France